汉语拼音索引的简书字典

簡書字典

Jianshu Zidian

# 简书字典

王本兴 编著

北京出版集团
北京工艺美术出版社

**图书在版编目（CIP）数据**

简书字典 / 王本兴编著 . -- 北京 : 北京工艺美术出版社，2024.9

ISBN 978-7-5140-2581-1

Ⅰ. ①简… Ⅱ. ①王… Ⅲ. ①竹简文－书法－字典 Ⅳ. ① K877.03

中国国家版本馆 CIP 数据核字（2023）第 016414 号

出 版 人：夏中南　　责任编辑：夏中南　刘艳霞　　封面设计：刘艳霞

版式设计：史霄宇　　责任印制：范志勇

# 简书字典

JIANSHU ZIDIAN

王本兴 编著

| | |
|---|---|
| **出　版** | 北京出版集团<br>北京工艺美术出版社 |
| **发　行** | 北京美联京工图书有限公司 |
| **地　址** | 北京市西城区北三环中路6号　京版大厦B座702室 |
| **邮　编** | 100120 |
| **电　话** | (010) 58572763（总编室）<br>(010) 58572878（编辑室）<br>(010) 64280045（发　行） |
| **传　真** | (010) 64280045/58572763 |
| **经　销** | 全国新华书店 |
| **印　刷** | 北京印刷集团有限责任公司 |
| **开　本** | 787毫米×1092毫米　1/32 |
| **印　张** | 18 |
| **字　数** | 100千字 |
| **版　次** | 2024年9月第1版 |
| **印　次** | 2024年9月第1次印刷 |
| **印　数** | 1～3000 |
| **定　价** | 68.00元 |

# 前言

简书，即古代书写在竹片上的文字，是继甲骨文、金文之后又一种重要书体文字。

从文献记载和有关的文字形体来推断，早在商代，就已经出现了简这种文字载体。例如甲骨文中的“典”“册”二字明显是象形字，“册”字是用两根绳子编连的若干根简，而“典”字是在“册”字的基础上引申出来的，为单手或双手捧册。简编缀在一起的又叫策（册）。均用毛笔墨书而成。迄今为止，从现代考古已出土的战国简大多是竹制，还没有发现春秋以前的简书实物。简牍的制作一般包括备料、选材、片解、刮削、杀青、编连等工序。简牍制作成形后，一般是先编简成册，然后再抄写文献，不过也有先抄写再编连的。为使简文能够上下文连接便于阅读，在将简文依次排列好后，人们用丝绳或帛带编缀将其固定。稍短的简用两道绳带，较长的则用三道或四道编制。把简连缀起来称为“篇”，不读时可以卷起来呈筒状的，则称为“卷”。后代的书籍称“卷”，文章称“篇”，当由此发展而来。简牍的制作和形制的生成，集中反映了先民的智慧。

简书和帛书都是极珍贵的墨书真迹。但简书与帛书由于载体材质不同，其书体也有所区别，本字典以收录简书为主体。简书字体纵向及横面发展，结构紧而不密，聚而不散，偏右取势，左撇右波，极尽舒展，夸张而放纵。简书字径很小，最大不过10厘米，字小气势不小，给人一种奔腾不羁的气质之美感。其字形工整秀丽，长方、正方、扁方不拘，浑厚凝重，刚柔相济，确是不可多得的古代书法艺术珍品。它除具有史料和文献价值，是珍贵的历史文物外，对研究我国汉字书法的渊源、流变也极为重要。汉字由篆变隶，在汉字发展史上是一次巨大的变革，简书对后来书体、书法的发展具有深远意义。

然而，由于简书出土时间较近，许多人还来不及认识它的艺术价值，包括笔者在内，初见时并不十分欣赏，至少不能马上接受。简书既是由下层士卒和士吏所书，昔日就不入大雅。其结体不如东汉隶书严谨正规，用笔过于变化多端。加之人们长期临习规范汉隶，对简书暂时的观望和不重视是必然的。然而，随着人们对简书的进一步研究，整个社会艺术水准的提高，以及简书的整理出版，静心品味，“另眼”相看，多加思索，个中道理也就明白了。于是人们竞相临摹研究，书坛上形成了一股简书热。古时的优秀碑帖和书体，大都是由下层人民群众创造的，不受约束的下层平民百姓，书写时无拘无束，自然流畅，在不经意、不规则中，却现独特之形态、天真之风貌。后来，被上层统治者或御用文人发现，于是就对此加工整理，逐步使其标准化。

简书在文字书写史上，上承规范的大篆，下启规范的汉隶，起着承前启后、继往开来的作用。当然，作为一名初学书法者，一开始就临习一些规范化、标准化的隶书，或其他标准习字帖，练习基本功，掌握好毛笔的书写、运行规律，是大有裨益的。然后，再回过头来，临习简书，兴趣必然会更浓，体会必定会更深，效果必定会更佳。可以说，这也是笔者的切身体会。秦汉简书，大部分是古人用墨书写而成，其优点在于，从墨迹易于看到书法气息，更能反映原作的风格和意境。简书是货真价实的手迹，墨色枯润、行笔快慢、提按变化、章法布白，乃至气韵神采，尽现简上。千年前的古人，用天然原料制成的漆烟墨书写，使简牍上的文字至今仍然乌黑而有光泽，真是千古绝唱。

简书四体齐备，各呈姿色。尤其是简书中的草书和隶书最具代表性。简书中的草书，实是一种异形章草，它瘦劲挺拔，多姿多彩，灵活多变，其左撇右波极力夸张奔放，令人目不暇接。不仅每个字变化多端，就是其每一笔画，从头至尾变幻莫测，似游龙走蛇，摇曳多姿。当然，这种放纵与变化并不过分，它参差错落，稚拙之中有节律法度，潇洒却能稳住重心，千姿百态，犹如一曲美妙无比的乐章，动人心魄。简书中的隶书就更多见了。其字形浑厚朴茂，古雅端庄，墨色清晰，有很高的保真度。它或伸、或屈，或让、或揖，或疏、或密，变形、走格、移位都恰到好处，相互之间虽无牵丝连带，但整体上都上下呼应，有一种强烈的节奏感。简书书法艺术，总体可谓绮丽纷呈，多彩多姿，别具风味。

秦汉简牍大量出土，琳琅满目，数以万计，填补了我国文字史和书法史的空白，使我们了解到汉隶发展中墨书的面貌和篆、隶、草、真、行之间的渊源和递变关系。为资广大简书书法爱好者创作研究，从方便实用、齐全的原则出发，本书汇集简书字四千二百余，每字注上拼音，括注其繁书、异书字体，按拼音排列先后，采用拼音及笔画索引。查找方便，简明扼要，并以示帛书之别。奉上此典，诚望读者喜爱。

泥人 王本兴

癸卯夏识于南京鼓楼区凤凰西街59号四喜堂

# 凡 例

1. 本字典收字按汉语拼音常规音节顺序编排，多音字只取其中常用的主要读音。

2. 在书法艺术范畴内，所谓简书，亦大都包含帛书的含义，故或称简帛书体。本字典则以简书为主。

3. 本字典字样主要选取《仰天湖简书》《长台关简书》《睡虎地简书》等近代出土的简书文字，每字不再注出处。由于历经沧桑，风化剥蚀，漫漶甚者不取。

4. 正文每字注有拼音，注有繁、异体例。正文收录文字4197（含多音字）个，按汉语拼音或简体、繁体、异体的笔画索引查阅。

5. 简书文字结体基本相近者取其一，一般不重复。与现代汉字结体差异较大者不取，以免混淆。

6. 凡通假字不能作逆向通假。本字典简书文字可作书法爱好者临摹或创作的参考资料。

# 总　目

前言 ………………………………………… 1
凡例 ………………………………………… 5
汉语拼音索引 ………………………………… 8
笔画索引 …………………………………… 76

正文 ………………………………………… 1–443

# 汉语拼音索引

## A

ā 阿 1
āi 哀 1
ǎi 矮 1
ǎi 霭 1
ài 爱 1
ài 隘 1
ài 嗌 2
ān 安 2
ān 庵 2
ān 鞍 2
ān 谙 2
ān 鵪 2
ǎn 俺 2
àn 暗 2
àn 岸 3
àn 按 3
àn 胺 3
àn 案 3
àn 黯 3
āng 肮 3
áng 卬 3
áng 昂 3
àng 盎 3
áo 敖 3
áo 熬 4
áo 翱 4
áo 嗷 4
áo 謷 4
ǎo 媪 4
ào 傲 4
ào 骜 4
ào 奥 4
ào 澳 4

## B

bā 八 5
bá 拔 5
bá 茇 5
bá 魃 5
bǎ 把 5
bà 罢 5
bà 霸 5
bái 白 6
bǎi 百 6
bǎi 佰 6
bǎi 柏 6
bǎi 捭 6
bài 败 6
bài 拜 6
bài 稗 7
bān 班 7
bān 般 7
bān 颁 7
bān 瘢 7
bǎn 阪 7

| | | |
|---|---|---|
| bǎn | 坂 | 7 |
| bǎn | 板 | 7 |
| bǎn | 版 | 7 |
| bàn | 半 | 7 |
| bàn | 办 | 8 |
| bàn | 伴 | 8 |
| bàn | 绊 | 8 |
| bāng | 邦 | 8 |
| bǎng | 榜 | 8 |
| bàng | 傍 | 8 |
| bàng | 谤 | 8 |
| bāo | 包 | 8 |
| bāo | 苞 | 9 |
| bāo | 褒 | 9 |
| bāo | 胞 | 9 |
| báo | 雹 | 9 |
| báo | 薄 | 22 |
| bǎo | 饱 | 9 |
| bǎo | 宝 | 9 |
| bǎo | 保 | 9 |
| bǎo | 葆 | 9 |
| bào | 报 | 10 |
| bào | 抱 | 10 |
| bào | 鲍 | 10 |
| bào | 豹 | 10 |
| bào | 暴 | 10 |
| bēi | 陂 | 10 |
| bēi | 碑 | 10 |
| bēi | 杯 | 10 |
| bēi | 卑 | 10 |
| bēi | 背 | 11 |
| bēi | 悲 | 11 |
| bēi | 椑 | 17 |
| běi | 北 | 11 |
| bèi | 倍 | 11 |
| bèi | 背 | 11 |
| bèi | 备 | 11 |
| bèi | 贝 | 11 |
| bèi | 被 | 11 |
| bèi | 辈 | 12 |
| bèi | 糒 | 12 |
| bēn | 奔 | 12 |
| bēn | 贲 | 12 |
| běn | 本 | 12 |
| běn | 畚 | 12 |
| bēng | 崩 | 12 |
| bèng | 迸 | 12 |
| bī | 楅 | 13 |
| bí | 鼻 | 13 |
| bǐ | 枇 | 13 |
| bǐ | 彼 | 13 |
| bǐ | 柀 | 13 |
| bǐ | 匕 | 13 |
| bǐ | 比 | 13 |
| bǐ | 疕 | 13 |
| bǐ | 笔 | 13 |
| bǐ | 俾 | 13 |
| bǐ | 鄙 | 14 |
| bǐ | 妣 | 14 |
| bì | 币 | 14 |
| bì | 必 | 14 |
| bì | 毕 | 14 |
| bì | 闭 | 14 |

| | | |
|---|---|---|
| bì | 畀 | 14 |
| bì | 痹 | 14 |
| bì | 陛 | 15 |
| bì | 敝 | 15 |
| bì | 婢 | 15 |
| bì | 弻 | 15 |
| bì | 庳 | 15 |
| bì | 煏 | 15 |
| bì | 碧 | 15 |
| bì | 蔽 | 15 |
| bì | 辟 | 15 |
| bì | 薜 | 16 |
| bì | 壁 | 16 |
| bì | 避 | 16 |
| bì | 臂 | 16 |
| bì | 璧 | 16 |
| bì | 嬖 | 16 |
| bì | 襞 | 16 |
| bì | 鷩 | 16 |
| bì | 縪 | 16 |
| bì | 韠 | 16 |
| bì | 庇 | 16 |
| bì | 毖 | 17 |
| bì | 萆 | 17 |
| bì | 裨 | 17 |
| bì | 髀 | 17 |
| bì | 苾 | 17 |
| biān | 箯 | 17 |
| biān | 边 | 17 |
| biān | 扁 | 17 |
| biān | 编 | 17 |
| biān | 便 | 18 |
| biǎn | 褊 | 18 |
| biǎn | 贬 | 18 |
| biǎn | 扁 | 17 |
| biàn | 扁 | 17 |
| biàn | 便 | 18 |
| biàn | 变 | 18 |
| biàn | 辨 | 18 |
| biàn | 辩 | 18 |
| biàn | 辫 | 18 |
| biāo | 标 | 18 |
| biāo | 彪 | 19 |
| biāo | 瀌 | 19 |
| biāo | 杓 | 19 |
| biāo | 骠 | 19 |
| biāo | 麃 | 19 |
| biāo | 飙 | 19 |
| biǎo | 表 | 19 |
| biē | 鳖 | 19 |
| bié | 别 | 19 |
| bīn | 宾 | 20 |
| bīn | 傧 | 20 |
| bìn | 摈 | 20 |
| bìn | 膑 | 20 |
| bìn | 鬓 | 20 |
| bìn | 殡 | 20 |
| bìn | 髌 | 20 |
| bīng | 屏 | 20 |
| bīng | 冰 | 20 |
| bīng | 兵 | 21 |
| bǐng | 鞞 | 16 |
| bǐng | 屏 | 20 |

| | | |
|---|---|---|
| bǐng | 饼 | 21 |
| bǐng | 丙 | 21 |
| bǐng | 秉 | 21 |
| bǐng | 柄 | 21 |
| bǐng | 禀 | 21 |
| bǐng | 鉼 | 21 |
| bǐng | 併 | 21 |
| bìng | 并 | 21 |
| bìng | 病 | 22 |
| bō | 剥 | 22 |
| bō | 波 | 22 |
| bō | 播 | 22 |
| bó | 伯 | 22 |
| bó | 驳 | 22 |
| bó | 帛 | 22 |
| bó | 泊 | 22 |
| bó | 薄 | 22 |
| bó | 勃 | 23 |
| bó | 亳 | 23 |
| bó | 艴 | 23 |
| bó | 博 | 23 |
| bó | 膊 | 23 |
| bó | 搏 | 23 |
| bó | 駮 | 23 |
| bó | 馎 | 23 |
| bó | 镈 | 23 |
| bǒ | 跛 | 23 |
| bū | 逋 | 24 |
| bū | 誧 | 24 |
| bǔ | 补 | 24 |
| bǔ | 卜 | 24 |
| bǔ | 捕 | 24 |
| bǔ | 哺 | 24 |
| bù | 铺 | 24 |
| bù | 布 | 24 |
| bù | 步 | 24 |
| bù | 不 | 25 |
| bù | 部 | 25 |
| bù | 怖 | 25 |

## C

| | | |
|---|---|---|
| cāi | 偲 | 26 |
| cái | 才 | 26 |
| cái | 材 | 26 |
| cái | 财 | 26 |
| cái | 裁 | 26 |
| cǎi | 采 | 26 |
| cǎi | 彩 | 27 |
| cài | 菜 | 27 |
| cài | 蔡 | 27 |
| cān | 参 | 27 |
| cān | 餐 | 27 |
| cān | 骖 | 27 |
| cán | 残 | 27 |
| cán | 蚕 | 27 |
| cán | 惭 | 28 |
| cǎn | 朁 | 28 |
| cǎn | 惨 | 28 |
| càn | 灿 | 28 |
| càn | 粲 | 28 |
| càn | 璨 | 28 |
| cāng | 仓 | 28 |
| cāng | 苍 | 28 |

| | | |
|---|---|---|
| cáng | 藏 | 28 |
| cāo | 操 | 29 |
| cáo | 曹 | 29 |
| cáo | 漕 | 29 |
| cáo | 槽 | 29 |
| cǎo | 草 | 29 |
| cè | 厕 | 29 |
| cè | 侧 | 29 |
| cè | 恻 | 29 |
| cè | 册 | 30 |
| cè | 测 | 30 |
| cè | 策 | 30 |
| cén | 岑 | 30 |
| cén | 涔 | 30 |
| céng | 曾 | 30 |
| chā | 差 | 30 |
| chā | 叉 | 30 |
| chá | 茶 | 30 |
| chá | 察 | 30 |
| chá | 茬 | 31 |
| chà | 诧 | 31 |
| chāi | 钗 | 31 |
| chái | 侪 | 31 |
| chái | 柴 | 31 |
| chái | 豺 | 31 |
| chǎi | 茝 | 31 |
| chài | 虿 | 31 |
| chān | 襜 | 31 |
| chán | 禅 | 31 |
| chán | 孱 | 32 |
| chán | 缠 | 32 |
| chán | 蝉 | 32 |
| chán | 潺 | 32 |
| chán | 儃 | 32 |
| chǎn | 蒇 | 32 |
| chǎn | 产 | 32 |
| chǎn | 阐 | 32 |
| chàn | 颤 | 32 |
| chāng | 昌 | 33 |
| chāng | 伥 | 33 |
| cháng | 尝 | 33 |
| cháng | 常 | 33 |
| cháng | 偿 | 33 |
| cháng | 裳 | 33 |
| cháng | 长 | 34 |
| cháng | 肠 | 34 |
| chǎng | 敞 | 34 |
| chǎng | 场 | 34 |
| chàng | 怅 | 34 |
| chàng | 倡 | 34 |
| chàng | 畅 | 34 |
| chàng | 唱 | 34 |
| chāo | 钞 | 35 |
| chāo | 超 | 35 |
| chāo | 绰 | 35 |
| cháo | 巢 | 35 |
| cháo | 鼂 | 35 |
| cháo | 朝 | 35 |
| cháo | 嘲 | 35 |
| chē | 车 | 36 |
| chě | 偖 | 36 |
| chè | 撤 | 36 |
| chè | 彻 | 36 |

| | | |
|---|---|---|
| chēn | 琛 | 36 |
| chēn | 瞋 | 36 |
| chén | 臣 | 36 |
| chén | 尘 | 36 |
| chén | 辰 | 37 |
| chén | 晨 | 37 |
| chén | 陈 | 37 |
| chén | 忱 | 37 |
| chén | 谌 | 37 |
| chèn | 疢 | 37 |
| chèn | 称 | 37 |
| chèn | 谶 | 37 |
| chēng | 称 | 37 |
| chēng | 琤 | 38 |
| chēng | 椫 | 38 |
| chēng | 赪 | 38 |
| chéng | 丞 | 38 |
| chéng | 呈 | 38 |
| chéng | 成 | 38 |
| chéng | 诚 | 38 |
| chéng | 承 | 38 |
| chéng | 程 | 38 |
| chéng | 城 | 39 |
| chéng | 乘 | 39 |
| chéng | 盛 | 39 |
| chéng | 塍 | 39 |
| chéng | 酲 | 39 |
| chěng | 逞 | 39 |
| chěng | 骋 | 39 |
| chèng | 称 | 37 |
| chī | 絺 | 39 |
| chī | 吃 | 39 |
| chī | 鸱 | 40 |
| chī | 蚩 | 40 |
| chī | 笞 | 40 |
| chī | 螭 | 40 |
| chī | 魑 | 40 |
| chī | 痴 | 40 |
| chí | 匙 | 40 |
| chí | 池 | 40 |
| chí | 弛 | 40 |
| chí | 持 | 40 |
| chí | 驰 | 41 |
| chí | 迟 | 41 |
| chǐ | 齿 | 41 |
| chǐ | 侈 | 41 |
| chǐ | 耻 | 41 |
| chǐ | 袳 | 41 |
| chǐ | 豉 | 41 |
| chǐ | 尺 | 41 |
| chì | 斥 | 42 |
| chì | 赤 | 42 |
| chì | 饬 | 42 |
| chì | 翅 | 42 |
| chì | 敕 | 42 |
| chì | 啻 | 42 |
| chì | 瘛 | 42 |
| chì | 迣 | 425 |
| chōng | 冲 | 42 |
| chōng | 沖 | 42 |
| chōng | 充 | 43 |
| chōng | 舂 | 43 |
| chōng | 憧 | 43 |

| | | |
|---|---|---|
| chóng | 重 | 43 |
| chóng | 崇 | 43 |
| chóng | 虫 | 43 |
| chǒng | 宠 | 43 |
| chōu | 瘳 | 43 |
| chóu | 绸 | 44 |
| chóu | 仇 | 44 |
| chóu | 雠 | 44 |
| chóu | 俦 | 44 |
| chóu | 畴 | 44 |
| chóu | 酬 | 44 |
| chóu | 惆 | 44 |
| chóu | 稠 | 44 |
| chóu | 愁 | 44 |
| chǒu | 醜 | 44 |
| chǒu | 丑 | 45 |
| chòu | 臭 | 45 |
| chū | 出 | 45 |
| chū | 初 | 45 |
| chú | 除 | 45 |
| chú | 厨 | 45 |
| chú | 雏 | 45 |
| chú | 刍 | 46 |
| chǔ | 褚 | 46 |
| chǔ | 础 | 46 |
| chǔ | 楚 | 46 |
| chǔ | 储 | 46 |
| chǔ | 楮 | 46 |
| chǔ | 杵 | 46 |
| chù | 处 | 46 |
| chù | 怵 | 47 |
| chù | 绌 | 47 |
| chù | 畜 | 47 |
| chù | 俶 | 47 |
| chù | 触 | 47 |
| chù | 黜 | 47 |
| chuài | 嘬 | 47 |
| chuān | 川 | 47 |
| chuān | 穿 | 48 |
| chuán | 传 | 48 |
| chuán | 遄 | 48 |
| chuán | 椽 | 48 |
| chuán | 船 | 48 |
| chuǎn | 喘 | 48 |
| chuàn | 串 | 48 |
| chuāng | 窗 | 48 |
| chuáng | 床 | 48 |
| chuàng | 创 | 49 |
| chuī | 吹 | 49 |
| chuī | 炊 | 49 |
| chuí | 垂 | 49 |
| chuí | 陲 | 49 |
| chuí | 捶 | 49 |
| chuí | 腄 | 49 |
| chuí | 箠 | 49 |
| chuí | 椎 | 49 |
| chuí | 锤 | 49 |
| chuí | 槌 | 49 |
| chūn | 春 | 50 |
| chún | 纯 | 50 |
| chún | 淳 | 50 |
| chún | 鹑 | 50 |
| chún | 唇 | 50 |

| | | |
|---|---|---|
| chún | 唇 | 50 |
| chún | 醇 | 50 |
| chún | 肫 | 435 |
| chǔn | 蠢 | 50 |
| chuō | 踔 | 51 |
| chuò | 绰 | 35 |
| chuò | 啜 | 51 |
| chuò | 辍 | 51 |
| chuò | 趠 | 51 |
| cī | 疵 | 51 |
| cí | 茨 | 51 |
| cí | 祠 | 51 |
| cí | 辞 | 51 |
| cí | 慈 | 51 |
| cí | 雌 | 52 |
| cǐ | 泚 | 52 |
| cǐ | 此 | 52 |
| cì | 赐 | 52 |
| cì | 次 | 52 |
| cì | 刺 | 52 |
| cì | 朿 | 52 |
| cì | 刾 | 52 |
| cōng | 匆 | 52 |
| cōng | 枞 | 53 |
| cōng | 葱 | 53 |
| cōng | 聪 | 53 |
| cóng | 从 | 53 |
| cóng | 丛 | 53 |
| cū | 粗 | 53 |
| cù | 促 | 53 |
| cù | 蹙 | 53 |
| cù | 蹴 | 65 |
| cuàn | 窜 | 53 |
| cuàn | 篡 | 54 |
| cuàn | 爨 | 54 |
| cuī | 崔 | 54 |
| cuī | 催 | 54 |
| cuī | 榱 | 54 |
| cuī | 漼 | 54 |
| cuǐ | 璀 | 54 |
| cuì | 脆 | 54 |
| cuì | 萃 | 54 |
| cuì | 倅 | 54 |
| cuì | 毳 | 54 |
| cuì | 悴 | 55 |
| cuì | 粹 | 55 |
| cuì | 焠 | 55 |
| cuì | 翠 | 55 |
| cuì | 啐 | 55 |
| cuì | 崒 | 441 |
| cún | 存 | 55 |
| cǔn | 忖 | 55 |
| cùn | 寸 | 55 |
| cuō | 瑳 | 55 |
| cuō | 撮 | 55 |
| cuō | 蹉 | 56 |
| cuó | 虘 | 56 |
| cuó | 嵯 | 56 |
| cuó | 痤 | 56 |
| cuǒ | 脞 | 56 |
| cuò | 挫 | 56 |
| cuò | 锉 | 56 |
| cuò | 莝 | 56 |

| | | |
|---|---|---|
| cuò | 厝 | 56 |
| cuò | 措 | 56 |
| cuò | 错 | 56 |

## D

| | | |
|---|---|---|
| dá | 达 | 57 |
| dá | 怛 | 57 |
| dá | 答 | 57 |
| dá | 沓 | 57 |
| dǎ | 打 | 57 |
| dà | 大 | 57 |
| dǎi | 逮 | 57 |
| dài | 逮 | 57 |
| dài | 钛 | 57 |
| dài | 代 | 58 |
| dài | 诒 | 58 |
| dài | 岱 | 58 |
| dài | 骀 | 58 |
| dài | 绐 | 58 |
| dài | 带 | 58 |
| dài | 殆 | 58 |
| dài | 待 | 58 |
| dài | 贷 | 59 |
| dài | 怠 | 59 |
| dài | 戴 | 59 |
| dān | 丹 | 59 |
| dān | 担 | 59 |
| dān | 单 | 59 |
| dān | 耽 | 59 |
| dān | 郸 | 59 |
| dān | 儋 | 59 |
| dǎn | 胆 | 60 |
| dǎn | 黕 | 60 |
| dàn | 担 | 59 |
| dàn | 旦 | 60 |
| dàn | 但 | 60 |
| dàn | 诞 | 60 |
| dàn | 淡 | 60 |
| dàn | 弹 | 60 |
| dàn | 瘅 | 60 |
| dàn | 柦 | 60 |
| dāng | 当 | 61 |
| dǎng | 党 | 61 |
| dǎng | 谠 | 61 |
| dàng | 当 | 61 |
| dàng | 砀 | 61 |
| dàng | 宕 | 61 |
| dàng | 荡 | 61 |
| dàng | 盪 | 61 |
| dāo | 刀 | 62 |
| dǎo | 祷 | 62 |
| dǎo | 捣 | 62 |
| dǎo | 岛 | 62 |
| dǎo | 蹈 | 62 |
| dào | 到 | 62 |
| dào | 盗 | 62 |
| dào | 悼 | 62 |
| dào | 道 | 63 |
| dào | 稻 | 63 |
| dé | 得 | 63 |
| dé | 德 | 63 |
| de | 的 | 63 |
| de | 地 | 66 |

| | | |
|---|---|---|
| děi | 得 | 63 |
| dēng | 灯 | 63 |
| dēng | 登 | 64 |
| dēng | 镫 | 64 |
| děng | 等 | 64 |
| dèng | 邓 | 64 |
| dī | 氐 | 64 |
| dī | 低 | 64 |
| dī | 羝 | 64 |
| dī | 隄 | 64 |
| dī | 堤 | 64 |
| dī | 提 | 65 |
| dī | 鞮 | 65 |
| dī | 镝 | 65 |
| dī | 滴 | 65 |
| dí | 的 | 63 |
| dí | 镝 | 65 |
| dí | 翟 | 65 |
| dí | 嫡 | 65 |
| dí | 踧 | 65 |
| dí | 迪 | 65 |
| dí | 籴 | 65 |
| dí | 敌 | 65 |
| dí | 涤 | 66 |
| dí | 笛 | 66 |
| dí | 狄 | 66 |
| dǐ | 邸 | 66 |
| dǐ | 抵 | 66 |
| dǐ | 底 | 66 |
| dǐ | 柢 | 66 |
| dǐ | 砥 | 66 |
| dì | 釱 | 57 |
| dì | 的 | 63 |
| dì | 地 | 66 |
| dì | 弟 | 67 |
| dì | 递 | 67 |
| dì | 第 | 67 |
| dì | 帝 | 67 |
| dì | 谛 | 67 |
| dì | 缔 | 67 |
| dì | 禘 | 67 |
| dì | 杕 | 67 |
| dì | 棣 | 68 |
| dì | 睇 | 68 |
| diān | 颠 | 68 |
| diǎn | 典 | 68 |
| diǎn | 点 | 68 |
| diàn | 电 | 68 |
| diàn | 佃 | 68 |
| diàn | 甸 | 68 |
| diàn | 坫 | 68 |
| diàn | 奠 | 69 |
| diàn | 殿 | 69 |
| diāo | 貂 | 69 |
| diāo | 凋 | 69 |
| diāo | 雕 | 69 |
| diāo | 鲷 | 69 |
| diào | 调 | 69 |
| diào | 铫 | 69 |
| diào | 吊 | 69 |
| diào | 钓 | 70 |
| diē | 跌 | 70 |
| dié | 迭 | 70 |

| | | |
|---|---|---|
| dié | 谍 | 70 |
| dié | 喋 | 70 |
| dié | 蝶 | 70 |
| dié | 叠 | 70 |
| dié | 蜨 | 70 |
| dié | 绖 | 70 |
| dīng | 丁 | 70 |
| dīng | 钉 | 71 |
| dǐng | 鼎 | 71 |
| dìng | 定 | 71 |
| dìng | 订 | 71 |
| dìng | 铤 | 71 |
| dōng | 东 | 71 |
| dōng | 冬 | 71 |
| dǒng | 董 | 72 |
| dòng | 动 | 72 |
| dòng | 冻 | 72 |
| dòng | 侗 | 72 |
| dòng | 垌 | 72 |
| dòng | 栋 | 72 |
| dòng | 迵 | 72 |
| dòng | 洞 | 72 |
| dōu | 都 | 72 |
| dōu | 兜 | 73 |
| dǒu | 斗 | 73 |
| dǒu | 陡 | 73 |
| dòu | 斗 | 73 |
| dòu | 豆 | 73 |
| dòu | 逗 | 73 |
| dòu | 梪 | 73 |
| dòu | 脰 | 73 |
| dòu | 窦 | 73 |
| dū | 都 | 72 |
| dū | 督 | 74 |
| dú | 渎 | 74 |
| dú | 椟 | 74 |
| dú | 牍 | 74 |
| dú | 毒 | 74 |
| dú | 独 | 74 |
| dú | 读 | 74 |
| dǔ | 笃 | 74 |
| dǔ | 堵 | 75 |
| dǔ | 赌 | 75 |
| dǔ | 睹 | 75 |
| dù | 蠹 | 75 |
| dù | 杜 | 75 |
| dù | 妒 | 75 |
| dù | 度 | 75 |
| dù | 渡 | 75 |
| duān | 耑 | 75 |
| duān | 端 | 76 |
| duǎn | 短 | 76 |
| duàn | 断 | 76 |
| duàn | 锻 | 76 |
| duàn | 段 | 76 |
| duī | 堆 | 76 |
| duì | 队 | 76 |
| duì | 对 | 76 |
| duì | 兑 | 76 |
| dūn | 敦 | 77 |
| dūn | 蹲 | 77 |
| dùn | 钝 | 77 |
| dùn | 盾 | 77 |

| | | |
|---|---|---|
| dùn | 遁 | 77 |
| dùn | 楯 | 77 |
| dùn | 顿 | 77 |
| duō | 多 | 77 |
| duō | 咄 | 77 |
| duō | 掇 | 77 |
| duó | 铎 | 78 |
| duó | 夺 | 78 |
| duó | 敚 | 78 |
| duǒ | 朵 | 78 |
| duò | 杕 | 67 |
| duò | 柂 | 78 |
| duò | 沱 | 78 |
| duò | 柁 | 78 |
| duò | 堕 | 78 |
| duò | 惰 | 78 |

## E

| | | |
|---|---|---|
| é | 鹅 | 79 |
| é | 蛾 | 79 |
| é | 额 | 79 |
| é | 峨 | 79 |
| é | 娥 | 79 |
| é | 讹 | 79 |
| é | 俄 | 79 |
| è | 饿 | 79 |
| è | 厄 | 80 |
| è | 扼 | 80 |
| è | 恶 | 80 |
| è | 鄂 | 80 |
| è | 遏 | 80 |
| è | 阏 | 80 |
| ēn | 恩 | 80 |
| ér | 儿 | 80 |
| ér | 而 | 80 |
| ěr | 尔 | 81 |
| ěr | 迩 | 81 |
| ěr | 耳 | 81 |
| ěr | 珥 | 81 |
| ěr | 饵 | 81 |
| èr | 佴 | 81 |
| èr | 二 | 81 |
| èr | 贰 | 81 |

## F

| | | |
|---|---|---|
| fā | 发 | 82 |
| fá | 罚 | 82 |
| fá | 阀 | 82 |
| fá | 筏 | 82 |
| fá | 伐 | 82 |
| fá | 乏 | 83 |
| fǎ | 法 | 83 |
| fà | 发 | 83 |
| fān | 帆 | 83 |
| fān | 番 | 83 |
| fān | 幡 | 83 |
| fān | 藩 | 83 |
| fān | 翻 | 83 |
| fán | 蕃 | 83 |
| fán | 燔 | 84 |
| fán | 烦 | 84 |
| fán | 樊 | 84 |
| fán | 繁 | 84 |

| | | |
|---|---|---|
| fán | 蘩 | 84 |
| fán | 凡 | 84 |
| fán | 矾 | 84 |
| fǎn | 反 | 84 |
| fǎn | 返 | 84 |
| fàn | 犯 | 85 |
| fàn | 饭 | 85 |
| fàn | 泛 | 85 |
| fàn | 范 | 85 |
| fāng | 方 | 85 |
| fāng | 邡 | 85 |
| fāng | 坊 | 85 |
| fāng | 枋 | 85 |
| fāng | 芳 | 85 |
| fāng | 钫 | 86 |
| fáng | 房 | 86 |
| fáng | 妨 | 86 |
| fáng | 防 | 86 |
| fáng | 肪 | 86 |
| fáng | 鲂 | 86 |
| fǎng | 仿 | 86 |
| fǎng | 访 | 86 |
| fǎng | 纺 | 86 |
| fǎng | 舫 | 86 |
| fàng | 放 | 87 |
| fēi | 飞 | 87 |
| fēi | 妃 | 87 |
| fēi | 非 | 87 |
| fēi | 扉 | 87 |
| fēi | 绯 | 87 |
| fēi | 霏 | 87 |
| féi | 肥 | 87 |
| féi | 腓 | 87 |
| fěi | 匪 | 87 |
| fěi | 菲 | 88 |
| fěi | 斐 | 88 |
| fěi | 蜚 | 88 |
| fěi | 翡 | 88 |
| fěi | 朏 | 88 |
| fèi | 吠 | 88 |
| fèi | 肺 | 88 |
| fèi | 废 | 88 |
| fèi | 沸 | 88 |
| fèi | 费 | 88 |
| fēn | 分 | 89 |
| fēn | 芬 | 89 |
| fēn | 纷 | 89 |
| fēn | 氛 | 89 |
| fén | 坟 | 89 |
| fén | 汾 | 89 |
| fén | 棼 | 89 |
| fén | 焚 | 89 |
| fěn | 粉 | 89 |
| fèn | 奋 | 90 |
| fèn | 忿 | 90 |
| fèn | 偾 | 90 |
| fèn | 粪 | 90 |
| fèn | 愤 | 90 |
| fēng | 丰 | 90 |
| fēng | 风 | 90 |
| fēng | 枫 | 90 |
| fēng | 封 | 91 |
| fēng | 葑 | 91 |

| | | | | | | | | |
|---|---|---|---|---|---|---|---|---|
| fēng | 酆 | 91 | fú | 扶 | 93 | fú | 绂 | 95 |
| fēng | 峰 | 91 | fú | 芙 | 93 | fǔ | 抚 | 95 |
| fēng | 蜂 | 91 | fú | 拂 | 93 | fǔ | 甫 | 95 |
| fēng | 烽 | 91 | fú | 怫 | 93 | fǔ | 辅 | 95 |
| féng | 逢 | 91 | fú | 茀 | 94 | fǔ | 脯 | 96 |
| féng | 缝 | 91 | fú | 怫 | 94 | fǔ | 斧 | 96 |
| féng | 冯 | 91 | fú | 枎 | 94 | fǔ | 釜 | 96 |
| fěng | 讽 | 92 | fú | 服 | 94 | fǔ | 腐 | 96 |
| fèng | 凤 | 92 | fú | 茯 | 94 | fǔ | 府 | 96 |
| fèng | 奉 | 92 | fú | 枹 | 94 | fǔ | 拊 | 96 |
| fó | 佛 | 92 | fú | 俘 | 94 | fù | 父 | 96 |
| fǒu | 缶 | 92 | fú | 孚 | 94 | fù | 付 | 96 |
| fǒu | 否 | 92 | fú | 浮 | 94 | fù | 负 | 96 |
| fū | 夫 | 92 | fú | 桴 | 94 | fù | 缚 | 97 |
| fū | 肤 | 92 | fú | 符 | 94 | fù | 妇 | 97 |
| fū | 柎 | 92 | fú | 幅 | 95 | fù | 附 | 97 |
| fū | 尃 | 93 | fú | 辐 | 95 | fù | 阜 | 97 |
| fú | 芾 | 93 | fú | 福 | 95 | fù | 赴 | 97 |
| fú | 弗 | 93 | fú | 蝠 | 95 | fù | 复 | 97 |
| fú | 伏 | 93 | fú | 鉜 | 95 | fù | 腹 | 97 |
| fú | 凫 | 93 | fú | 蜉 | 95 | fù | 覆 | 97 |

| | | |
|---|---|---|
| fù | 蝮 | 98 |
| fù | 馥 | 98 |
| fù | 副 | 98 |
| fù | 鲋 | 98 |
| fù | 赋 | 98 |
| fù | 傅 | 98 |
| fù | 富 | 98 |

G

| | | |
|---|---|---|
| gāi | 该 | 99 |
| gǎi | 改 | 99 |
| gài | 丐 | 99 |
| gài | 溉 | 99 |
| gài | 盖 | 99 |
| gān | 干 | 99 |
| gān | 乾 | 99 |
| gān | 甘 | 100 |
| gān | 泔 | 100 |
| gān | 肝 | 100 |
| gān | 竿 | 100 |
| gǎn | 秆 | 100 |
| gǎn | 敢 | 100 |
| gǎn | 感 | 100 |
| gàn | 绀 | 100 |
| gàn | 骭 | 100 |
| gàn | 淦 | 100 |
| gàn | 骭 | 101 |
| gàn | 赣 | 101 |
| gāng | 亢 | 101 |
| gāng | 冈 | 101 |
| gāng | 纲 | 101 |
| gāng | 刚 | 101 |
| gāng | 杠 | 101 |
| gǎng | 港 | 101 |
| gāo | 皋 | 101 |
| gāo | 膏 | 101 |
| gāo | 高 | 102 |
| gāo | 羔 | 102 |
| gāo | 睪 | 102 |
| gǎo | 稿 | 102 |
| gǎo | 杲 | 102 |
| gǎo | 缟 | 102 |
| gǎo | 槁 | 102 |
| gào | 告 | 102 |
| gào | 诰 | 103 |
| gào | 锆 | 103 |
| gē | 戈 | 103 |
| gē | 哥 | 103 |
| gē | 鸽 | 103 |
| gē | 割 | 103 |
| gē | 歌 | 103 |
| gé | 葛 | 103 |
| gé | 阁 | 103 |
| gé | 革 | 104 |
| gé | 鬲 | 104 |
| gé | 隔 | 104 |
| gé | 格 | 104 |
| gé | 蛤 | 104 |
| gè | 个 | 104 |
| gè | 各 | 104 |
| gěi | 给 | 104 |
| gēn | 根 | 104 |
| gèn | 亘 | 105 |

| | | | | | | | | |
|---|---|---|---|---|---|---|---|---|
| gèn | 艮 | 105 | gǒng | 巩 | 107 | gòu | 诟 | 108 |
| gēng | 更 | 105 | gǒng | 拱 | 107 | gòu | 垢 | 109 |
| gēng | 庚 | 105 | gòng | 供 | 107 | gòu | 遘 | 109 |
| gēng | 耕 | 105 | gòng | 贡 | 107 | gòu | 彀 | 109 |
| gēng | 羹 | 105 | gòng | 共 | 107 | gòu | 觏 | 109 |
| gěng | 埂 | 105 | gōu | 勾 | 107 | gū | 沽 | 109 |
| gěng | 耿 | 105 | gōu | 句 | 107 | gū | 孤 | 109 |
| gěng | 梗 | 105 | gōu | 佝 | 107 | gū | 姑 | 109 |
| gěng | 鲠 | 105 | gōu | 沟 | 107 | gū | 轱 | 109 |
| gōng | 工 | 106 | gōu | 构 | 108 | gū | 辜 | 109 |
| gōng | 弓 | 106 | gōu | 钩 | 108 | gū | 觚 | 109 |
| gōng | 公 | 106 | gōu | 枸 | 108 | gū | 柧 | 110 |
| gōng | 功 | 106 | gōu | 句 | 172 | gǔ | 汩 | 110 |
| gōng | 攻 | 106 | gōu | 勾 | 172 | gǔ | 古 | 110 |
| gōng | 宫 | 106 | gǒu | 苟 | 108 | gǔ | 谷 | 110 |
| gōng | 恭 | 106 | gǒu | 狗 | 108 | gǔ | 榖 | 110 |
| gōng | 躬 | 106 | gǒu | 耇 | 108 | gǔ | 诂 | 110 |
| gōng | 觥 | 106 | gǒu | 枸 | 108 | gǔ | 股 | 110 |
| gōng | 龚 | 107 | gǒu | 笱 | 108 | gǔ | 毂 | 110 |
| gōng | 供 | 107 | gòu | 构 | 108 | gǔ | 骨 | 111 |
| gōng | 红 | 125 | gòu | 购 | 108 | gǔ | 罟 | 111 |

| | | |
|---|---|---|
| gǔ | 羖 | 111 |
| gǔ | 蛊 | 111 |
| gǔ | 瞽 | 111 |
| gǔ | 鼓 | 111 |
| gǔ | 贾 | 150 |
| gù | 固 | 111 |
| gù | 故 | 111 |
| gù | 雇 | 111 |
| gù | 顾 | 112 |
| guā | 瓜 | 112 |
| guǎ | 寡 | 112 |
| guà | 卦 | 112 |
| guāi | 乖 | 112 |
| guài | 夬 | 112 |
| guài | 怪 | 112 |
| guān | 关 | 112 |
| guān | 观 | 112 |
| guān | 冠 | 112 |
| guān | 官 | 113 |
| guān | 倌 | 113 |
| guān | 棺 | 113 |
| guān | 管 | 113 |
| guān | 莞 | 113 |
| guān | 鳏 | 113 |
| guǎn | 莞 | 113 |
| guǎn | 管 | 113 |
| guǎn | 馆 | 113 |
| guàn | 冠 | 112 |
| guàn | 贯 | 113 |
| guàn | 盥 | 113 |
| guàn | 雚 | 113 |
| guàn | 灌 | 114 |
| guàn | 鹳 | 114 |
| guāng | 光 | 114 |
| guāng | 洸 | 134 |
| guǎng | 广 | 114 |
| guī | 归 | 114 |
| guī | 圭 | 114 |
| guī | 龟 | 114 |
| guī | 妫 | 114 |
| guī | 规 | 115 |
| guī | 闺 | 115 |
| guī | 瑰 | 115 |
| guī | 鲑 | 115 |
| guǐ | 鬼 | 115 |
| guǐ | 轨 | 115 |
| guǐ | 诡 | 115 |
| guǐ | 癸 | 115 |
| guǐ | 晷 | 115 |
| guì | 柜 | 116 |
| guì | 贵 | 116 |
| guì | 桂 | 116 |
| guì | 桧 | 116 |
| guì | 跪 | 116 |
| gǔn | 衮 | 116 |
| gǔn | 绲 | 116 |
| guō | 郭 | 116 |
| guō | 聒 | 116 |
| guó | 国 | 117 |
| guó | 虢 | 117 |
| guǒ | 果 | 117 |
| guǒ | 淉 | 117 |
| guǒ | 椁 | 117 |

guǒ 裹 117
guò 过 117

## H

há 蛤 104
hái 还 118
hái 咳 118
hái 孩 118
hái 骸 118
hǎi 海 118
hǎi 醢 118
hài 亥 118
hài 害 119
hān 酣 119
hán 邗 119
hán 邯 119
hán 含 119
hán 韩 119
hán 寒 119
hǎn 罕 119
hǎn 阚 179
hàn 汗 119
hàn 旱 119
hàn 汉 120
hàn 悍 120
hàn 颔 120
hàn 撼 120
háng 杭 120
háng 行 120
hàng 沆 120
hàng 巷 350
hāo 蒿 120
háo 嗥 120
háo 豪 120
háo 毫 121
háo 貉 121
hǎo 好 121
hào 好 121
hào 号 121
hào 昊 121
hào 耗 121
hào 浩 121
hào 皓 121
hào 颢 121
hē 诃 121
hē 呵 122
hé 害 119
hé 貉 121
hé 禾 122
hé 盍 122
hé 荷 122
hé 核 122
hé 龁 122
hé 涸 122
hé 阖 122
hé 和 122
hé 合 123
hé 何 123
hé 劾 123
hé 河 123
hé 曷 123
hè 贺 123
hè 隺 123

hè 熇 123
hè 赫 123
hè 褐 123
hè 鹤 124
hè 翯 124
hè 壑 124
hēi 黑 124
hén 痕 124
hěn 狠 124
hèn 恨 124
hēng 亨 124
héng 恒 124
héng 珩 124
héng 胻 125
héng 横 125
héng 衡 125
hōng 轰 125
hōng 訇 125
hōng 薨 125
hóng 弘 125
hóng 红 125
hóng 闳 125
hóng 纮 126
hóng 泓 126
hóng 虹 126
hóng 洪 126
hóng 鸿 126
hóng 洚 126
hóu 喉 126
hóu 侯 126
hóu 猴 126
hòu 后 127
hòu 厚 127
hòu 逅 127
hòu 候 127
hū 乎 127
hū 呼 127
hū 虖 127
hū 忽 128
hú 狐 128
hú 弧 128
hú 胡 128
hú 壶 128
hú 鹄 128
hú 瓠 128
hú 瑚 128
hú 醐 128
hú 縠 129
hǔ 虎 129
hǔ 唬 129
hǔ 琥 129
hù 瓠 128
hù 怙 129
hù 祜 129
hù 户 129
hù 护 129
hù 扈 129
huā 华 130
huá 华 130
huá 划 130
huá 滑 130
huá 浍 136
huà 华 130

| | | |
|---|---|---|
| huà | 化 | 130 |
| huà | 画 | 130 |
| huà | 话 | 130 |
| huái | 怀 | 130 |
| huái | 淮 | 130 |
| huái | 槐 | 131 |
| huái | 踝 | 131 |
| huài | 坏 | 131 |
| huān | 欢 | 131 |
| huán | 还 | 118 |
| huán | 环 | 131 |
| huán | 桓 | 131 |
| huán | 垸 | 131 |
| huán | 洹 | 131 |
| huán | 萑 | 131 |
| huán | 圜 | 132 |
| huán | 寰 | 132 |
| huán | 缳 | 132 |
| huǎn | 缓 | 132 |
| huàn | 宦 | 132 |
| huàn | 幻 | 132 |
| huàn | 唤 | 132 |
| huàn | 涣 | 132 |
| huàn | 换 | 132 |
| huàn | 浣 | 133 |
| huàn | 患 | 133 |
| huàn | 焕 | 133 |
| huàn | 豢 | 133 |
| huàn | 圂 | 137 |
| huāng | 肓 | 133 |
| huāng | 荒 | 133 |
| huáng | 黄 | 133 |
| huáng | 皇 | 133 |
| huáng | 遑 | 133 |
| huáng | 惶 | 133 |
| huáng | 煌 | 134 |
| huáng | 潢 | 134 |
| huáng | 璜 | 134 |
| huáng | 蝗 | 134 |
| huáng | 簧 | 134 |
| huǎng | 晃 | 134 |
| huàng | 潢 | 134 |
| huàng | 滉 | 134 |
| huī | 灰 | 134 |
| huī | 恢 | 134 |
| huī | 晖 | 134 |
| huī | 辉 | 134 |
| huí | 回 | 135 |
| huí | 茴 | 135 |
| huǐ | 毁 | 135 |
| huǐ | 悔 | 135 |
| huǐ | 虺 | 135 |
| huì | 卉 | 135 |
| huì | 汇 | 135 |
| huì | 会 | 135 |
| huì | 讳 | 135 |
| huì | 荟 | 136 |
| huì | 浍 | 136 |
| huì | 诲 | 136 |
| huì | 绘 | 136 |
| huì | 彗 | 136 |
| huì | 贿 | 136 |
| huì | 惠 | 136 |

| | | |
|---|---|---|
| huì | 晦 | 136 |
| huì | 喙 | 136 |
| huì | 嘒 | 136 |
| huì | 慧 | 137 |
| huì | 槥 | 137 |
| huì | 阓 | 137 |
| huì | 缋 | 137 |
| hūn | 荤 | 137 |
| hūn | 昏 | 137 |
| hūn | 惛 | 137 |
| hún | 魂 | 137 |
| hún | 浑 | 137 |
| hùn | 圂 | 137 |
| hùn | 溷 | 138 |
| hùn | 混 | 138 |
| huó | 活 | 138 |
| huǒ | 火 | 138 |
| huò | 或 | 138 |
| huò | 货 | 138 |
| huò | 获 | 138 |
| huò | 祸 | 138 |
| huò | 惑 | 138 |
| huò | 霍 | 139 |
| huò | 濩 | 139 |
| huò | 蠖 | 139 |
| huò | 豁 | 139 |

**J**

| | | |
|---|---|---|
| jī | 几 | 140 |
| jī | 讥 | 140 |
| jī | 玑 | 140 |
| jī | 饥 | 140 |
| jī | 机 | 140 |
| jī | 矶 | 140 |
| jī | 肌 | 141 |
| jī | 奇 | 141 |
| jī | 攲 | 141 |
| jī | 击 | 141 |
| jī | 刌 | 141 |
| jī | 鸡 | 141 |
| jī | 积 | 141 |
| jī | 笄 | 141 |
| jī | 屐 | 141 |
| jī | 姬 | 142 |
| jī | 基 | 142 |
| jī | 枅 | 142 |
| jī | 赍 | 142 |
| jī | 缉 | 142 |
| jī | 稽 | 142 |
| jī | 畿 | 142 |
| jī | 畸 | 142 |
| jī | 箕 | 142 |
| jī | 激 | 142 |
| jī | 羁 | 143 |
| jí | 疾 | 143 |
| jí | 濈 | 143 |
| jí | 籍 | 143 |
| jí | 岌 | 143 |
| jí | 吉 | 143 |
| jí | 及 | 143 |
| jí | 汲 | 143 |
| jí | 级 | 143 |
| jí | 极 | 144 |

| | | |
|---|---|---|
| jí | 即 | 144 |
| jí | 佶 | 144 |
| jí | 棘 | 144 |
| jí | 亟 | 144 |
| jí | 急 | 144 |
| jí | 楫 | 144 |
| jí | 戢 | 144 |
| jí | 嫉 | 144 |
| jí | 辑 | 145 |
| jí | 集 | 145 |
| jí | 耤 | 145 |
| jí | 藉 | 145 |
| jí | 脊 | 145 |
| jǐ | 给 | 104 |
| jǐ | 几 | 140 |
| jǐ | 脊 | 145 |
| jǐ | 济 | 145 |
| jǐ | 己 | 145 |
| jǐ | 戟 | 145 |
| jì | 绩 | 145 |
| jì | 计 | 146 |
| jì | 记 | 146 |
| jì | 伎 | 146 |
| jì | 洎 | 146 |
| jì | 系 | 146 |
| jì | 纪 | 146 |
| jì | 技 | 146 |
| jì | 忌 | 146 |
| jì | 妓 | 146 |
| jì | 季 | 147 |
| jì | 际 | 147 |
| jì | 剂 | 147 |
| jì | 迹 | 147 |
| jì | 继 | 147 |
| jì | 荠 | 147 |
| jì | 祭 | 147 |
| jì | 悸 | 147 |
| jì | 蓟 | 147 |
| jì | 既 | 148 |
| jì | 寄 | 148 |
| jì | 霁 | 148 |
| jì | 暨 | 148 |
| jì | 稷 | 148 |
| jì | 冀 | 148 |
| jì | 骥 | 148 |
| jiā | 加 | 148 |
| jiā | 荚 | 149 |
| jiā | 浃 | 149 |
| jiā | 佳 | 149 |
| jiā | 痂 | 149 |
| jiā | 家 | 149 |
| jiā | 葭 | 149 |
| jiā | 嘉 | 149 |
| jiā | 夹 | 149 |
| jiá | 夹 | 149 |
| jiá | 浃 | 149 |
| jiá | 颊 | 149 |
| jiá | 戛 | 149 |
| jiá | 铗 | 150 |
| jiǎ | 假 | 150 |
| jiǎ | 叚 | 150 |
| jiǎ | 甲 | 150 |
| jiǎ | 贾 | 150 |

| | | |
|---|---|---|
| jià | 价 | 150 |
| jià | 驾 | 150 |
| jià | 架 | 150 |
| jià | 嫁 | 150 |
| jià | 稼 | 150 |
| jiān | 间 | 151 |
| jiān | 奸 | 151 |
| jiān | 坚 | 151 |
| jiān | 肩 | 151 |
| jiān | 艰 | 151 |
| jiān | 监 | 151 |
| jiān | 兼 | 151 |
| jiān | 菅 | 152 |
| jiān | 缄 | 152 |
| jiān | 蒹 | 152 |
| jiān | 缣 | 152 |
| jiān | 鲣 | 152 |
| jiān | 煎 | 152 |
| jiǎn | 茧 | 152 |
| jiǎn | 柬 | 152 |
| jiǎn | 检 | 152 |
| jiǎn | 俭 | 153 |
| jiǎn | 减 | 153 |
| jiǎn | 简 | 153 |
| jiǎn | 謇 | 153 |
| jiǎn | 蹇 | 153 |
| jiǎn | 翦 | 153 |
| jiǎn | 楗 | 155 |
| jiàn | 间 | 151 |
| jiàn | 监 | 151 |
| jiàn | 见 | 153 |
| jiàn | 件 | 153 |
| jiàn | 饯 | 154 |
| jiàn | 建 | 154 |
| jiàn | 荐 | 154 |
| jiàn | 贱 | 154 |
| jiàn | 剑 | 154 |
| jiàn | 健 | 154 |
| jiàn | 涧 | 154 |
| jiàn | 渐 | 154 |
| jiàn | 谏 | 155 |
| jiàn | 楗 | 155 |
| jiàn | 践 | 155 |
| jiàn | 溅 | 155 |
| jiàn | 鉴 | 155 |
| jiàn | 键 | 155 |
| jiàn | 箭 | 155 |
| jiàn | 槛 | 179 |
| jiāng | 将 | 155 |
| jiāng | 江 | 156 |
| jiāng | 姜 | 156 |
| jiāng | 浆 | 156 |
| jiāng | 蒋 | 156 |
| jiāng | 僵 | 156 |
| jiāng | 橿 | 156 |
| jiāng | 疆 | 156 |
| jiǎng | 蒋 | 156 |
| jiǎng | 讲 | 156 |
| jiǎng | 奖 | 156 |
| jiàng | 洚 | 126 |
| jiàng | 浆 | 156 |
| jiàng | 疆 | 156 |
| jiàng | 匠 | 157 |

| | | |
|---|---|---|
| jiàng | 降 | 157 |
| jiàng | 绛 | 157 |
| jiàng | 酱 | 157 |
| jiàng | 强 | 256 |
| jiāo | 交 | 157 |
| jiāo | 郊 | 157 |
| jiāo | 茭 | 157 |
| jiāo | 姣 | 157 |
| jiāo | 娇 | 158 |
| jiāo | 胶 | 158 |
| jiāo | 鲛 | 158 |
| jiāo | 骄 | 158 |
| jiāo | 椒 | 158 |
| jiāo | 教 | 158 |
| jiāo | 蛟 | 158 |
| jiāo | 焦 | 158 |
| jiāo | 蕉 | 158 |
| jiǎo | 挢 | 159 |
| jiǎo | 角 | 159 |
| jiǎo | 佼 | 159 |
| jiǎo | 狡 | 159 |
| jiǎo | 侥 | 159 |
| jiǎo | 绞 | 159 |
| jiǎo | 皎 | 159 |
| jiǎo | 矫 | 159 |
| jiǎo | 敫 | 159 |
| jiǎo | 脚 | 159 |
| jiǎo | 缴 | 160 |
| jiào | 教 | 158 |
| jiào | 叫 | 160 |
| jiào | 觉 | 160 |
| jiào | 珓 | 160 |
| jiào | 较 | 160 |
| jiào | 校 | 160 |
| jiào | 窖 | 160 |
| jiào | 徼 | 160 |
| jiào | 峤 | 257 |
| jiē | 阶 | 160 |
| jiē | 痎 | 160 |
| jiē | 皆 | 161 |
| jiē | 接 | 161 |
| jiē | 喈 | 161 |
| jiē | 街 | 161 |
| jié | 节 | 161 |
| jié | 杰 | 161 |
| jié | 劫 | 161 |
| jié | 诘 | 161 |
| jié | 结 | 162 |
| jié | 桔 | 162 |
| jié | 洁 | 162 |
| jié | 桀 | 162 |
| jié | 颉 | 162 |
| jié | 睫 | 162 |
| jié | 截 | 162 |
| jiě | 解 | 162 |
| jiě | 姐 | 162 |
| jiè | 藉 | 145 |
| jiè | 介 | 163 |
| jiè | 戒 | 163 |
| jiè | 芥 | 163 |
| jiè | 界 | 163 |
| jiè | 借 | 163 |
| jiè | 届 | 163 |

| | | | | | | | | |
|---|---|---|---|---|---|---|---|---|
| jiè | 诫 | 163 | jìn | 溍 | 166 | jìng | 净 | 168 |
| jīn | 巾 | 163 | jìn | 缙 | 166 | jìng | 胫 | 168 |
| jīn | 金 | 163 | jīng | 泾 | 166 | jìng | 竟 | 168 |
| jīn | 津 | 164 | jīng | 经 | 166 | jìng | 静 | 168 |
| jīn | 矜 | 164 | jīng | 京 | 166 | jìng | 竞 | 168 |
| jīn | 斤 | 164 | jīng | 茎 | 166 | jìng | 敬 | 168 |
| jīn | 今 | 164 | jīng | 荆 | 166 | jìng | 镜 | 168 |
| jīn | 筋 | 164 | jīng | 旌 | 166 | jìng | 境 | 168 |
| jǐn | 紧 | 164 | jīng | 惊 | 166 | jìng | 陉 | 357 |
| jǐn | 锦 | 164 | jīng | 晶 | 166 | jiǒng | 迥 | 169 |
| jǐn | 尽 | 164 | jīng | 睛 | 167 | jiǒng | 窘 | 169 |
| jǐn | 堇 | 164 | jīng | 兢 | 167 | jiū | 纠 | 169 |
| jǐn | 瑾 | 165 | jīng | 精 | 167 | jiū | 鸠 | 169 |
| jìn | 尽 | 164 | jīng | 鲸 | 167 | jiū | 究 | 169 |
| jìn | 进 | 165 | jǐng | 景 | 167 | jiū | 赳 | 169 |
| jìn | 浸 | 165 | jǐng | 警 | 167 | jiǔ | 九 | 169 |
| jìn | 劲 | 165 | jǐng | 井 | 167 | jiǔ | 灸 | 169 |
| jìn | 近 | 165 | jǐng | 阱 | 167 | jiǔ | 久 | 169 |
| jìn | 晋 | 165 | jǐng | 颈 | 167 | jiǔ | 韭 | 169 |
| jìn | 靳 | 165 | jǐng | 儆 | 167 | jiǔ | 酒 | 170 |
| jìn | 禁 | 165 | jìng | 径 | 168 | jiù | 旧 | 170 |

| | | |
|---|---|---|
| jiù | 臼 | 170 |
| jiù | 咎 | 170 |
| jiù | 救 | 170 |
| jiù | 厩 | 170 |
| jiù | 就 | 170 |
| jiù | 舅 | 170 |
| jū | 拘 | 170 |
| jū | 苴 | 171 |
| jū | 疽 | 171 |
| jū | 居 | 171 |
| jū | 据 | 171 |
| jū | 椐 | 171 |
| jū | 锯 | 171 |
| jū | 裾 | 171 |
| jū | 鞠 | 171 |
| jū | 驹 | 171 |
| jū | 鞫 | 172 |
| jū | 俱 | 173 |
| jú | 桔 | 162 |
| jú | 橘 | 172 |
| jú | 局 | 172 |
| jú | 菊 | 172 |
| jǔ | 咀 | 172 |
| jǔ | 沮 | 172 |
| jǔ | 举 | 172 |
| jù | 据 | 171 |
| jù | 锯 | 171 |
| jù | 巨 | 172 |
| jù | 句 | 172 |
| jù | 具 | 172 |
| jù | 钜 | 173 |
| jù | 倨 | 173 |
| jù | 踞 | 173 |
| jù | 距 | 173 |
| jù | 俱 | 173 |
| jù | 剧 | 173 |
| jù | 惧 | 173 |
| jù | 聚 | 173 |
| jù | 窭 | 173 |
| jù | 屦 | 174 |
| jù | 遽 | 174 |
| jù | 菹 | 441 |
| juān | 圈 | 174 |
| juān | 捐 | 174 |
| juān | 涓 | 174 |
| juān | 娟 | 174 |
| juān | 朘 | 442 |
| juǎn | 卷 | 174 |
| juàn | 卷 | 174 |
| juàn | 圈 | 174 |
| juàn | 倦 | 174 |
| juàn | 狷 | 174 |
| juàn | 绢 | 174 |
| juàn | 眷 | 175 |
| juàn | 縳 | 175 |
| juàn | 悁 | 401 |
| jué | 夬 | 112 |
| jué | 角 | 159 |
| jué | 觉 | 160 |
| jué | 决 | 175 |
| jué | 抉 | 175 |
| jué | 桷 | 175 |
| jué | 绝 | 175 |

| | | |
|---|---|---|
| jué | 厥 | 175 |
| jué | 蕨 | 175 |
| jué | 爵 | 175 |
| jué | 蹶 | 175 |
| jué | 矍 | 176 |
| jué | 玃 | 176 |
| jūn | 军 | 176 |
| jūn | 麇 | 176 |
| jūn | 君 | 176 |
| jūn | 均 | 176 |
| jūn | 钧 | 176 |
| jūn | 筠 | 176 |
| jùn | 俊 | 177 |
| jùn | 郡 | 177 |
| jùn | 浚 | 177 |
| jùn | 骏 | 177 |
| jùn | 峻 | 177 |
| jùn | 菌 | 177 |
| jùn | 竣 | 177 |

## K

| | | |
|---|---|---|
| kǎ | 卡 | 178 |
| kāi | 开 | 178 |
| kǎi | 慨 | 178 |
| kǎi | 楷 | 178 |
| kǎi | 恺 | 178 |
| kǎi | 铠 | 178 |
| kài | 欬 | 178 |
| kān | 看 | 178 |
| kān | 勘 | 179 |
| kān | 刊 | 179 |
| kǎn | 坎 | 179 |
| kǎn | 侃 | 179 |
| kǎn | 欿 | 179 |
| kǎn | 槛 | 179 |
| kàn | 看 | 178 |
| kàn | 阚 | 179 |
| kāng | 康 | 179 |
| kàng | 亢 | 101 |
| kàng | 炕 | 179 |
| kāo | 尻 | 180 |
| kǎo | 考 | 180 |
| kē | 珂 | 180 |
| kē | 柯 | 180 |
| kē | 科 | 180 |
| kē | 搕 | 180 |
| kē | 窠 | 180 |
| kē | 颗 | 180 |
| kē | 苛 | 180 |
| ké | 咳 | 118 |
| ké | 壳 | 180 |
| kě | 可 | 181 |
| kě | 坷 | 181 |
| kě | 渴 | 181 |
| kè | 克 | 181 |
| kè | 溘 | 181 |
| kè | 刻 | 181 |
| kè | 客 | 181 |
| kè | 课 | 181 |
| kěn | 肯 | 181 |
| kěn | 垦 | 182 |
| kěn | 恳 | 182 |
| kēng | 坑 | 182 |

| | | |
|---|---|---|
| kōng | 空 | 182 |
| kǒng | 空 | 182 |
| kǒng | 孔 | 182 |
| kǒng | 恐 | 182 |
| kòng | 空 | 182 |
| kōu | 眍 | 182 |
| kǒu | 口 | 182 |
| kòu | 佝 | 107 |
| kòu | 叩 | 183 |
| kòu | 扣 | 183 |
| kòu | 蔻 | 183 |
| kū | 朏 | 88 |
| kū | 枯 | 183 |
| kū | 哭 | 183 |
| kǔ | 苦 | 183 |
| kù | 库 | 183 |
| kù | 绔 | 183 |
| kù | 酷 | 183 |
| kuā | 夸 | 184 |
| kuà | 跨 | 184 |
| kuài | 会 | 135 |
| kuài | 浍 | 136 |
| kuài | 块 | 184 |
| kuài | 快 | 184 |
| kuài | 脍 | 184 |
| kuān | 宽 | 184 |
| kuǎn | 款 | 184 |
| kuāng | 匡 | 184 |
| kuáng | 狂 | 184 |
| kuàng | 旷 | 185 |
| kuàng | 况 | 185 |
| kuī | 亏 | 185 |
| kuī | 刲 | 185 |
| kuī | 窥 | 185 |
| kuí | 奎 | 185 |
| kuí | 逵 | 185 |
| kuí | 膇 | 185 |
| kuí | 葵 | 185 |
| kuí | 骙 | 186 |
| kuí | 魁 | 186 |
| kuì | 匮 | 186 |
| kuì | 馈 | 186 |
| kuì | 溃 | 186 |
| kuì | 愧 | 186 |
| kūn | 坤 | 186 |
| kūn | 昆 | 186 |
| kūn | 髡 | 186 |
| kǔn | 悃 | 187 |
| kùn | 困 | 187 |
| kuò | 括 | 187 |
| kuò | 栝 | 187 |
| kuò | 阔 | 187 |
| kuò | 廓 | 187 |

## L

| | | |
|---|---|---|
| lā | 邋 | 188 |
| là | 腊 | 188 |
| là | 落 | 212 |
| lái | 来 | 188 |
| lái | 莱 | 188 |
| lài | 赉 | 188 |
| lài | 赖 | 188 |
| lài | 濑 | 188 |

| | | |
|---|---|---|
| lán | 兰 | 189 |
| lán | 岚 | 189 |
| lán | 阑 | 189 |
| lán | 澜 | 189 |
| lán | 蓝 | 189 |
| lán | 褴 | 189 |
| lán | 栏 | 189 |
| lǎn | 览 | 189 |
| làn | 烂 | 190 |
| làn | 滥 | 190 |
| láng | 郎 | 190 |
| láng | 狼 | 190 |
| láng | 琅 | 190 |
| láng | 硠 | 190 |
| làng | 阆 | 190 |
| láo | 劳 | 190 |
| láo | 牢 | 190 |
| láo | 醪 | 190 |
| láo | 潦 | 191 |
| lǎo | 老 | 191 |
| lào | 酪 | 191 |
| lào | 落 | 212 |
| lè | 乐 | 191 |
| lè | 勒 | 191 |
| lēi | 勒 | 191 |
| léi | 雷 | 191 |
| léi | 羸 | 191 |
| léi | 罍 | 191 |
| lěi | 耒 | 191 |
| lěi | 垒 | 192 |
| lěi | 儡 | 192 |
| lèi | 肋 | 192 |
| lèi | 类 | 192 |
| lèi | 酹 | 192 |
| lèi | 累 | 192 |
| léng | 棱 | 192 |
| lí | 厘 | 192 |
| lí | 狸 | 192 |
| lí | 貍 | 192 |
| lí | 离 | 193 |
| lí | 梨 | 193 |
| lí | 黎 | 193 |
| lí | 藜 | 193 |
| lí | 骊 | 193 |
| lǐ | 李 | 193 |
| lǐ | 礼 | 193 |
| lǐ | 理 | 193 |
| lǐ | 里 | 194 |
| lǐ | 裏 | 194 |
| lǐ | 鲤 | 194 |
| lǐ | 醴 | 194 |
| lǐ | 鳢 | 194 |
| lǐ | 蠡 | 194 |
| lǐ | 俚 | 194 |
| lǐ | 逦 | 194 |
| lì | 鬲 | 104 |
| lì | 力 | 194 |
| lì | 历 | 195 |
| lì | 厉 | 195 |
| lì | 枥 | 195 |
| lì | 苈 | 195 |
| lì | 笠 | 195 |
| lì | 励 | 195 |

lì 疠 195
lì 砺 195
lì 粝 195
lì 立 196
lì 粒 196
lì 吏 196
lì 丽 196
lì 俪 196
lì 栗 196
lì 利 196
lì 莉 196
lì 戾 196
lì 隶 197
lì 荔 197
lì 栎 197
lián 连 197
lián 怜 197
lián 簾 197
lián 莲 197
lián 涟 197
lián 廉 197
lián 镰 198
lián 联 198
liǎn 敛 198
liàn 练 198
liàn 炼 198
liáng 良 198
liáng 凉 198
liáng 梁 198
liáng 粱 199
liáng 量 199
liáng 粮 199
liǎng 两 199
liàng 量 199
liàng 亮 199
liàng 谅 199
liáo 潦 191
liáo 辽 199
liáo 僚 199
liáo 寮 199
liáo 缭 200
liáo 燎 200
liáo 聊 200
liáo 疗 200
liǎo 蓼 200
liào 廖 200
liào 料 200
liè 列 200
liè 劣 200
liè 猎 200
liè 裂 201
lín 邻 201
lín 林 201
lín 淋 201
lín 琳 201
lín 霖 201
lín 临 201
lín 粼 201
lín 辚 201
lín 瞵 201
lín 鳞 202
lín 麟 202
lǐn 凛 202

lǐn 廪 202
lìn 吝 202
lìn 赁 202
lìn 蔺 202
líng 灵 202
líng 龄 202
líng 泠 203
líng 玲 203
líng 铃 203
líng 瓴 203
líng 凌 203
líng 陵 203
líng 聆 203
líng 棂 203
líng 零 203
lǐng 岭 204
lǐng 领 204
lìng 令 204
liú 浏 204
liú 留 204
liú 流 204
liú 刘 204
liǔ 柳 204
liù 六 205
liù 溜 205
liù 陆 208
lóng 珑 205
lóng 胧 205
lóng 聋 205
lóng 笼 205
lóng 隆 205
lóng 龙 205
lóng 泷 206
lǒng 陇 206
lǒng 垄 206
lòng 弄 235
lóu 娄 206
lóu 偻 206
lóu 楼 206
lǒu 篓 206
lòu 瘘 206
lòu 漏 207
lú 卢 207
lú 芦 207
lú 庐 207
lú 垆 207
lú 炉 207
lǔ 虏 207
lǔ 卤 207
lù 陆 208
lù 绿 209
lǘ 闾 208
lǚ 偻 206
lǚ 侣 208
lǚ 旅 208
lǚ 屡 208
lǚ 缕 208
lǚ 膂 208
lǚ 履 208
lǜ 虑 208
lǜ 律 209
lǜ 率 209
lǜ 绿 209

| | | |
|---|---|---|
| luán | 峦 | 209 |
| luán | 挛 | 209 |
| luán | 鸾 | 209 |
| luán | 脔 | 209 |
| luán | 銮 | 209 |
| luán | 娈 | 210 |
| luǎn | 卵 | 210 |
| luàn | 乱 | 210 |
| lüè | 掠 | 210 |
| lüè | 略 | 210 |
| lún | 仑 | 210 |
| lún | 伦 | 210 |
| lún | 论 | 210 |
| lún | 沦 | 211 |
| lún | 纶 | 211 |
| lún | 轮 | 211 |
| lùn | 论 | 210 |
| luó | 罗 | 211 |
| luó | 萝 | 211 |
| luǒ | 蠃 | 211 |
| luò | 洛 | 211 |
| luò | 骆 | 211 |
| luò | 络 | 212 |
| luò | 落 | 212 |
| luò | 雒 | 212 |

**M**

| | | |
|---|---|---|
| mā | 抹 | 213 |
| má | 麻 | 213 |
| mǎ | 马 | 213 |
| mái | 埋 | 213 |
| mǎi | 买 | 213 |
| mài | 迈 | 213 |
| mài | 麦 | 214 |
| mài | 卖 | 214 |
| mài | 脉 | 214 |
| mān | 嫚 | 214 |
| mán | 蛮 | 214 |
| mán | 蔓 | 214 |
| mán | 谩 | 214 |
| mán | 鳗 | 214 |
| mán | 瞒 | 215 |
| mán | 鞔 | 215 |
| màn | 嫚 | 214 |
| màn | 蔓 | 214 |
| màn | 谩 | 214 |
| màn | 曼 | 215 |
| màn | 幔 | 215 |
| màn | 慢 | 215 |
| màn | 缦 | 215 |
| máng | 芒 | 215 |
| máng | 盲 | 215 |
| máng | 氓 | 215 |
| máng | 厖 | 215 |
| mǎng | 莽 | 216 |
| māo | 猫 | 216 |
| máo | 髦 | 216 |
| máo | 旄 | 216 |
| máo | 毛 | 216 |
| máo | 枆 | 216 |
| máo | 茅 | 216 |
| máo | 矛 | 216 |
| mǎo | 卯 | 216 |

| | | |
|---|---|---|
| mǎo | 昴 | 217 |
| mào | 冒 | 217 |
| mào | 茂 | 217 |
| mào | 贸 | 217 |
| mào | 袤 | 217 |
| mào | 貌 | 217 |
| mào | 瞀 | 217 |
| mào | 懋 | 217 |
| méi | 没 | 217 |
| méi | 莓 | 217 |
| méi | 湄 | 218 |
| méi | 楣 | 218 |
| méi | 媒 | 218 |
| méi | 枚 | 218 |
| měi | 美 | 218 |
| mèi | 媚 | 218 |
| mèi | 妹 | 218 |
| mèi | 昧 | 218 |
| mèi | 袂 | 218 |
| mèi | 魅 | 218 |
| mén | 门 | 219 |
| mèn | 闷 | 219 |
| mèn | 懑 | 219 |
| méng | 虻 | 219 |
| méng | 萌 | 219 |
| méng | 蒙 | 219 |
| méng | 朦 | 219 |
| méng | 盟 | 219 |
| méng | 甍 | 219 |
| měng | 猛 | 220 |
| mèng | 孟 | 220 |
| mèng | 梦 | 220 |
| mī | 眯 | 220 |
| mí | 眯 | 220 |
| mí | 弥 | 220 |
| mí | 迷 | 220 |
| mí | 祢 | 220 |
| mí | 谜 | 220 |
| mí | 麋 | 220 |
| mí | 靡 | 220 |
| mí | 麛 | 221 |
| mǐ | 靡 | 220 |
| mǐ | 米 | 221 |
| mǐ | 弭 | 221 |
| mǐ | 敉 | 221 |
| mì | 汨 | 221 |
| mì | 沕 | 221 |
| mì | 泌 | 221 |
| mì | 秘 | 221 |
| mì | 密 | 221 |
| mián | 绵 | 221 |
| mián | 棉 | 222 |
| miǎn | 免 | 222 |
| miǎn | 勉 | 222 |
| miàn | 面 | 222 |
| miáo | 苗 | 222 |
| miǎo | 邈 | 222 |
| miǎo | 杪 | 222 |
| miǎo | 眇 | 222 |
| miǎo | 秒 | 222 |
| miǎo | 淼 | 222 |
| miǎo | 藐 | 222 |
| miào | 妙 | 223 |

| | | |
|---|---|---|
| miào | 庙 | 223 |
| miù | 缪 | 223 |
| miè | 烕 | 223 |
| miè | 灭 | 223 |
| miè | 蔑 | 223 |
| mín | 民 | 223 |
| mín | 罠 | 223 |
| mín | 缗 | 223 |
| mǐn | 皿 | 223 |
| mǐn | 闵 | 224 |
| mǐn | 抿 | 224 |
| mǐn | 泯 | 224 |
| mǐn | 闽 | 224 |
| mǐn | 敃 | 224 |
| mǐn | 敏 | 224 |
| míng | 名 | 224 |
| míng | 明 | 224 |
| míng | 鸣 | 224 |
| míng | 茗 | 225 |
| míng | 冥 | 225 |
| míng | 溟 | 225 |
| míng | 铭 | 225 |
| mìng | 命 | 225 |
| miù | 谬 | 225 |
| mó | 谟 | 225 |
| mó | 模 | 225 |
| mó | 膜 | 226 |
| mó | 摩 | 226 |
| mó | 磨 | 226 |
| mó | 魔 | 226 |
| mǒ | 抹 | 213 |
| mò | 脉 | 214 |
| mò | 没 | 217 |
| mò | 末 | 226 |
| mò | 茉 | 226 |
| mò | 沫 | 226 |
| mò | 莫 | 226 |
| mò | 蓦 | 226 |
| mò | 漠 | 226 |
| mò | 默 | 226 |
| mò | 墨 | 227 |
| mò | 貘 | 227 |
| móu | 谋 | 227 |
| móu | 牟 | 227 |
| móu | 鍪 | 227 |
| mǒu | 某 | 227 |
| mú | 模 | 225 |
| mǔ | 母 | 227 |
| mǔ | 牡 | 227 |
| mǔ | 亩 | 227 |
| mù | 牟 | 227 |
| mù | 沐 | 228 |
| mù | 木 | 228 |
| mù | 目 | 228 |
| mù | 牧 | 228 |
| mù | 募 | 228 |
| mù | 墓 | 228 |
| mù | 幕 | 228 |
| mù | 慕 | 228 |
| mù | 暮 | 228 |
| mù | 睦 | 228 |
| mù | 穆 | 228 |

## N

| | | |
|---|---|---|
| nà | 纳 | 229 |
| nǎi | 乃 | 229 |
| nǎi | 迺 | 229 |
| nài | 奈 | 229 |
| nài | 柰 | 229 |
| nài | 耐 | 229 |
| nán | 男 | 229 |
| nán | 南 | 230 |
| nán | 难 | 230 |
| nàn | 难 | 230 |
| nāng | 囊 | 230 |
| náng | 囊 | 230 |
| nǎng | 曩 | 230 |
| náo | 挠 | 230 |
| náo | 铙 | 230 |
| nào | 淖 | 230 |
| nào | 闹 | 230 |
| nào | 臑 | 230 |
| nèi | 内 | 231 |
| néng | 能 | 231 |
| ní | 尼 | 231 |
| ní | 泥 | 231 |
| ní | 倪 | 231 |
| ní | 霓 | 231 |
| ní | 鲵 | 231 |
| nǐ | 拟 | 231 |
| nì | 匿 | 231 |
| nì | 逆 | 232 |
| nì | 惄 | 232 |
| nì | 腻 | 232 |
| nì | 溺 | 232 |
| niān | 拈 | 232 |
| nián | 年 | 232 |
| nián | 鲇 | 232 |
| nián | 黏 | 232 |
| niǎn | 辇 | 233 |
| niàn | 廿 | 233 |
| niàn | 念 | 233 |
| niàng | 酿 | 233 |
| niǎo | 鸟 | 233 |
| niè | 聂 | 233 |
| niè | 涅 | 233 |
| niè | 啮 | 233 |
| niè | 蹑 | 234 |
| niè | 孽 | 234 |
| niè | 蘖 | 234 |
| níng | 宁 | 234 |
| níng | 寍 | 234 |
| nìng | 宁 | 234 |
| nìng | 佞 | 234 |
| niú | 牛 | 234 |
| niǔ | 纽 | 234 |
| nóng | 脓 | 234 |
| nóng | 农 | 235 |
| nòng | 弄 | 235 |
| nòu | 耨 | 235 |
| nú | 奴 | 235 |
| nú | 驽 | 235 |
| nǔ | 弩 | 235 |
| nù | 怒 | 235 |
| nǚ | 女 | 235 |

| | | |
|---|---|---|
| nuǎn | 暖 | 236 |
| nüè | 疟 | 236 |
| nüè | 虐 | 236 |
| nuó | 傩 | 236 |
| nuò | 诺 | 236 |

O

| | | |
|---|---|---|
| ōu | 讴 | 237 |
| ōu | 沤 | 237 |
| ōu | 瓯 | 237 |
| ōu | 殴 | 237 |
| ōu | 鸥 | 237 |
| ǒu | 偶 | 237 |
| ǒu | 耦 | 237 |
| òu | 沤 | 237 |

P

| | | |
|---|---|---|
| pā | 葩 | 238 |
| pāi | 拍 | 238 |
| pái | 俳 | 238 |
| pái | 排 | 238 |
| pái | 牌 | 238 |
| pài | 派 | 238 |
| pān | 潘 | 238 |
| pān | 攀 | 238 |
| pán | 蟠 | 238 |
| pán | 盘 | 239 |
| pàn | 判 | 239 |
| pàn | 盼 | 239 |
| pàn | 叛 | 239 |
| pàn | 畔 | 239 |
| pāng | 滂 | 239 |
| páng | 庞 | 239 |
| páng | 旁 | 239 |
| pàng | 胖 | 239 |
| pāo | 脬 | 239 |
| páo | 咆 | 240 |
| páo | 庖 | 240 |
| páo | 袍 | 240 |
| páo | 匏 | 240 |
| páo | 鞄 | 240 |
| pào | 泡 | 240 |
| péi | 陪 | 240 |
| péi | 培 | 240 |
| pèi | 沛 | 240 |
| pèi | 佩 | 240 |
| pèi | 配 | 240 |
| pèi | 旆 | 240 |
| pèi | 辔 | 241 |
| pēn | 喷 | 241 |
| pén | 盆 | 241 |
| pèn | 喷 | 241 |
| pēng | 烹 | 241 |
| péng | 朋 | 241 |
| péng | 堋 | 241 |
| péng | 彭 | 241 |
| péng | 棚 | 241 |
| péng | 蓬 | 241 |
| pěng | 捧 | 241 |
| pī | 丕 | 25 |
| pī | 邳 | 25 |
| pī | 披 | 241 |
| pī | 劈 | 242 |

pí 陂 10
pí 皮 242
pí 枇 242
pí 毗 242
pí 郫 242
pí 疲 242
pí 埤 242
pí 貔 242
pí 脾 242
pǐ 劈 242
pǐ 匹 242
pǐ 庀 243
pǐ 痞 243
pì 辟 15
pì 埤 242
pì 僻 243
pì 甓 243
pì 譬 243
piān 扁 17
piān 片 243
piān 偏 243
piān 翩 243
pián 骈 243
pián 胼 243
piàn 片 243
piāo 剽 243
piāo 漂 244
piāo 缥 244
piāo 飘 244
piáo 瓢 244
piǎo 漂 244
piǎo 缥 244
piào 漂 244
piào 僄 244
piào 票 244
piē 瞥 244
pín 贫 244
pín 嫔 244
pín 颦 245
pín 频 245
pǐn 品 245
pìn 牝 245
píng 屏 20
píng 瓶 245
píng 平 245
píng 萍 245
pō 坡 245
pō 颇 245
pō 朴 247
pó 鄱 245
pó 皤 246
pò 迫 246
pò 破 246
pò 粕 246
pò 魄 246
pò 狛 246
pò 朴 247
pōu 剖 246
póu 裒 246
pū 仆 246
pū 扑 246
pū 铺 247
pú 脯 96

| | | |
|---|---|---|
| pú | 菩 | 247 |
| pú | 蒲 | 247 |
| pú | 莆 | 247 |
| pú | 匍 | 247 |
| pǔ | 普 | 247 |
| pǔ | 朴 | 247 |
| pǔ | 浦 | 247 |
| pǔ | 溥 | 247 |
| pǔ | 谱 | 247 |
| pù | 铺 | 247 |

## Q

| | | |
|---|---|---|
| qī | 攲 | 141 |
| qī | 七 | 248 |
| qī | 妻 | 248 |
| qī | 戚 | 248 |
| qī | 栖 | 248 |
| qī | 期 | 248 |
| qī | 欺 | 248 |
| qī | 踦 | 248 |
| qí | 奇 | 141 |
| qí | 丌 | 141 |
| qí | 荠 | 147 |
| qí | 齐 | 248 |
| qí | 祁 | 249 |
| qí | 岐 | 249 |
| qí | 其 | 249 |
| qí | 畦 | 249 |
| qí | 跂 | 249 |
| qí | 崎 | 249 |
| qí | 骐 | 249 |
| qí | 棋 | 249 |
| qí | 祺 | 249 |
| qí | 旗 | 249 |
| qí | 蕲 | 250 |
| qí | 麒 | 250 |
| qí | 骑 | 250 |
| qí | 琦 | 250 |
| qí | 祈 | 250 |
| qí | 耆 | 250 |
| qí | 锜 | 250 |
| qí | 颀 | 250 |
| qí | 脐 | 250 |
| qí | 埼 | 250 |
| qǐ | 跂 | 249 |
| qǐ | 乞 | 251 |
| qǐ | 杞 | 251 |
| qǐ | 岂 | 251 |
| qǐ | 芑 | 251 |
| qǐ | 企 | 251 |
| qǐ | 启 | 251 |
| qǐ | 绮 | 251 |
| qǐ | 起 | 251 |
| qì | 气 | 251 |
| qì | 汔 | 252 |
| qì | 弃 | 252 |
| qì | 汽 | 252 |
| qì | 泣 | 252 |
| qì | 契 | 252 |
| qì | 砌 | 252 |
| qì | 葺 | 252 |
| qì | 器 | 252 |
| qiǎ | 卡 | 178 |

| | | |
|---|---|---|
| qià | 洽 | 252 |
| qià | 恰 | 252 |
| qiān | 骞 | 153 |
| qiān | 千 | 253 |
| qiān | 芊 | 253 |
| qiān | 迁 | 253 |
| qiān | 佥 | 253 |
| qiān | 铅 | 253 |
| qiān | 牵 | 253 |
| qiān | 谦 | 253 |
| qiān | 褰 | 253 |
| qiān | 嗛 | 346 |
| qián | 钤 | 254 |
| qián | 前 | 254 |
| qián | 虔 | 254 |
| qián | 黔 | 254 |
| qián | 钱 | 254 |
| qián | 潜 | 254 |
| qiǎn | 浅 | 254 |
| qiǎn | 遣 | 254 |
| qiǎn | 谴 | 255 |
| qiàn | 欠 | 255 |
| qiàn | 纤 | 255 |
| qiàn | 茜 | 255 |
| qiàn | 倩 | 255 |
| qiàn | 慊 | 255 |
| qiāng | 羌 | 255 |
| qiāng | 枪 | 255 |
| qiāng | 腔 | 255 |
| qiāng | 锵 | 255 |
| qiáng | 强 | 256 |
| qiáng | 墙 | 256 |
| qiáng | 蔷 | 256 |
| qiǎng | 强 | 256 |
| qiāo | 悄 | 256 |
| qiāo | 跷 | 256 |
| qiāo | 敲 | 256 |
| qiāo | 缲 | 256 |
| qiáo | 乔 | 256 |
| qiáo | 峤 | 257 |
| qiáo | 侨 | 257 |
| qiáo | 樵 | 257 |
| qiáo | 桥 | 257 |
| qiáo | 翘 | 257 |
| qiǎo | 悄 | 256 |
| qiǎo | 巧 | 257 |
| qiào | 翘 | 257 |
| qiào | 峭 | 257 |
| qiào | 窍 | 257 |
| qiào | 鞘 | 257 |
| qiē | 切 | 258 |
| qié | 伽 | 258 |
| qié | 茄 | 258 |
| qiě | 且 | 258 |
| qiè | 砌 | 252 |
| qiè | 慊 | 255 |
| qiè | 妾 | 258 |
| qiè | 窃 | 258 |
| qiè | 惬 | 258 |
| qiè | 挈 | 258 |
| qiè | 切 | 258 |
| qīn | 钦 | 258 |
| qīn | 侵 | 258 |

| | | |
|---|---|---|
| qīn | 亲 | 259 |
| qīn | 衾 | 259 |
| qín | 芹 | 259 |
| qín | 芩 | 259 |
| qín | 禽 | 259 |
| qín | 秦 | 259 |
| qín | 勤 | 259 |
| qín | 溱 | 259 |
| qín | 鬵 | 259 |
| qín | 瘽 | 259 |
| qǐn | 寝 | 260 |
| qīng | 青 | 260 |
| qīng | 清 | 260 |
| qīng | 倾 | 260 |
| qīng | 轻 | 260 |
| qīng | 卿 | 260 |
| qíng | 黥 | 260 |
| qǐng | 顷 | 260 |
| qǐng | 请 | 260 |
| qǐng | 謦 | 261 |
| qìng | 庆 | 261 |
| qióng | 穷 | 261 |
| qióng | 穹 | 261 |
| qióng | 琼 | 261 |
| qióng | 蛩 | 261 |
| qióng | 睘 | 261 |
| qióng | 瞏 | 261 |
| qiū | 丘 | 261 |
| qiū | 萩 | 261 |
| qiū | 秋 | 262 |
| qiū | 湫 | 262 |
| qiú | 仇 | 44 |
| qiú | 囚 | 262 |
| qiú | 求 | 262 |
| qiú | 酋 | 262 |
| qiú | 球 | 262 |
| qiú | 赇 | 262 |
| qiú | 遒 | 262 |
| qiú | 裘 | 262 |
| qiǔ | 糗 | 262 |
| qū | 区 | 263 |
| qū | 诎 | 263 |
| qū | 曲 | 263 |
| qū | 驱 | 263 |
| qū | 屈 | 263 |
| qū | 胠 | 263 |
| qū | 趋 | 263 |
| qū | 麹 | 263 |
| qū | 躯 | 264 |
| qú | 朐 | 264 |
| qú | 鸲 | 264 |
| qú | 瞿 | 264 |
| qú | 蘧 | 264 |
| qú | 籧 | 264 |
| qú | 衢 | 264 |
| qú | 渠 | 264 |
| qǔ | 曲 | 263 |
| qǔ | 取 | 264 |
| qǔ | 娶 | 264 |
| qù | 去 | 265 |
| qù | 趣 | 265 |
| quān | 圈 | 174 |
| quān | 悛 | 265 |

| | | |
|---|---|---|
| quán | 筌 | 265 |
| quán | 蠸 | 265 |
| quán | 权 | 265 |
| quán | 全 | 265 |
| quán | 诠 | 265 |
| quán | 荃 | 265 |
| quán | 泉 | 266 |
| quán | 拳 | 266 |
| quǎn | 犬 | 266 |
| quàn | 劝 | 266 |
| quàn | 券 | 266 |
| quē | 缺 | 266 |
| què | 却 | 266 |
| què | 雀 | 266 |
| què | 确 | 267 |
| què | 阙 | 267 |
| què | 趞 | 267 |
| qūn | 囷 | 267 |
| qūn | 逡 | 267 |
| qún | 裙 | 267 |
| qún | 群 | 267 |

**R**

| | | |
|---|---|---|
| rán | 然 | 268 |
| rǎn | 冉 | 268 |
| rǎn | 染 | 268 |
| ráng | 攘 | 268 |
| ráng | 穰 | 268 |
| rǎng | 壤 | 268 |
| rǎng | 攘 | 268 |
| ràng | 让 | 268 |
| ràng | 攘 | 268 |
| ráo | 荛 | 268 |
| ráo | 饶 | 269 |
| ráo | 桡 | 269 |
| rào | 绕 | 269 |
| rě | 惹 | 269 |
| rě | 若 | 269 |
| rè | 热 | 269 |
| rén | 人 | 269 |
| rén | 壬 | 269 |
| rén | 仁 | 270 |
| rěn | 忍 | 270 |
| rěn | 稔 | 270 |
| rèn | 刃 | 270 |
| rèn | 仞 | 270 |
| rèn | 纫 | 270 |
| rèn | 韧 | 270 |
| rèn | 任 | 270 |
| rèn | 妊 | 270 |
| rèn | 纴 | 270 |
| rèn | 衽 | 271 |
| réng | 仍 | 271 |
| rì | 日 | 271 |
| róng | 戎 | 271 |
| róng | 茸 | 271 |
| róng | 荣 | 271 |
| róng | 容 | 271 |
| róng | 蓉 | 271 |
| róng | 溶 | 271 |
| róng | 镕 | 272 |
| róng | 融 | 272 |
| róu | 柔 | 272 |

| | | |
|---|---|---|
| róu | 鞣 | 272 |
| ròu | 肉 | 272 |
| rú | 臑 | 230 |
| rú | 如 | 272 |
| rú | 茹 | 272 |
| rú | 儒 | 272 |
| rú | 濡 | 272 |
| rú | 襦 | 272 |
| rǔ | 乳 | 273 |
| rǔ | 辱 | 273 |
| rǔ | 汝 | 273 |
| rù | 入 | 273 |
| rù | 洳 | 273 |
| rù | 蓐 | 273 |
| ruǎn | 阮 | 273 |
| ruì | 芮 | 273 |
| ruì | 锐 | 273 |
| ruì | 瑞 | 274 |
| rùn | 闰 | 274 |
| rùn | 润 | 274 |
| ruò | 若 | 269 |
| ruò | 弱 | 274 |
| ruò | 箬 | 274 |

**S**

| | | |
|---|---|---|
| sǎ | 洒 | 275 |
| sà | 卅 | 275 |
| sà | 飒 | 275 |
| sāi | 腮 | 275 |
| sāi | 塞 | 275 |
| sài | 塞 | 275 |
| sài | 赛 | 275 |
| sān | 三 | 275 |
| sǎn | 散 | 276 |
| sàn | 散 | 276 |
| sāng | 丧 | 276 |
| sāng | 桑 | 276 |
| sàng | 丧 | 276 |
| sāo | 慅 | 276 |
| sāo | 骚 | 276 |
| sāo | 搔 | 276 |
| sǎo | 扫 | 276 |
| sào | 搔 | 276 |
| sào | 扫 | 276 |
| sè | 塞 | 275 |
| sè | 色 | 276 |
| sè | 啬 | 277 |
| sè | 瑟 | 277 |
| sè | 穑 | 277 |
| sè | 轖 | 277 |
| sēn | 森 | 277 |
| sēng | 僧 | 277 |
| shā | 杀 | 277 |
| shā | 沙 | 277 |
| shā | 莎 | 277 |
| shà | 沙 | 277 |
| shà | 翣 | 278 |
| shāi | 酾 | 286 |
| shǎi | 色 | 276 |
| shān | 山 | 278 |
| shān | 脡 | 278 |
| shān | 芟 | 278 |
| shān | 删 | 278 |

| | | |
|---|---|---|
| shān | 珊 | 278 |
| shān | 栅 | 278 |
| shān | 扇 | 278 |
| shǎn | 闪 | 278 |
| shǎn | 陕 | 278 |
| shàn | 僐 | 32 |
| shàn | 扇 | 278 |
| shàn | 汕 | 279 |
| shàn | 善 | 279 |
| shàn | 缮 | 279 |
| shàn | 擅 | 279 |
| shàn | 膳 | 279 |
| shàn | 赡 | 279 |
| shāng | 伤 | 279 |
| shāng | 殇 | 279 |
| shāng | 商 | 280 |
| shāng | 觞 | 280 |
| shǎng | 赏 | 280 |
| shàng | 尚 | 280 |
| shàng | 上 | 280 |
| shang | 裳 | 33 |
| shāo | 梢 | 280 |
| shāo | 稍 | 280 |
| shāo | 蛸 | 280 |
| shāo | 烧 | 280 |
| sháo | 杓 | 19 |
| sháo | 苕 | 281 |
| sháo | 柖 | 281 |
| sháo | 韶 | 281 |
| sháo | 勺 | 281 |
| shǎo | 少 | 281 |
| shào | 梢 | 280 |
| shào | 稍 | 280 |
| shào | 邵 | 281 |
| shào | 袑 | 281 |
| shē | 奢 | 281 |
| shé | 蛇 | 281 |
| shé | 舌 | 281 |
| shě | 舍 | 282 |
| shè | 设 | 282 |
| shè | 社 | 282 |
| shè | 涉 | 282 |
| shè | 射 | 282 |
| shè | 赦 | 282 |
| shè | 摄 | 282 |
| shè | 慑 | 282 |
| shè | 歙 | 341 |
| shēn | 申 | 283 |
| shēn | 伸 | 283 |
| shēn | 绅 | 283 |
| shēn | 呻 | 283 |
| shēn | 深 | 283 |
| shēn | 身 | 283 |
| shén | 什 | 283 |
| shén | 神 | 283 |
| shěn | 沈 | 283 |
| shěn | 审 | 284 |
| shèn | 黮 | 60 |
| shèn | 肾 | 284 |
| shèn | 甚 | 284 |
| shèn | 椹 | 284 |
| shèn | 蜃 | 284 |
| shèn | 慎 | 284 |

| | | |
|---|---|---|
| shēng | 牲 | 284 |
| shēng | 升 | 284 |
| shēng | 生 | 285 |
| shēng | 声 | 285 |
| shēng | 甥 | 285 |
| shéng | 绳 | 285 |
| shěng | 省 | 285 |
| shěng | 眚 | 285 |
| shèng | 盛 | 39 |
| shèng | 胜 | 285 |
| shèng | 圣 | 285 |
| shī | 酾 | 286 |
| shī | 尸 | 286 |
| shī | 失 | 286 |
| shī | 师 | 286 |
| shī | 虱 | 286 |
| shī | 诗 | 286 |
| shī | 施 | 286 |
| shī | 湿 | 286 |
| shī | 蓍 | 286 |
| shí | 湜 | 287 |
| shí | 拾 | 287 |
| shí | 十 | 287 |
| shí | 石 | 287 |
| shí | 实 | 287 |
| shí | 时 | 287 |
| shí | 识 | 287 |
| shí | 食 | 287 |
| shí | 蚀 | 288 |
| shí | 莳 | 288 |
| shǐ | 矢 | 288 |
| shǐ | 始 | 288 |
| shǐ | 史 | 288 |
| shǐ | 豕 | 288 |
| shǐ | 使 | 288 |
| shì | 士 | 288 |
| shì | 仕 | 288 |
| shì | 示 | 289 |
| shì | 氏 | 289 |
| shì | 世 | 289 |
| shì | 市 | 289 |
| shì | 式 | 289 |
| shì | 侍 | 289 |
| shì | 事 | 289 |
| shì | 恃 | 289 |
| shì | 饰 | 289 |
| shì | 试 | 290 |
| shì | 视 | 290 |
| shì | 贳 | 290 |
| shì | 逝 | 290 |
| shì | 是 | 290 |
| shì | 适 | 290 |
| shì | 室 | 290 |
| shì | 筮 | 291 |
| shì | 释 | 291 |
| shì | 嗜 | 291 |
| shì | 簭 | 291 |
| shì | 奭 | 291 |
| shi | 匙 | 40 |
| shōu | 收 | 291 |
| shǒu | 手 | 291 |
| shǒu | 守 | 291 |
| shǒu | 首 | 292 |

| | | |
|---|---|---|
| shòu | 寿 | 292 |
| shòu | 受 | 292 |
| shòu | 授 | 292 |
| shòu | 绶 | 292 |
| shòu | 狩 | 292 |
| shòu | 兽 | 292 |
| shòu | 瘦 | 292 |
| shū | 殳 | 292 |
| shū | 抒 | 293 |
| shū | 书 | 293 |
| shū | 枢 | 293 |
| shū | 叔 | 293 |
| shū | 殊 | 293 |
| shū | 倏 | 293 |
| shū | 菽 | 293 |
| shū | 梳 | 293 |
| shū | 疏 | 293 |
| shū | 输 | 294 |
| shū | 蔬 | 294 |
| shú | 塾 | 294 |
| shú | 赎 | 294 |
| shú | 秫 | 294 |
| shú | 孰 | 294 |
| shǔ | 曙 | 294 |
| shǔ | 暑 | 294 |
| shǔ | 署 | 294 |
| shǔ | 黍 | 294 |
| shǔ | 属 | 295 |
| shǔ | 蜀 | 295 |
| shǔ | 鼠 | 295 |
| shǔ | 数 | 295 |
| shù | 数 | 295 |
| shù | 术 | 295 |
| shù | 戍 | 295 |
| shù | 束 | 295 |
| shù | 述 | 295 |
| shù | 树 | 296 |
| shù | 钵 | 296 |
| shù | 竖 | 296 |
| shù | 俣 | 296 |
| shù | 恕 | 296 |
| shù | 漱 | 296 |
| shù | 庶 | 296 |
| shù | 尌 | 296 |
| shù | 澍 | 296 |
| shù | 隃 | 296 |
| shù | 謶 | 296 |
| shù | 潏 | 401 |
| shuā | 刷 | 297 |
| shuāi | 衰 | 297 |
| shuài | 率 | 209 |
| shuài | 帅 | 297 |
| shuāng | 双 | 297 |
| shuāng | 霜 | 297 |
| shuǎng | 爽 | 297 |
| shuí | 谁 | 297 |
| shuǐ | 水 | 297 |
| shuì | 祱 | 297 |
| shuì | 税 | 298 |
| shuì | 睡 | 298 |
| shuì | 说 | 298 |
| shǔn | 楯 | 77 |
| shùn | 顺 | 298 |

| | | |
|---|---|---|
| shùn | 舜 | 298 |
| shùn | 瞬 | 298 |
| shuō | 说 | 298 |
| shuò | 数 | 295 |
| shuò | 铄 | 298 |
| shuò | 朔 | 298 |
| shuò | 硕 | 298 |
| shuò | 槊 | 299 |
| sī | 偲 | 26 |
| sī | 司 | 299 |
| sī | 丝 | 299 |
| sī | 虒 | 299 |
| sī | 私 | 299 |
| sī | 思 | 299 |
| sī | 斯 | 299 |
| sǐ | 死 | 299 |
| sì | 巳 | 300 |
| sì | 四 | 300 |
| sì | 寺 | 300 |
| sì | 似 | 300 |
| sì | 汜 | 300 |
| sì | 兕 | 300 |
| sì | 伺 | 300 |
| sì | 饲 | 300 |
| sì | 笥 | 300 |
| sì | 祀 | 301 |
| sì | 驷 | 301 |
| sì | 俟 | 301 |
| sì | 肆 | 301 |
| sì | 嗣 | 301 |
| sōng | 松 | 301 |
| sōng | 嵩 | 301 |
| sǒng | 竦 | 301 |
| sǒng | 耸 | 301 |
| sòng | 讼 | 301 |
| sòng | 诵 | 302 |
| sòng | 宋 | 302 |
| sòng | 送 | 302 |
| sòng | 颂 | 302 |
| sōu | 搜 | 302 |
| sǒu | 叟 | 302 |
| sǒu | 薮 | 302 |
| sū | 苏 | 302 |
| sú | 俗 | 303 |
| sù | 夙 | 303 |
| sù | 肃 | 303 |
| sù | 素 | 303 |
| sù | 速 | 303 |
| sù | 涑 | 303 |
| sù | 宿 | 303 |
| sù | 粟 | 303 |
| suān | 酸 | 303 |
| suàn | 算 | 303 |
| suī | 虽 | 304 |
| suī | 睢 | 304 |
| suí | 绥 | 304 |
| suí | 隋 | 304 |
| suí | 随 | 304 |
| suí | 遂 | 304 |
| suǐ | 髓 | 304 |
| suì | 遂 | 304 |
| suì | 岁 | 304 |
| suì | 谇 | 305 |

| | | |
|---|---|---|
| suì | 祟 | 305 |
| suì | 燧 | 305 |
| suì | 隧 | 305 |
| suì | 穗 | 305 |
| sūn | 孙 | 305 |
| sǔn | 损 | 305 |
| sǔn | 笋 | 305 |
| sǔn | 隼 | 305 |
| sǔn | 榫 | 306 |
| suō | 缩 | 306 |
| suō | 娑 | 306 |
| suǒ | 所 | 306 |
| suǒ | 索 | 306 |
| suǒ | 琐 | 306 |
| suǒ | 锁 | 306 |

**T**

| | | |
|---|---|---|
| tā | 他 | 307 |
| tā | 它 | 307 |
| tā | 踏 | 307 |
| tā | 铊 | 307 |
| tǎ | 塔 | 307 |
| tǎ | 獭 | 307 |
| tà | 沓 | 57 |
| tà | 拓 | 307 |
| tà | 蹋 | 307 |
| tà | 踏 | 307 |
| tà | 遝 | 308 |
| tāi | 苔 | 308 |
| tái | 骀 | 58 |
| tái | 苔 | 308 |
| tái | 台 | 308 |
| tái | 抬 | 308 |
| tái | 枱 | 308 |
| tài | 太 | 308 |
| tài | 态 | 308 |
| tài | 泰 | 308 |
| tān | 贪 | 308 |
| tān | 瘫 | 309 |
| tān | 滩 | 309 |
| tán | 昙 | 309 |
| tán | 郯 | 309 |
| tán | 谈 | 309 |
| tán | 惔 | 309 |
| tán | 谭 | 309 |
| tǎn | 坦 | 309 |
| tǎn | 袒 | 309 |
| tàn | 叹 | 309 |
| tàn | 炭 | 310 |
| tàn | 探 | 310 |
| tāng | 汤 | 310 |
| táng | 唐 | 310 |
| táng | 堂 | 310 |
| táng | 棠 | 310 |
| táng | 糖 | 310 |
| táng | 螳 | 310 |
| tǎng | 傥 | 310 |
| tāo | 絛 | 311 |
| tāo | 涛 | 311 |
| tāo | 滔 | 311 |
| tāo | 慆 | 311 |
| tāo | 韬 | 311 |
| táo | 匋 | 311 |

| | | |
|---|---|---|
| táo | 逃 | 311 |
| táo | 桃 | 311 |
| táo | 陶 | 311 |
| táo | 萄 | 311 |
| tǎo | 讨 | 312 |
| tè | 特 | 312 |
| téng | 腾 | 312 |
| téng | 滕 | 312 |
| téng | 藤 | 312 |
| tī | 体 | 312 |
| tī | 剔 | 312 |
| tī | 梯 | 312 |
| tí | 提 | 65 |
| tí | 谛 | 67 |
| tí | 荑 | 312 |
| tí | 缇 | 313 |
| tí | 题 | 313 |
| tí | 醍 | 313 |
| tǐ | 体 | 312 |
| tì | 俶 | 47 |
| tì | 倜 | 313 |
| tì | 涕 | 313 |
| tì | 悌 | 313 |
| tì | 惕 | 313 |
| tì | 替 | 313 |
| tì | 趯 | 313 |
| tiān | 天 | 314 |
| tián | 田 | 314 |
| tián | 畋 | 314 |
| tián | 填 | 314 |
| tián | 阗 | 314 |
| tián | 恬 | 314 |
| tián | 甜 | 314 |
| tiǎn | 腆 | 314 |
| tiǎn | 殄 | 314 |
| tiǎn | 铦 | 346 |
| tiàn | 瑱 | 315 |
| tiāo | 佻 | 315 |
| tiāo | 挑 | 315 |
| tiáo | 调 | 69 |
| tiáo | 艻 | 315 |
| tiáo | 苕 | 315 |
| tiáo | 迢 | 315 |
| tiáo | 条 | 315 |
| tiáo | 蜩 | 315 |
| tiǎo | 挑 | 315 |
| tiǎo | 窕 | 315 |
| tiào | 眺 | 315 |
| tiào | 跳 | 315 |
| tiē | 贴 | 316 |
| tiě | 铁 | 316 |
| tīng | 汀 | 316 |
| tīng | 听 | 316 |
| tīng | 桯 | 316 |
| tíng | 庭 | 316 |
| tíng | 廷 | 316 |
| tíng | 莛 | 316 |
| tíng | 亭 | 317 |
| tíng | 停 | 317 |
| tǐng | 梃 | 317 |
| tìng | 梃 | 317 |
| tōng | 通 | 317 |
| tōng | 樋 | 317 |

| | | |
|---|---|---|
| tóng | 同 | 317 |
| tóng | 铜 | 317 |
| tóng | 桐 | 317 |
| tóng | 彤 | 318 |
| tóng | 童 | 318 |
| tóng | 僮 | 318 |
| tóng | 橦 | 318 |
| tóng | 瞳 | 318 |
| tǒng | 统 | 318 |
| tǒng | 桶 | 318 |
| tǒng | 筒 | 318 |
| tòng | 通 | 317 |
| tòng | 同 | 317 |
| tòng | 痛 | 318 |
| tōu | 偷 | 319 |
| tóu | 头 | 319 |
| tóu | 投 | 319 |
| tòu | 透 | 319 |
| tū | 秃 | 319 |
| tū | 突 | 319 |
| tú | 图 | 319 |
| tú | 荼 | 319 |
| tú | 徒 | 319 |
| tú | 途 | 320 |
| tú | 涂 | 320 |
| tú | 屠 | 320 |
| tú | 瘏 | 320 |
| tú | 酴 | 320 |
| tǔ | 土 | 320 |
| tǔ | 吐 | 320 |
| tù | 兔 | 320 |
| tuān | 湍 | 320 |
| tuán | 团 | 320 |
| tuán | 剸 | 321 |
| tuàn | 彖 | 321 |
| tuī | 推 | 321 |
| tuì | 退 | 321 |
| tūn | 吞 | 321 |
| tūn | 啍 | 321 |
| tún | 屯 | 321 |
| tún | 豚 | 321 |
| tuō | 乇 | 321 |
| tuō | 脱 | 321 |
| tuō | 讬 | 322 |
| tuó | 沱 | 78 |
| tuó | 柁 | 78 |
| tuó | 铊 | 307 |
| tuó | 驮 | 322 |
| tuó | 佗 | 322 |
| tuó | 陀 | 322 |
| tuó | 驼 | 322 |
| tuó | 橐 | 322 |
| tuǒ | 妥 | 322 |
| tuò | 拓 | 307 |
| tuò | 唾 | 322 |

## W

| | | |
|---|---|---|
| wā | 洼 | 323 |
| wā | 蛙 | 323 |
| wǎ | 瓦 | 323 |
| wà | 瓦 | 323 |
| wài | 外 | 323 |
| wān | 弯 | 323 |

| | | |
|---|---|---|
| wán | 丸 | 323 |
| wán | 玩 | 323 |
| wán | 完 | 324 |
| wán | 顽 | 324 |
| wǎn | 挽 | 324 |
| wǎn | 菀 | 324 |
| wǎn | 晚 | 324 |
| wǎn | 惋 | 324 |
| wǎn | 宛 | 324 |
| wǎn | 绾 | 324 |
| wǎn | 莞 | 113 |
| wàn | 万 | 325 |
| wàn | 蔓 | 214 |
| wāng | 汪 | 325 |
| wáng | 王 | 325 |
| wáng | 亡 | 325 |
| wǎng | 罔 | 325 |
| wǎng | 枉 | 325 |
| wǎng | 往 | 325 |
| wàng | 王 | 325 |
| wàng | 妄 | 326 |
| wàng | 忘 | 326 |
| wàng | 望 | 326 |
| wēi | 危 | 326 |
| wēi | 威 | 326 |
| wēi | 巍 | 326 |
| wēi | 微 | 326 |
| wēi | 逶 | 327 |
| wēi | 隈 | 327 |
| wéi | 惟 | 327 |
| wéi | 嵬 | 327 |
| wéi | 维 | 327 |
| wéi | 韦 | 327 |
| wéi | 为 | 327 |
| wéi | 圩 | 328 |
| wéi | 硙 | 328 |
| wéi | 唯 | 328 |
| wéi | 帷 | 328 |
| wéi | 违 | 328 |
| wéi | 围 | 328 |
| wěi | 猥 | 328 |
| wěi | 萎 | 328 |
| wěi | 隗 | 329 |
| wěi | 痿 | 329 |
| wěi | 伟 | 329 |
| wěi | 伪 | 329 |
| wěi | 苇 | 329 |
| wěi | 尾 | 329 |
| wěi | 纬 | 329 |
| wěi | 委 | 330 |
| wěi | 鲔 | 330 |
| wèi | 为 | 327 |
| wèi | 卫 | 330 |
| wèi | 未 | 330 |
| wèi | 位 | 330 |
| wèi | 畏 | 330 |
| wèi | 味 | 330 |
| wèi | 胃 | 330 |
| wèi | 谓 | 331 |
| wèi | 渭 | 331 |
| wèi | 尉 | 331 |
| wèi | 蔚 | 331 |
| wèi | 慰 | 331 |

| | | |
|---|---|---|
| wèi | 魏 | 331 |
| wēn | 温 | 331 |
| wén | 文 | 331 |
| wén | 闻 | 332 |
| wén | 蚊 | 332 |
| wěn | 刎 | 332 |
| wěn | 吻 | 332 |
| wěn | 紊 | 332 |
| wěn | 稳 | 332 |
| wèn | 问 | 332 |
| wèn | 汶 | 332 |
| wèn | 揾 | 333 |
| wēng | 翁 | 333 |
| wèng | 瓮 | 333 |
| wō | 倭 | 333 |
| wō | 蕹 | 333 |
| wō | 蜗 | 333 |
| wǒ | 我 | 333 |
| wò | 沃 | 333 |
| wò | 卧 | 333 |
| wò | 握 | 334 |
| wò | 渥 | 334 |
| wò | 斡 | 334 |
| wū | 乌 | 334 |
| wū | 污 | 334 |
| wū | 巫 | 334 |
| wū | 洿 | 334 |
| wū | 屋 | 334 |
| wū | 诬 | 334 |
| wú | 无 | 335 |
| wú | 毋 | 335 |
| wú | 吾 | 335 |
| wú | 吴 | 335 |
| wú | 芜 | 335 |
| wú | 梧 | 335 |
| wǔ | 五 | 335 |
| wǔ | 午 | 336 |
| wǔ | 伍 | 336 |
| wǔ | 庑 | 336 |
| wǔ | 怃 | 336 |
| wǔ | 武 | 336 |
| wǔ | 侮 | 336 |
| wǔ | 舞 | 336 |
| wù | 乌 | 334 |
| wù | 勿 | 336 |
| wù | 戊 | 337 |
| wù | 务 | 337 |
| wù | 芴 | 337 |
| wù | 物 | 337 |
| wù | 误 | 337 |
| wù | 悟 | 337 |
| wù | 晤 | 337 |
| wù | 婺 | 337 |
| wù | 骛 | 337 |
| wù | 坞 | 338 |
| wù | 雾 | 338 |
| wù | 鋈 | 338 |

## X

| | | |
|---|---|---|
| xī | 夕 | 339 |
| xī | 兮 | 339 |
| xī | 西 | 339 |
| xī | 吸 | 339 |

| | | |
|---|---|---|
| xī | 汐 | 339 |
| xī | 希 | 339 |
| xī | 稀 | 339 |
| xī | 昔 | 339 |
| xī | 析 | 340 |
| xī | 晳 | 340 |
| xī | 牺 | 340 |
| xī | 郗 | 340 |
| xī | 豨 | 340 |
| xī | 悉 | 340 |
| xī | 惜 | 340 |
| xī | 翕 | 340 |
| xī | 犀 | 340 |
| xī | 锡 | 340 |
| xī | 奚 | 341 |
| xī | 溪 | 341 |
| xī | 熙 | 341 |
| xī | 膝 | 341 |
| xī | 熹 | 341 |
| xī | 歙 | 341 |
| xī | 窸 | 341 |
| xī | 醯 | 341 |
| xī | 鼷 | 341 |
| xī | 息 | 341 |
| xī | 诶 | 342 |
| xí | 习 | 342 |
| xí | 席 | 342 |
| xí | 袭 | 342 |
| xí | 檄 | 342 |
| xǐ | 洗 | 342 |
| xǐ | 枲 | 342 |
| xǐ | 玺 | 342 |
| xǐ | 徙 | 343 |
| xǐ | 喜 | 343 |
| xǐ | 葸 | 343 |
| xǐ | 憙 | 343 |
| xǐ | 禧 | 343 |
| xì | 系 | 146 |
| xì | 郄 | 266 |
| xì | 卌 | 343 |
| xì | 戏 | 343 |
| xì | 细 | 343 |
| xì | 舄 | 343 |
| xì | 隙 | 344 |
| xì | 蒵 | 344 |
| xì | 虩 | 344 |
| xiā | 虾 | 344 |
| xiá | 柙 | 344 |
| xiá | 黠 | 344 |
| xiá | 匣 | 344 |
| xiá | 侠 | 344 |
| xiá | 狎 | 344 |
| xiá | 遐 | 344 |
| xiá | 瑕 | 344 |
| xiá | 暇 | 345 |
| xiá | 霞 | 345 |
| xiá | 狭 | 345 |
| xià | 唬 | 129 |
| xià | 下 | 345 |
| xià | 夏 | 345 |
| xiān | 纤 | 255 |
| xiān | 仙 | 345 |
| xiān | 先 | 345 |

| | | |
|---|---|---|
| xiān | 祆 | 346 |
| xiān | 骞 | 346 |
| xiān | 铦 | 346 |
| xiān | 鲜 | 346 |
| xián | 嗛 | 346 |
| xián | 嫌 | 346 |
| xián | 衔 | 346 |
| xián | 闲 | 346 |
| xián | 贤 | 346 |
| xián | 弦 | 347 |
| xián | 咸 | 347 |
| xiǎn | 洗 | 342 |
| xiǎn | 鲜 | 346 |
| xiǎn | 显 | 347 |
| xiǎn | 藓 | 347 |
| xiǎn | 险 | 347 |
| xiàn | 见 | 153 |
| xiàn | 苋 | 347 |
| xiàn | 县 | 347 |
| xiàn | 现 | 348 |
| xiàn | 限 | 348 |
| xiàn | 线 | 348 |
| xiàn | 宪 | 348 |
| xiàn | 陷 | 348 |
| xiàn | 臽 | 348 |
| xiàn | 羡 | 348 |
| xiàn | 献 | 348 |
| xiāng | 乡 | 348 |
| xiāng | 香 | 349 |
| xiāng | 芗 | 349 |
| xiāng | 相 | 349 |
| xiāng | 缃 | 349 |
| xiāng | 襄 | 349 |
| xiāng | 湘 | 349 |
| xiáng | 降 | 157 |
| xiáng | 翔 | 349 |
| xiáng | 详 | 349 |
| xiáng | 庠 | 349 |
| xiáng | 祥 | 350 |
| xiǎng | 享 | 350 |
| xiǎng | 响 | 350 |
| xiǎng | 飨 | 350 |
| xiǎng | 想 | 350 |
| xiàng | 相 | 349 |
| xiàng | 巷 | 350 |
| xiàng | 向 | 350 |
| xiàng | 项 | 350 |
| xiàng | 象 | 350 |
| xiàng | 像 | 350 |
| xiāo | 熇 | 123 |
| xiāo | 枭 | 351 |
| xiāo | 逍 | 351 |
| xiāo | 虓 | 351 |
| xiāo | 削 | 351 |
| xiāo | 消 | 351 |
| xiāo | 宵 | 351 |
| xiāo | 绡 | 351 |
| xiāo | 萧 | 351 |
| xiāo | 销 | 351 |
| xiāo | 箫 | 352 |
| xiāo | 潇 | 352 |
| xiāo | 霄 | 352 |
| xiāo | 嚣 | 352 |

| | | |
|---|---|---|
| xiǎo | 小 | 352 |
| xiào | 校 | 160 |
| xiào | 肖 | 352 |
| xiào | 孝 | 352 |
| xiào | 效 | 352 |
| xiào | 啸 | 352 |
| xiē | 歇 | 352 |
| xié | 颉 | 162 |
| xié | 协 | 353 |
| xié | 邪 | 353 |
| xié | 偕 | 353 |
| xié | 斜 | 353 |
| xié | 絜 | 353 |
| xié | 谐 | 353 |
| xié | 胁 | 353 |
| xié | 携 | 353 |
| xié | 挟 | 353 |
| xiě | 写 | 354 |
| xiě | 血 | 354 |
| xiè | 絜 | 353 |
| xiè | 泄 | 354 |
| xiè | 绁 | 354 |
| xiè | 屑 | 354 |
| xiè | 械 | 354 |
| xiè | 亵 | 354 |
| xiè | 渫 | 354 |
| xiè | 谢 | 354 |
| xiè | 邂 | 355 |
| xiè | 懈 | 355 |
| xiè | 蟹 | 355 |
| xīn | 心 | 355 |
| xīn | 辛 | 355 |
| xīn | 忻 | 355 |
| xīn | 欣 | 355 |
| xīn | 新 | 355 |
| xīn | 薪 | 356 |
| xìn | 信 | 356 |
| xìn | 囟 | 356 |
| xīng | 骍 | 356 |
| xīng | 兴 | 356 |
| xīng | 星 | 356 |
| xīng | 腥 | 356 |
| xíng | 行 | 120 |
| xíng | 形 | 357 |
| xíng | 刑 | 357 |
| xíng | 型 | 357 |
| xíng | 陉 | 357 |
| xíng | 荇 | 357 |
| xǐng | 省 | 285 |
| xǐng | 醒 | 357 |
| xìng | 兴 | 356 |
| xìng | 杏 | 357 |
| xìng | 幸 | 357 |
| xìng | 性 | 357 |
| xìng | 姓 | 357 |
| xiōng | 凶 | 358 |
| xiōng | 兄 | 358 |
| xiōng | 匈 | 358 |
| xiōng | 汹 | 358 |
| xiōng | 胸 | 358 |
| xióng | 雄 | 358 |
| xióng | 熊 | 358 |
| xiòng | 敻 | 358 |

| | | |
|---|---|---|
| xiū | 休 | 358 |
| xiū | 修 | 359 |
| xiū | 羞 | 359 |
| xiǔ | 滫 | 359 |
| xiǔ | 朽 | 359 |
| xiù | 秀 | 359 |
| xiù | 岫 | 359 |
| xiù | 袖 | 359 |
| xiù | 绣 | 359 |
| xū | 圩 | 328 |
| xū | 戌 | 359 |
| xū | 吁 | 360 |
| xū | 盱 | 360 |
| xū | 须 | 360 |
| xū | 胥 | 360 |
| xū | 虚 | 360 |
| xū | 墟 | 360 |
| xū | 需 | 360 |
| xú | 徐 | 360 |
| xǔ | 许 | 360 |
| xǔ | 呴 | 361 |
| xǔ | 诩 | 361 |
| xǔ | 糈 | 361 |
| xù | 畜 | 47 |
| xù | 旭 | 361 |
| xù | 序 | 361 |
| xù | 洫 | 361 |
| xù | 恤 | 361 |
| xù | 叙 | 361 |
| xù | 绪 | 361 |
| xù | 昫 | 361 |
| xù | 续 | 361 |
| xù | 絮 | 362 |
| xù | 蓄 | 362 |
| xù | 煦 | 362 |
| xuān | 轩 | 362 |
| xuān | 宣 | 362 |
| xuān | 萱 | 362 |
| xuān | 儇 | 362 |
| xuān | 獧 | 362 |
| xuān | 翾 | 362 |
| xuán | 玄 | 362 |
| xuán | 旋 | 362 |
| xuǎn | 选 | 363 |
| xuàn | 敻 | 358 |
| xuàn | 旋 | 362 |
| xuàn | 泫 | 363 |
| xuàn | 绚 | 363 |
| xuē | 薛 | 363 |
| xuē | 削 | 351 |
| xué | 穴 | 363 |
| xué | 学 | 363 |
| xuě | 雪 | 363 |
| xuè | 血 | 354 |
| xuè | 谑 | 363 |
| xūn | 勋 | 363 |
| xūn | 埙 | 364 |
| xūn | 熏 | 364 |
| xūn | 薰 | 364 |
| xún | 旬 | 364 |
| xún | 洵 | 364 |
| xún | 恂 | 364 |
| xún | 询 | 364 |

| | | |
|---|---|---|
| xún | 巡 | 364 |
| xún | 循 | 364 |
| xùn | 驯 | 364 |
| xùn | 熏 | 364 |
| xùn | 训 | 365 |
| xùn | 讯 | 365 |
| xùn | 迅 | 365 |
| xùn | 逊 | 365 |
| xùn | 蕈 | 365 |

## Y

| | | |
|---|---|---|
| yā | 压 | 366 |
| yā | 呀 | 366 |
| yā | 鸭 | 366 |
| yá | 崖 | 366 |
| yá | 涯 | 366 |
| yá | 牙 | 366 |
| yá | 衙 | 366 |
| yǎ | 疋 | 366 |
| yǎ | 雅 | 366 |
| yà | 压 | 366 |
| yà | 亚 | 367 |
| yān | 咽 | 367 |
| yān | 烟 | 367 |
| yān | 阉 | 367 |
| yān | 湮 | 367 |
| yān | 焉 | 367 |
| yān | 燕 | 367 |
| yán | 颜 | 367 |
| yán | 虤 | 367 |
| yán | 阎 | 368 |
| yán | 延 | 368 |
| yán | 严 | 368 |
| yán | 言 | 368 |
| yán | 岩 | 368 |
| yán | 炎 | 368 |
| yán | 衍 | 368 |
| yán | 沿 | 368 |
| yán | 盐 | 368 |
| yǎn | 奄 | 2 |
| yǎn | 衍 | 368 |
| yǎn | 奄 | 369 |
| yǎn | 噞 | 369 |
| yǎn | 演 | 369 |
| yǎn | 黤 | 369 |
| yǎn | 黶 | 369 |
| yǎn | 弇 | 369 |
| yǎn | 匽 | 369 |
| yǎn | 剡 | 369 |
| yǎn | 掩 | 369 |
| yǎn | 眼 | 369 |
| yǎn | 偃 | 369 |
| yǎn | 俨 | 370 |
| yàn | 咽 | 367 |
| yàn | 燕 | 367 |
| yàn | 匽 | 369 |
| yàn | 厌 | 370 |
| yàn | 砚 | 370 |
| yàn | 彦 | 370 |
| yàn | 晏 | 370 |
| yàn | 宴 | 370 |
| yàn | 验 | 370 |
| yàn | 谚 | 370 |

| | | |
|---|---|---|
| yàn | 雁 | 370 |
| yàn | 猒 | 371 |
| yàn | 焰 | 371 |
| yāng | 央 | 371 |
| yāng | 殃 | 371 |
| yāng | 泱 | 371 |
| yāng | 鞅 | 371 |
| yáng | 扬 | 371 |
| yáng | 旸 | 371 |
| yáng | 諹 | 371 |
| yáng | 杨 | 371 |
| yáng | 羊 | 372 |
| yáng | 徉 | 372 |
| yáng | 洋 | 372 |
| yáng | 阳 | 372 |
| yǎng | 仰 | 372 |
| yǎng | 柍 | 372 |
| yǎng | 养 | 372 |
| yǎng | 卬 | 3 |
| yàng | 样 | 372 |
| yàng | 恙 | 373 |
| yàng | 漾 | 373 |
| yāo | 夭 | 373 |
| yāo | 要 | 373 |
| yáo | 侥 | 159 |
| yáo | 匋 | 311 |
| yáo | 尧 | 373 |
| yáo | 肴 | 373 |
| yáo | 姚 | 373 |
| yáo | 轺 | 373 |
| yáo | 窑 | 373 |
| yáo | 摇 | 373 |
| yáo | 遥 | 374 |
| yáo | 瑶 | 374 |
| yáo | 繇 | 374 |
| yǎo | 咬 | 374 |
| yǎo | 舀 | 374 |
| yǎo | 窅 | 374 |
| yǎo | 窈 | 374 |
| yào | 药 | 374 |
| yē | 耶 | 374 |
| yē | 噎 | 374 |
| yé | 耶 | 374 |
| yě | 也 | 375 |
| yě | 冶 | 375 |
| yě | 野 | 375 |
| yè | 叶 | 375 |
| yè | 页 | 375 |
| yè | 曳 | 375 |
| yè | 业 | 375 |
| yè | 邺 | 375 |
| yè | 夜 | 376 |
| yè | 枼 | 376 |
| yè | 晔 | 376 |
| yè | 掖 | 376 |
| yè | 液 | 376 |
| yè | 谒 | 376 |
| yè | 腋 | 376 |
| yè | 靥 | 376 |
| yī | 一 | 376 |
| yī | 伊 | 377 |
| yī | 依 | 377 |
| yī | 衣 | 377 |

| | | |
|---|---|---|
| yī | 医 | 377 |
| yī | 揖 | 377 |
| yī | 壹 | 377 |
| yī | 猗 | 377 |
| yī | 黟 | 377 |
| yī | 噫 | 377 |
| yí | 椸 | 78 |
| yí | 荑 | 312 |
| yí | 嶷 | 377 |
| yí | 移 | 378 |
| yí | 遗 | 378 |
| yí | 颐 | 378 |
| yí | 疑 | 378 |
| yí | 贻 | 378 |
| yí | 饴 | 378 |
| yí | 沂 | 378 |
| yí | 夷 | 378 |
| yí | 仪 | 378 |
| yí | 怡 | 379 |
| yí | 宜 | 379 |
| yí | 栘 | 379 |
| yǐ | 踦 | 248 |
| yǐ | 倚 | 379 |
| yǐ | 已 | 379 |
| yǐ | 乙 | 379 |
| yǐ | 蚁 | 379 |
| yǐ | 以 | 379 |
| yǐ | 矣 | 380 |
| yǐ | 椅 | 380 |
| yì | 溢 | 1 |
| yì | 陭 | 250 |
| yì | 医 | 377 |
| yì | 亦 | 380 |
| yì | 弋 | 380 |
| yì | 亿 | 380 |
| yì | 艺 | 380 |
| yì | 忆 | 380 |
| yì | 义 | 381 |
| yì | 议 | 381 |
| yì | 异 | 381 |
| yì | 抑 | 381 |
| yì | 耴 | 381 |
| yì | 邑 | 381 |
| yì | 佚 | 381 |
| yì | 驿 | 381 |
| yì | 怿 | 382 |
| yì | 役 | 382 |
| yì | 译 | 382 |
| yì | 易 | 382 |
| yì | 诣 | 382 |
| yì | 轶 | 382 |
| yì | 奕 | 382 |
| yì | 疫 | 382 |
| yì | 益 | 383 |
| yì | 谊 | 383 |
| yì | 殹 | 383 |
| yì | 逸 | 383 |
| yì | 翊 | 383 |
| yì | 肄 | 383 |
| yì | 裛 | 383 |
| yì | 裔 | 383 |
| yì | 意 | 383 |
| yì | 缢 | 384 |

| | | |
|---|---|---|
| yì | 蜴 | 384 |
| yì | 乂 | 384 |
| yì | 毅 | 384 |
| yì | 劓 | 384 |
| yì | 翳 | 384 |
| yì | 臆 | 384 |
| yì | 翼 | 384 |
| yīn | 因 | 384 |
| yīn | 茵 | 385 |
| yīn | 洇 | 385 |
| yīn | 姻 | 385 |
| yīn | 细 | 385 |
| yīn | 阴 | 385 |
| yīn | 音 | 385 |
| yīn | 殷 | 385 |
| yīn | 堙 | 385 |
| yīn | 禋 | 385 |
| yín | 吟 | 385 |
| yín | 垠 | 385 |
| yín | 银 | 386 |
| yín | 淫 | 386 |
| yín | 寅 | 386 |
| yín | 鄞 | 386 |
| yín | 夤 | 386 |
| yǐn | 尹 | 386 |
| yǐn | 引 | 386 |
| yǐn | 饮 | 386 |
| yǐn | 螾 | 387 |
| yǐn | 隐 | 387 |
| yìn | 印 | 387 |
| yìn | 胤 | 387 |
| yīng | 应 | 387 |
| yīng | 英 | 387 |
| yīng | 莺 | 387 |
| yīng | 婴 | 387 |
| yīng | 瑛 | 387 |
| yīng | 缨 | 388 |
| yīng | 膺 | 388 |
| yíng | 桯 | 316 |
| yíng | 嬴 | 388 |
| yíng | 羸 | 388 |
| yíng | 迎 | 388 |
| yíng | 莹 | 388 |
| yíng | 荧 | 388 |
| yíng | 营 | 388 |
| yíng | 萦 | 388 |
| yíng | 盈 | 389 |
| yíng | 楹 | 389 |
| yǐng | 郢 | 389 |
| yǐng | 颖 | 389 |
| yǐng | 瘿 | 389 |
| yìng | 映 | 389 |
| yìng | 硬 | 389 |
| yōng | 佣 | 389 |
| yōng | 痈 | 389 |
| yōng | 拥 | 389 |
| yōng | 庸 | 390 |
| yōng | 雍 | 390 |
| yōng | 饔 | 390 |
| yóng | 颙 | 390 |
| yǒng | 永 | 390 |
| yǒng | 咏 | 390 |
| yǒng | 泳 | 390 |

| | | | | | | | | |
|---|---|---|---|---|---|---|---|---|
| yǒng | 勇 | 390 | yóu | 楢 | 392 | yū | 纡 | 394 |
| yǒng | 甬 | 390 | yóu | 猷 | 392 | yū | 瘀 | 394 |
| yǒng | 涌 | 390 | yóu | 游 | 393 | yū | 迂 | 395 |
| yǒng | 恿 | 391 | yǒu | 友 | 393 | yú | 隃 | 296 |
| yǒng | 蛹 | 391 | yǒu | 莠 | 393 | yú | 颙 | 390 |
| yǒng | 踊 | 391 | yǒu | 牖 | 393 | yú | 杅 | 395 |
| yòng | 佣 | 389 | yǒu | 黝 | 393 | yú | 竽 | 395 |
| yòng | 用 | 391 | yǒu | 有 | 393 | yú | 余 | 395 |
| yōu | 优 | 391 | yǒu | 酉 | 393 | yú | 隅 | 395 |
| yōu | 攸 | 391 | yòu | 柚 | 392 | yú | 愚 | 395 |
| yōu | 忧 | 391 | yòu | 又 | 393 | yú | 盂 | 395 |
| yōu | 呦 | 391 | yòu | 幼 | 393 | yú | 臾 | 395 |
| yōu | 幽 | 392 | yòu | 右 | 394 | yú | 雩 | 395 |
| yōu | 悠 | 392 | yòu | 佑 | 394 | yú | 鱼 | 396 |
| yōu | 麀 | 392 | yòu | 侑 | 394 | yú | 渔 | 396 |
| yóu | 尤 | 392 | yòu | 囿 | 394 | yú | 禺 | 396 |
| yóu | 由 | 392 | yòu | 宥 | 394 | yú | 于 | 396 |
| yóu | 油 | 392 | yòu | 祐 | 394 | yú | 谀 | 396 |
| yóu | 柚 | 392 | yòu | 诱 | 394 | yú | 娱 | 396 |
| yóu | 邮 | 392 | yòu | 酭 | 394 | yú | 俞 | 396 |
| yóu | 犹 | 392 | yū | 吁 | 360 | yú | 谕 | 397 |

yú 逾 397
yú 榆 397
yú 渝 397
yú 羭 397
yú 揄 397
yú 蕍 397
yú 腴 397
yú 舆 397
yǔ 雨 397
yǔ 伛 398
yǔ 予 398
yǔ 与 398
yǔ 宇 398
yǔ 羽 398
yǔ 禹 398
yǔ 语 398
yǔ 圉 398
yǔ 庾 399
yù 蔚 331
yù 芋 399
yù 棫 399
yù 聿 399
yù 玉 399
yù 驭 399
yù 妪 399
yù 郁 399
yù 育 399
yù 狱 400
yù 浴 400
yù 预 400
yù 欲 400
yù 淢 400
yù 遇 400
yù 御 400
yù 寓 400
yù 裕 400
yù 矞 401
yù 遹 401
yù 誉 401
yù 豫 401
yù 域 401
yù 潏 401
yuān 鸢 401
yuān 鸳 401
yuān 悁 401
yuān 冤 401
yuān 渊 401
yuān 嫚 214
yuán 圜 132
yuán 元 402
yuán 芫 402
yuán 杬 402
yuán 爰 402
yuán 袁 402
yuán 援 402
yuán 媛 402
yuán 缘 402
yuán 原 402
yuán 圆 403
yuán 员 403
yuán 园 403
yuán 猿 403
yuán 源 403

yuán 垣 403
yuán 辕 403
yuǎn 远 403
yuǎn 畹 403
yuàn 媛 402
yuàn 缘 402
yuàn 苑 404
yuàn 怨 404
yuàn 院 404
yuàn 掾 404
yuàn 瑗 404
yuàn 愿 404
yuē 曰 404
yuē 约 404
yuè 乐 191
yuè 岳 404
yuè 月 405
yuè 刖 405
yuè 礿 405
yuè 钺 405
yuè 阅 405
yuè 悦 405
yuè 跃 405
yuè 越 405
yuè 籥 406
yuè 汋 436
yūn 晕 406
yún 云 406
yún 芸 406
yún 匀 406
yún 郧 406
yǔn 陨 406
yǔn 允 406
yùn 晕 406
yùn 芸 406
yùn 孕 406
yùn 运 407
yùn 愠 407
yùn 蕴 407

Z

zá 杂 408
zāi 灾 408
zāi 哉 408
zāi 栽 408
zǎi 载 408
zǎi 宰 408
zài 载 408
zài 再 408
zài 在 409
zān 簪 409
zàn 暂 409
zàn 赞 409
zāng 藏 28
zāng 臧 409
zǎng 驵 409
zàng 藏 28
zàng 葬 409
zāo 遭 409
zāo 糟 409
záo 凿 410
zǎo 藻 410
zǎo 早 410

| | | |
|---|---|---|
| zǎo | 枣 | 410 |
| zǎo | 澡 | 410 |
| zǎo | 蚤 | 410 |
| zào | 灶 | 410 |
| zào | 造 | 410 |
| zào | 枭 | 411 |
| zào | 燥 | 411 |
| zào | 躁 | 411 |
| zào | 譟 | 411 |
| zé | 则 | 411 |
| zé | 责 | 411 |
| zé | 择 | 411 |
| zé | 迮 | 411 |
| zé | 泽 | 412 |
| zè | 昃 | 412 |
| zè | 仄 | 412 |
| zéi | 贼 | 412 |
| zèn | 谮 | 412 |
| zēng | 增 | 412 |
| zēng | 矰 | 412 |
| zēng | 缯 | 412 |
| zèng | 赠 | 412 |
| zèng | 甑 | 413 |
| zhā | 柤 | 413 |
| zhá | 札 | 413 |
| zhá | 闸 | 413 |
| zhá | 扎 | 413 |
| zhà | 栅 | 278 |
| zhà | 乍 | 413 |
| zhà | 诈 | 413 |
| zhāi | 捚 | 413 |
| zhāi | 斋 | 413 |
| zhái | 翟 | 65 |
| zhái | 宅 | 413 |
| zhài | 债 | 414 |
| zhān | 占 | 414 |
| zhān | 沾 | 414 |
| zhān | 粘 | 414 |
| zhān | 旃 | 414 |
| zhān | 詹 | 414 |
| zhān | 瞻 | 414 |
| zhǎn | 斩 | 414 |
| zhǎn | 展 | 414 |
| zhàn | 湛 | 414 |
| zhàn | 占 | 414 |
| zhàn | 栈 | 415 |
| zhàn | 战 | 415 |
| zhāng | 张 | 415 |
| zhāng | 章 | 415 |
| zhāng | 璋 | 415 |
| zhāng | 鄣 | 415 |
| zhāng | 彰 | 415 |
| zhǎng | 长 | 34 |
| zhǎng | 掌 | 415 |
| zhàng | 丈 | 416 |
| zhàng | 杖 | 416 |
| zhàng | 障 | 416 |
| zhāo | 招 | 416 |
| zhāo | 昭 | 416 |
| zhāo | 啁 | 416 |
| zhǎo | 爪 | 416 |
| zhǎo | 沼 | 416 |
| zhào | 召 | 416 |

| | | |
|---|---|---|
| zhào | 兆 | 416 |
| zhào | 诏 | 416 |
| zhào | 赵 | 417 |
| zhào | 照 | 417 |
| zhào | 肇 | 417 |
| zhē | 遮 | 417 |
| zhé | 哲 | 417 |
| zhé | 折 | 417 |
| zhé | 辄 | 417 |
| zhé | 蛰 | 417 |
| zhé | 詟 | 417 |
| zhé | 谪 | 418 |
| zhé | 磔 | 418 |
| zhé | 辙 | 418 |
| zhé | 鸷 | 426 |
| zhě | 者 | 418 |
| zhě | 赭 | 418 |
| zhè | 柘 | 418 |
| zhēn | 椹 | 284 |
| zhēn | 贞 | 418 |
| zhēn | 针 | 418 |
| zhēn | 珍 | 418 |
| zhēn | 真 | 419 |
| zhēn | 砧 | 419 |
| zhēn | 蓁 | 419 |
| zhēn | 榛 | 419 |
| zhēn | 臻 | 419 |
| zhēn | 斟 | 419 |
| zhēn | 甄 | 419 |
| zhēn | 箴 | 419 |
| zhěn | 畛 | 419 |
| zhěn | 诊 | 419 |
| zhěn | 轸 | 419 |
| zhěn | 枕 | 420 |
| zhèn | 瑱 | 315 |
| zhèn | 振 | 420 |
| zhèn | 朕 | 420 |
| zhèn | 赈 | 420 |
| zhèn | 震 | 420 |
| zhèn | 镇 | 420 |
| zhēng | 争 | 420 |
| zhēng | 胥 | 420 |
| zhēng | 征 | 420 |
| zhēng | 钲 | 421 |
| zhēng | 烝 | 421 |
| zhēng | 铮 | 421 |
| zhěng | 整 | 421 |
| zhèng | 铮 | 421 |
| zhèng | 正 | 421 |
| zhèng | 证 | 421 |
| zhèng | 郑 | 421 |
| zhèng | 诤 | 421 |
| zhèng | 政 | 421 |
| zhèng | 挣 | 422 |
| zhī | 之 | 422 |
| zhī | 汁 | 422 |
| zhī | 支 | 422 |
| zhī | 枝 | 422 |
| zhī | 肢 | 422 |
| zhī | 卮 | 422 |
| zhī | 芝 | 422 |
| zhī | 知 | 422 |
| zhī | 只 | 423 |

| | | |
|---|---|---|
| zhī | 织 | 423 |
| zhī | 禔 | 423 |
| zhī | 戠 | 423 |
| zhī | 脂 | 423 |
| zhí | 执 | 423 |
| zhí | 职 | 423 |
| zhí | 侄 | 423 |
| zhí | 縶 | 423 |
| zhí | 直 | 424 |
| zhí | 值 | 424 |
| zhí | 埴 | 424 |
| zhí | 植 | 424 |
| zhí | 殖 | 424 |
| zhǐ | 茝 | 31 |
| zhǐ | 砥 | 66 |
| zhǐ | 只 | 423 |
| zhǐ | 止 | 424 |
| zhǐ | 旨 | 424 |
| zhǐ | 纸 | 424 |
| zhǐ | 祉 | 424 |
| zhǐ | 指 | 425 |
| zhǐ | 枳 | 425 |
| zhì | 识 | 287 |
| zhì | 值 | 424 |
| zhì | 至 | 425 |
| zhì | 志 | 425 |
| zhì | 豸 | 425 |
| zhì | 忮 | 425 |
| zhì | 迣 | 425 |
| zhì | 制 | 425 |
| zhì | 质 | 425 |
| zhì | 炙 | 426 |
| zhì | 治 | 426 |
| zhì | 陟 | 426 |
| zhì | 挚 | 426 |
| zhì | 桎 | 426 |
| zhì | 致 | 426 |
| zhì | 秩 | 426 |
| zhì | 鸷 | 426 |
| zhì | 痔 | 426 |
| zhì | 窒 | 426 |
| zhì | 智 | 427 |
| zhì | 彘 | 427 |
| zhì | 置 | 427 |
| zhì | 踬 | 427 |
| zhì | 郅 | 427 |
| zhì | 寘 | 427 |
| zhì | 觯 | 427 |
| zhōng | 中 | 427 |
| zhōng | 终 | 427 |
| zhōng | 钟 | 428 |
| zhōng | 忠 | 428 |
| zhōng | 衷 | 428 |
| zhǒng | 肿 | 428 |
| zhǒng | 种 | 428 |
| zhǒng | 冢 | 428 |
| zhǒng | 踵 | 428 |
| zhòng | 重 | 43 |
| zhòng | 中 | 427 |
| zhòng | 种 | 428 |
| zhòng | 踵 | 428 |
| zhòng | 仲 | 428 |
| zhòng | 众 | 429 |

| | | |
|---|---|---|
| zhōu | 啁 | 416 |
| zhōu | 舟 | 429 |
| zhōu | 周 | 429 |
| zhōu | 州 | 429 |
| zhōu | 粥 | 429 |
| zhóu | 轴 | 429 |
| zhǒu | 肘 | 429 |
| zhǒu | 帚 | 429 |
| zhòu | 纣 | 429 |
| zhòu | 轴 | 429 |
| zhòu | 胄 | 430 |
| zhòu | 昼 | 430 |
| zhòu | 酎 | 430 |
| zhòu | 甃 | 430 |
| zhòu | 骤 | 430 |
| zhū | 朱 | 430 |
| zhū | 邾 | 430 |
| zhū | 诛 | 430 |
| zhū | 茱 | 430 |
| zhū | 洙 | 431 |
| zhū | 珠 | 431 |
| zhū | 株 | 431 |
| zhū | 诸 | 431 |
| zhū | 铢 | 431 |
| zhū | 猪 | 431 |
| zhú | 术 | 295 |
| zhú | 竹 | 431 |
| zhú | 逐 | 431 |
| zhú | 烛 | 431 |
| zhǔ | 褚 | 46 |
| zhǔ | 属 | 295 |
| zhǔ | 主 | 432 |
| zhǔ | 煮 | 432 |
| zhù | 助 | 432 |
| zhù | 杼 | 432 |
| zhù | 贮 | 432 |
| zhù | 住 | 432 |
| zhù | 注 | 432 |
| zhù | 柱 | 432 |
| zhù | 祝 | 432 |
| zhù | 铸 | 432 |
| zhù | 筑 | 433 |
| zhù | 箸 | 433 |
| zhù | 著 | 433 |
| zhuǎ | 爪 | 416 |
| zhuān | 剸 | 321 |
| zhuān | 专 | 433 |
| zhuān | 砖 | 433 |
| zhuān | 颛 | 433 |
| zhuǎn | 转 | 433 |
| zhuàn | 传 | 48 |
| zhuàn | 縳 | 175 |
| zhuàn | 转 | 433 |
| zhuàn | 撰 | 433 |
| zhuāng | 妆 | 433 |
| zhuāng | 庄 | 434 |
| zhuāng | 装 | 434 |
| zhuàng | 壮 | 434 |
| zhuàng | 状 | 434 |
| zhuàng | 撞 | 434 |
| zhuī | 椎 | 49 |
| zhuī | 隹 | 434 |
| zhuī | 锥 | 434 |

| | | |
|---|---|---|
| zhuī | 追 | 434 |
| zhuì | 腄 | 49 |
| zhuì | 坠 | 434 |
| zhuì | 膇 | 435 |
| zhuì | 惴 | 435 |
| zhuì | 赘 | 435 |
| zhūn | 肫 | 435 |
| zhūn | 谆 | 435 |
| zhūn | 啍 | 321 |
| zhǔn | 准 | 435 |
| zhǔn | 埻 | 435 |
| zhuō | 拙 | 435 |
| zhuō | 卓 | 435 |
| zhuō | 捉 | 435 |
| zhuō | 倬 | 436 |
| zhuō | 棁 | 436 |
| zhuó | 斫 | 436 |
| zhuó | 浊 | 436 |
| zhuó | 酌 | 436 |
| zhuó | 啄 | 436 |
| zhuó | 琢 | 436 |
| zhuó | 汋 | 436 |
| zhuó | 擢 | 436 |
| zhuó | 濯 | 436 |
| zī | 咨 | 436 |
| zī | 兹 | 437 |
| zī | 赀 | 437 |
| zī | 孳 | 437 |
| zī | 粢 | 437 |
| zī | 滋 | 437 |
| zī | 资 | 437 |
| zī | 訾 | 437 |
| zī | 辎 | 437 |
| zī | 菑 | 437 |
| zī | 缁 | 437 |
| zī | 髭 | 438 |
| zī | 姿 | 438 |
| zǐ | 泚 | 52 |
| zǐ | 訾 | 437 |
| zǐ | 梓 | 438 |
| zǐ | 茈 | 438 |
| zǐ | 子 | 438 |
| zǐ | 耔 | 438 |
| zǐ | 紫 | 438 |
| zǐ | 姊 | 438 |
| zǐ | 滓 | 438 |
| zì | 资 | 437 |
| zì | 胾 | 438 |
| zì | 自 | 439 |
| zì | 字 | 439 |
| zì | 恣 | 439 |
| zì | 眦 | 439 |
| zì | 渍 | 439 |
| zōng | 宗 | 439 |
| zōng | 综 | 439 |
| zōng | 鬃 | 439 |
| zǒng | 总 | 440 |
| zòng | 纵 | 440 |
| zōu | 驺 | 440 |
| zōu | 诹 | 440 |
| zōu | 陬 | 440 |
| zōu | 菆 | 440 |
| zǒu | 走 | 440 |

zòu 奏 440
zòu 族 441
zū 租 441
zū 菹 441
zú 足 441
zú 卒 441
zú 崒 441
zú 族 441
zǔ 诅 441
zǔ 阻 441
zǔ 组 441
zǔ 俎 441
zǔ 祖 442
zuān 钻 442
zuǎn 缵 442
zuàn 钻 442
zuī 朘 442
zuì 最 442
zuì 罪 442
zuì 醉 442
zūn 尊 442
zūn 鳟 442
zūn 遵 443
zuō 作 443
zuó 昨 443
zuó 莋 443
zuǒ 左 443
zuǒ 佐 443
zuò 作 443
zuò 坐 443
zuò 阼 443
zuò 酢 443
zuò 柞 443

# 笔画索引

## 一画

一 376
乙 379

## 二画

二 81
十 287
丁 70
七 248
卜 24
八 5
人 269
入 273
乂 384
匕 13
儿 80
几 140
九 169
刀 62
力 194
乃 229
又 393

## 三画

三 275
干 99
于 396
亏 185
工 106
士 288
土 320
下 345
丌 141
大 57
丈 416
与 398
万 325
才 26
寸 55
弋 380
上 280
口 182
山 278
巾 163
千 253
毛 321
乞 251
川 47
亿 380
个 104
亼 325
夕 339
久 169
凡 84
丸 323
勺 281
及 143
广 114
亡 325
门 219
义 381
之 422
尸 286
己 145
已 379
巳 300
弓 106
卫 330
也 375
女 235
刃 270
小 352
飞 87
习 342
叉 30
子 438
马 213
乡 348

## 四画

亖 300
丰 90
王 325
开 178
井 167
天 314
夫 92

元 402
无 335
韦 327
云 406
专 433
丐 99
廿 233
艺 380
木 228
五 335
支 422
卅 275
不 25
仄 412
太 308
犬 266
区 263
历 195
友 393
尤 392
厄 80
匹 242
车 36
巨 172
扎 413
屯 321
戈 103
比 13
切 258
牙 366
瓦 323
止 424
少 281
曰 404
日 271
冄 268
中 427
贝 11
内 231
冈 101
见 153
午 336
牛 234
手 291
毛 216
气 251
壬 269
升 284
夭 373
长 34
仁 270
什 283
片 243
仆 246
化 130
仇 44
币 14
仍 271
斤 164
爪 416
反 84
兮 339
介 163
父 96
从 53
仑 210
今 164
凶 358
分 89
乏 83
公 106
仓 28
月 405
氏 289
勿 336
风 90
欠 255
丹 59
匀 406
乌 334
印 3
勾 107
172
殳 292
凤 92
六 205
文 331
亢 101
方 85
火 138
为 327
斗 73
忆 380
计 146
户 129
订 71
讥 140
心 355
尹 386
尺 41

夬 112
引 386
弔 69
丑 45
丒 45
队 76
办 8
以 379
允 406
邓 64
劝 266
双 297
予 398
孔 182
书 293
毋 335
水 297
幻 132

## 五画

式 81
玉 399
丼 167
刊 179
未 330
末 226
邗 119
击 141
示 289
巧 257
正 421
卉 135
功 106
去 265
甘 100
世 289
古 110
节 161
艿 315
本 12
术 295
札 413
可 181
丙 21
左 443
厉 195
丕 25
石 287
右 394
布 24
厺 265
龙 205
戊 337
平 245
灭 223
打 57
扑 246
扚 55
东 71
卡 178
北 11
占 414
卌 343
卢 207
业 375
旧 170
帅 297
归 114
目 228
旦 60
且 258
叶 375
甲 150
申 283
号 121
电 68
田 314
由 392
只 423
央 371
史 288
兄 358
叫 160
叩 183
叹 309
冉 268
册 30
皿 223
囚 262
四 300
生 285
矢 288
乍 413
失 286
禾 122
仕 288
丘 261
付 96
代 58
仙 345

仪 378
白 6
他 307
仞 270
斥 42
卮 422
瓜 112
乎 127
丛 53
令 204
尒 81
用 391
印 387
氐 64
句 107
172
匆 52
册 30
卯 216
犯 85
外 323
处 46
冬 71
鸟 233
务 337
刍 46
包 8
尔 81
乐 191
饥 140
主 432
市 289
庀 243
立 196
冯 91
玄 362
闪 278
兰 189
半 7
汁 422
汀 316
汇 135
头 319
汉 120
宁 234
穴 363
它 307
写 354
讨 312
让 268
礼 193
讬 322
训 365
必 14
议 381
讯 365
记 146
永 390
氷 20
司 299
尼 231
尻 180
民 223
弗 93
弘 125
疋 366
出 45
奴 235
加 148
召 416
皮 242
边 17
发 82
83
孕 406
圣 285
对 76
台 308
矛 216
纠 169
驭 399
母 227
幼 393
辽 199
丝 299

## 六画

邦 8
玑 140
刑 357
动 72
匡 184
式 289
戎 271
迂 395
耒 191
协 353
巩 107
圩 328
地 66

场 34
朽 359
枋 195
朴 247
朼 13
机 140
权 265
亘 105
圭 114
寺 300
吉 143
芋 399
芊 253
芍 281
芒 215
芝 422
芑 251
芗 349
共 107
考 180
老 191
臣 36
耳 81
亚 367
吏 196
再 408
束 52
西 339
列 200
夸 184
夺 78
压 366
厌 370
在 409
有 393
存 55
而 80
页 375
灰 134
匠 157
达 57
迈 213
戌 359
戍 295
成 38
百 6
死 299
夹 149
至 424
扣 183
执 423
扫 276
扬 371
轨 115
划 130
邪 353
尧 373
毕 14
过 117
夷 378
此 52
贞 418
师 286
尘 36
劣 200
光 114
当 61
吁 360
吐 320
吃 39
吸 339
帆 83
则 411
刚 101
吊 69
岁 304
岌 143
岂 251
早 410
同 317
因 384
团 320
回 135
虫 43
曳 375
曲 263
肉 272
竹 431
牝 245
舌 281
先 345
乔 256
廷 316
迁 253
年 232
朱 430
缶 92
伟 329
传 48
休 358

| | | | | | | | |
|---|---|---|---|---|---|---|---|
| 伍 | 336 | 行 | 120 | 凫 | 93 | 问 | 332 |
| 伎 | 146 | 后 | 127 | 旭 | 361 | 州 | 429 |
| 伏 | 93 | 舟 | 429 | 旬 | 364 | 灯 | 63 |
| 伛 | 398 | 兆 | 416 | 匈 | 358 | 羊 | 372 |
| 优 | 391 | 创 | 49 | 夙 | 303 | 并 | 21 |
| 伐 | 82 | 全 | 265 | 危 | 326 | 关 | 112 |
| 仲 | 428 | 会 | 135 | 冲 | 42 | 米 | 221 |
| 件 | 153 | 合 | 123 | 次 | 52 | 汗 | 119 |
| 任 | 270 | 企 | 251 | 决 | 175 | 汙 | 334 |
| 伤 | 279 | 众 | 429 | 冰 | 20 | 污 | 334 |
| 伥 | 33 | 杀 | 277 | 壮 | 434 | 江 | 156 |
| 价 | 150 | 兇 | 358 | 妆 | 433 | 汕 | 279 |
| 伦 | 210 | 刖 | 405 | 刘 | 204 | 汔 | 251 |
| 仰 | 372 | 肌 | 141 | 邡 | 85 | 汐 | 339 |
| 仿 | 86 | 肋 | 192 | 齐 | 248 | 汲 | 143 |
| 伪 | 329 | 刎 | 332 | 交 | 157 | 汋 | 436 |
| 伊 | 377 | 朵 | 78 | 衣 | 377 | 汜 | 300 |
| 似 | 300 | 杂 | 408 | 亦 | 380 | 池 | 40 |
| 华 | 130 | 旨 | 424 | 产 | 32 | 汝 | 273 |
| 延 | 368 | 负 | 96 | 亥 | 118 | 汤 | 310 |
| 臼 | 170 | 争 | 420 | 充 | 43 | 宇 | 398 |
| 自 | 439 | 色 | 276 | 妄 | 326 | 守 | 291 |
| 血 | 354 | 名 | 224 | 庄 | 434 | 宅 | 413 |
| 向 | 350 | 各 | 104 | 庆 | 261 | 安 | 2 |
| 囟 | 356 | 多 | 77 | 闭 | 14 | 字 | 439 |

兴 356
尧 114
讲 156
讳 135
讴 237
许 360
讹 79
论 210
讼 301
讽 92
设 282
访 86
祁 248
军 176
农 235
弛 40
异 381
尽 164
迅 365
聿 399
艮 105
阱 167
阮 273
阳 372
阪 7
阶 160
阴 385
防 86
收 291
奸 151
如 272
妇 97
妃 87
好 121
戏 343
观 112
欢 131
羽 398
买 213
牟 227
孙 305
驮 322
驯 364
驰 41
纡 394
红 125
纣 429
纤 255
约 405
级 143
纪 146
纫 270
丞 38
巡 364

## 七画

形 357
韧 270
弄 235
麦 214
吞 321
进 165
远 404
违 328
运 407
寿 292
戒 163
攻 106
坏 131
坂 7
坎 179
均 176
坞 338
坟 89
坑 182
坊 85
块 184
杆 395
杠 101
杜 75
杕 67
杖 416
材 26
杓 19
极 144
杞 251
杨 371
却 266
劫 161
邯 119
耴 381
豆 73
丽 196
克 181
贡 107
走 440
赤 42
夫 42
壳 180
志 425

| | | | | | | | |
|---|---|---|---|---|---|---|---|
| 声 | 285 | 严 | 368 | 投 | 319 | 财 | 26 |
| 芙 | 93 | 匣 | 344 | 护 | 129 | 助 | 432 |
| 芫 | 402 | 巫 | 334 | 抉 | 175 | 邮 | 392 |
| 芜 | 335 | 車 | 36 | 把 | 5 | 删 | 278 |
| 苇 | 329 | 甫 | 95 | 报 | 10 | 别 | 19 |
| 芸 | 406 | 更 | 105 | 拟 | 231 | 別 | 19 |
| 芾 | 93 | 束 | 295 | 抒 | 293 | 呈 | 38 |
| 苈 | 195 | 两 | 199 | 轩 | 362 | 吴 | 335 |
| 苪 | 273 | 酉 | 393 | 连 | 197 | 足 | 441 |
| 苋 | 347 | 励 | 195 | 求 | 262 | 员 | 403 |
| 芹 | 259 | 邳 | 25 | 卤 | 207 | 邑 | 381 |
| 芥 | 163 | 矶 | 140 | 步 | 24 | 吳 | 335 |
| 芩 | 259 | 否 | 92 | 邺 | 375 | 岑 | 30 |
| 芬 | 89 | 辰 | 37 | 坚 | 151 | 岚 | 189 |
| 苍 | 28 | 医 | 377 | 肖 | 352 | 旱 | 119 |
| 芴 | 337 | 还 | 118 | 吠 | 88 | 貝 | 11 |
| 芟 | 278 | 夾 | 149 | 呀 | 366 | 見 | 153 |
| 芳 | 85 | 豕 | 288 | 听 | 316 | 县 | 347 |
| 芦 | 207 | 来 | 188 | 吟 | 385 | 男 | 229 |
| 苏 | 302 | 扶 | 93 | 吻 | 332 | 兕 | 300 |
| 孝 | 352 | 抚 | 95 | 吹 | 49 | 园 | 403 |
| 杏 | 357 | 技 | 146 | 岐 | 249 | 围 | 328 |
| 李 | 193 | 扼 | 80 | 时 | 287 | 困 | 187 |
| 吾 | 335 | 折 | 417 | 旷 | 185 | 里 | 194 |
| 劳 | 190 | 抑 | 381 | 旸 | 371 | 串 | 48 |

| | |
|---|---|
| 牡 | 227 |
| 针 | 418 |
| 钉 | 71 |
| 利 | 196 |
| 私 | 299 |
| 乱 | 210 |
| 告 | 102 |
| 秃 | 319 |
| 秀 | 359 |
| 我 | 333 |
| 体 | 312 |
| 何 | 123 |
| 佐 | 443 |
| 佑 | 394 |
| 攸 | 391 |
| 但 | 60 |
| 伸 | 283 |
| 佃 | 68 |
| 侣 | 300 |
| 佚 | 381 |
| 作 | 443 |
| 伯 | 22 |
| 佣 | 389 |
| 低 | 64 |
| 佝 | 107 |
| 住 | 432 |
| 位 | 330 |
| 伴 | 8 |
| 佗 | 322 |
| 伺 | 300 |
| 佛 | 92 |
| 伽 | 258 |
| 兵 | 21 |
| 身 | 283 |
| 彻 | 36 |
| 役 | 382 |
| 近 | 165 |
| 返 | 84 |
| 㽽 | 129 |
| 邻 | 201 |
| 余 | 395 |
| 佥 | 253 |
| 含 | 119 |
| 谷 | 110 |
| 希 | 339 |
| 妥 | 322 |
| 孚 | 94 |
| 坐 | 443 |
| 豸 | 425 |
| 鸠 | 169 |
| 狂 | 184 |
| 犹 | 392 |
| 狄 | 66 |
| 饬 | 42 |
| 饭 | 85 |
| 饮 | 386 |
| 肝 | 100 |
| 肘 | 429 |
| 肠 | 34 |
| 彤 | 318 |
| 卵 | 210 |
| 邸 | 66 |
| 删 | 278 |
| 系 | 146 |
| 龟 | 114 |
| 免 | 222 |
| 角 | 159 |
| 条 | 315 |
| 灸 | 169 |
| 甸 | 68 |
| 迎 | 388 |
| 岛 | 62 |
| 冻 | 72 |
| 况 | 185 |
| 冶 | 375 |
| 状 | 434 |
| 言 | 368 |
| 亩 | 227 |
| 亨 | 124 |
| 弃 | 252 |
| 肓 | 133 |
| 忘 | 326 |
| 吝 | 202 |
| 辛 | 355 |
| 庑 | 336 |
| 床 | 48 |
| 库 | 183 |
| 庇 | 16 |
| 应 | 387 |
| 庐 | 207 |
| 序 | 361 |
| 疕 | 13 |
| 疗 | 200 |
| 闰 | 274 |
| 闲 | 346 |
| 闳 | 125 |
| 间 | 151 |
| 闵 | 224 |
| 闷 | 219 |
| 灶 | 410 |

| | | | | | | | |
|---|---|---|---|---|---|---|---|
| 灿 | 28 | 沈 | 283 | 诏 | 416 | 阻 | 441 |
| 判 | 239 | 決 | 175 | 诒 | 58 | 阼 | 443 |
| 兑 | 76 | 怃 | 336 | 社 | 282 | 附 | 97 |
| 弟 | 67 | 忮 | 425 | 礿 | 405 | 陀 | 322 |
| 羌 | 255 | 怀 | 130 | 祀 | 301 | 陂 | 10 |
| 汪 | 325 | 忧 | 391 | 补 | 24 | 陉 | 357 |
| 沐 | 228 | 怅 | 34 | 初 | 45 | 壯 | 434 |
| 沛 | 240 | 忻 | 355 | 良 | 198 | 妆 | 433 |
| 沤 | 237 | 忱 | 37 | 宜 | 379 | 坠 | 434 |
| 沙 | 277 | 快 | 184 | 罕 | 119 | 姊 | 438 |
| 汨 | 221 | 完 | 324 | 启 | 251 | 妓 | 146 |
| 汩 | 110 | 宋 | 302 | 张 | 415 | 妪 | 399 |
| 冲 | 42 | 牢 | 190 | 改 | 99 | 妣 | 14 |
| 汽 | 252 | 灾 | 408 | 即 | 144 | 妙 | 223 |
| 沃 | 333 | 究 | 169 | 灵 | 202 | 妊 | 270 |
| 沂 | 378 | 穷 | 261 | 忌 | 146 | 姉 | 438 |
| 沦 | 211 | 证 | 421 | 迟 | 41 | 妨 | 86 |
| 汹 | 358 | 诂 | 110 | 尾 | 329 | 妫 | 114 |
| 汾 | 89 | 诃 | 121 | 局 | 172 | 妒 | 75 |
| 泛 | 85 | 诅 | 441 | 君 | 176 | 邵 | 281 |
| 沕 | 221 | 识 | 287 | 陆 | 208 | 忍 | 270 |
| 沟 | 107 | 诈 | 413 | 际 | 147 | 鸡 | 141 |
| 没 | 217 | 诊 | 419 | 阿 | 1 | 劲 | 165 |
| 汶 | 332 | 诎 | 263 | 陇 | 206 | 甬 | 390 |
| 沆 | 120 | 译 | 382 | 陈 | 37 | 矣 | 380 |

| | |
|---|---|
| 驱 | 263 |
| 驳 | 22 |
| 纬 | 329 |
| 纭 | 126 |
| 纯 | 50 |
| 纲 | 101 |
| 纳 | 229 |
| 纴 | 270 |
| 纵 | 440 |
| 纶 | 211 |
| 纷 | 89 |
| 纸 | 424 |
| 纺 | 86 |
| 纽 | 234 |

## 八画

| | |
|---|---|
| 玩 | 323 |
| 环 | 131 |
| 现 | 348 |
| 规 | 115 |
| 盂 | 395 |
| 青 | 260 |
| 责 | 411 |
| 表 | 19 |
| 奉 | 92 |
| 武 | 336 |
| 協 | 353 |
| 坷 | 181 |
| 坫 | 68 |
| 垆 | 207 |
| 坦 | 309 |
| 坤 | 186 |
| 坡 | 245 |
| 枉 | 325 |
| 枅 | 142 |
| 枎 | 94 |
| 杬 | 402 |
| 林 | 201 |
| 枝 | 422 |
| 杯 | 10 |
| 枢 | 293 |
| 柜 | 116 |
| 枇 | 242 |
| 枑 | 116 |
| 杪 | 222 |
| 杵 | 46 |
| 枚 | 218 |
| 枆 | 216 |
| 析 | 340 |
| 板 | 7 |
| 枞 | 53 |
| 松 | 301 |
| 枪 | 255 |
| 枫 | 90 |
| 构 | 108 |
| 杭 | 120 |
| 枋 | 85 |
| 枕 | 420 |
| 杼 | 432 |
| 卦 | 112 |
| 封 | 185 |
| 耶 | 374 |
| 取 | 264 |
| 卧 | 333 |
| 刺 | 52 |
| 臥 | 333 |
| 画 | 130 |
| 直 | 424 |
| 卖 | 214 |
| 幸 | 357 |
| 茉 | 226 |
| 苦 | 183 |
| 苛 | 180 |
| 若 | 269 |
| 茂 | 217 |
| 茇 | 5 |
| 苴 | 171 |
| 苗 | 222 |
| 英 | 387 |
| 苟 | 108 |
| 苑 | 404 |
| 苞 | 9 |
| 范 | 85 |
| 苾 | 17 |
| 茀 | 94 |
| 苕 | 315 |
| 茄 | 258 |
| 茎 | 166 |
| 苔 | 308 |
| 茅 | 216 |
| 者 | 418 |
| 昔 | 339 |
| 杰 | 161 |
| 枣 | 410 |
| 迣 | 425 |
| 述 | 295 |
| 或 | 138 |
| 亞 | 367 |
| 長 | 34 |
| 其 | 249 |

| | |
|---|---|
| 丧 | 276 |
| 東 | 71 |
| 事 | 289 |
| 兩 | 199 |
| 雨 | 397 |
| 瓯 | 237 |
| 殴 | 237 |
| 矾 | 84 |
| 砀 | 61 |
| 郁 | 399 |
| 奈 | 229 |
| 奔 | 12 |
| 奇 | 141 |
| 奄 | 2 |
| | 369 |
| 奋 | 90 |
| 态 | 308 |
| 垄 | 206 |
| 厕 | 29 |
| 來 | 188 |
| 剌 | 52 |
| 顷 | 260 |
| 抹 | 213 |
| 拓 | 307 |
| 拔 | 5 |
| 拈 | 232 |
| 担 | 59 |
| 拊 | 96 |
| 拍 | 238 |
| 拥 | 389 |
| 抵 | 66 |
| 拘 | 170 |
| 抱 | 10 |
| 抿 | 224 |
| 拂 | 93 |
| 拙 | 435 |
| 招 | 416 |
| 披 | 241 |
| 择 | 411 |
| 抬 | 308 |
| 转 | 433 |
| 斩 | 414 |
| 轮 | 211 |
| 到 | 62 |
| 郅 | 427 |
| 鸢 | 401 |
| 轰 | 125 |
| 旹 | 50 |
| 妻 | 248 |
| 非 | 87 |
| 叔 | 293 |
| 卓 | 435 |
| 肯 | 181 |
| 齿 | 41 |
| 虎 | 129 |
| 虏 | 207 |
| 肾 | 284 |
| 贤 | 346 |
| 尚 | 280 |
| 味 | 330 |
| 呵 | 122 |
| 咀 | 172 |
| 呻 | 283 |
| 呼 | 127 |
| 响 | 361 |
| 鸣 | 224 |
| 咆 | 240 |
| 咏 | 390 |
| 咄 | 77 |
| 呦 | 391 |
| 屽 | 3 |
| 岫 | 359 |
| 岭 | 204 |
| 明 | 224 |
| 败 | 6 |
| 贬 | 18 |
| 购 | 108 |
| 贮 | 432 |
| 盱 | 360 |
| 畅 | 34 |
| 岸 | 3 |
| 岩 | 368 |
| 昊 | 121 |
| 昙 | 309 |
| 杲 | 102 |
| 昃 | 412 |
| 昆 | 186 |
| 昌 | 33 |
| 昇 | 284 |
| 易 | 382 |
| 昂 | 3 |
| 忠 | 428 |
| 畀 | 14 |
| 罗 | 211 |
| 具 | 172 |
| 典 | 68 |
| 岡 | 101 |
| 罔 | 325 |
| 国 | 117 |
| 固 | 111 |

| | | | | | | | |
|---|---|---|---|---|---|---|---|
| 困 | 267 | 佶 | 144 | 岳 | 404 | 侖 | 210 |
| 图 | 319 | 佴 | 81 | 岱 | 58 | 命 | 225 |
| 迪 | 65 | 供 | 107 | 帛 | 22 | 贪 | 308 |
| 迥 | 169 | 使 | 288 | 兒 | 80 | 念 | 233 |
| 果 | 117 | 佰 | 6 | 阜 | 97 | 肴 | 373 |
| 牧 | 228 | 侑 | 394 | 迫 | 246 | 籴 | 65 |
| 物 | 337 | 侠 | 344 | 臾 | 395 | 斧 | 96 |
| 钓 | 70 | 侥 | 159 | 隹 | 434 | 采 | 26 |
| 钗 | 31 | 侄 | 423 | 卑 | 10 | 受 | 292 |
| 知 | 422 | 侗 | 72 | 征 | 420 | 爭 | 420 |
| 秆 | 100 | 侣 | 208 | 徃 | 325 | 狎 | 344 |
| 和 | 122 | 侃 | 179 | 往 | 325 | 狛 | 246 |
| 郙 | 430 | 侧 | 29 | 彼 | 13 | 狐 | 128 |
| 制 | 425 | 侨 | 257 | 径 | 168 | 狗 | 108 |
| 秊 | 232 | 佻 | 315 | 欣 | 355 | 饯 | 154 |
| 委 | 330 | 佩 | 240 | 所 | 306 | 饰 | 289 |
| 季 | 147 | 侈 | 41 | 质 | 425 | 饱 | 9 |
| 迭 | 70 | 侪 | 31 | 郄 | 266 | 饲 | 300 |
| 迮 | 411 | 佼 | 159 | 乳 | 273 | 饴 | 378 |
| 氛 | 89 | 依 | 377 | 瓮 | 333 | 肤 | 92 |
| 垂 | 49 | 侫 | 234 | 贫 | 244 | 肺 | 88 |
| 乖 | 112 | 併 | 21 | 忿 | 90 | 肢 | 422 |
| 秉 | 21 | 版 | 7 | 舎 | 282 | 肫 | 435 |
| 佳 | 149 | 的 | 63 | 舍 | 282 | 肿 | 428 |
| 侍 | 289 | 货 | 138 | 金 | 163 | 朋 | 241 |

| | | | | | | | |
|---|---|---|---|---|---|---|---|
| 股 | 110 | 刻 | 181 | 单 | 59 | 泌 | 221 |
| 肮 | 3 | 劾 | 123 | 炎 | 368 | 泳 | 390 |
| 肪 | 86 | 京 | 166 | 券 | 266 | 泥 | 231 |
| 肥 | 87 | 享 | 350 | 卷 | 174 | 泯 | 224 |
| 服 | 94 | 夜 | 376 | 沫 | 226 | 沸 | 88 |
| 胁 | 353 | 卒 | 441 | 浅 | 254 | 泓 | 126 |
| 鱼 | 396 | 盲 | 215 | 法 | 83 | 沼 | 416 |
| 兔 | 320 | 育 | 399 | 泔 | 100 | 波 | 22 |
| 臽 | 348 | 妾 | 258 | 泄 | 354 | 泽 | 412 |
| 备 | 11 | 变 | 18 | 沽 | 109 | 泾 | 166 |
| 昏 | 137 | 庞 | 239 | 河 | 123 | 治 | 426 |
| 忽 | 128 | 庙 | 223 | 泷 | 206 | 怙 | 129 |
| 炙 | 426 | 府 | 96 | 沾 | 414 | 怵 | 47 |
| 匋 | 311 | 底 | 66 | 沮 | 172 | 怖 | 25 |
| 臬 | 351 | 庖 | 240 | 油 | 392 | 怛 | 57 |
| 咎 | 170 | 庚 | 105 | 泱 | 371 | 性 | 357 |
| 周 | 429 | 废 | 88 | 況 | 185 | 怜 | 197 |
| 風 | 90 | 疟 | 236 | 泊 | 22 | 怫 | 94 |
| 迯 | 81 | 疠 | 195 | 泠 | 203 | 怿 | 382 |
| 净 | 168 | 闸 | 413 | 沿 | 368 | 怪 | 112 |
| 氓 | 215 | 闹 | 230 | 泡 | 240 | 怡 | 379 |
| 放 | 87 | 炊 | 49 | 注 | 432 | 宝 | 9 |
| 於 | 396 | 炕 | 179 | 泣 | 252 | 宗 | 439 |
| 剂 | 147 | 炉 | 207 | 泫 | 363 | 定 | 71 |
| 郊 | 157 | 郑 | 421 | 沱 | 78 | 宕 | 61 |

| | | | | | | | |
|---|---|---|---|---|---|---|---|
| 宠 | 43 | 诩 | 361 | 牀 | 48 | 绁 | 354 |
| 宜 | 379 | 祆 | 346 | 狀 | 434 | 绂 | 95 |
| 审 | 284 | 祉 | 424 | 妹 | 218 | 练 | 198 |
| 官 | 113 | 视 | 290 | 姑 | 109 | 组 | 441 |
| 宛 | 324 | 祈 | 250 | 妬 | 75 | 绅 | 283 |
| 实 | 287 | 郎 | 190 | 姐 | 162 | 细 | 343 |
| 学 | 363 | 戾 | 196 | 姓 | 357 | 织 | 423 |
| 空 | 182 | 肩 | 151 | 始 | 288 | 终 | 427 |
| 穹 | 261 | 房 | 86 | 驽 | 235 | 绊 | 8 |
| 试 | 290 | 弧 | 128 | 驽 | 235 | 绌 | 47 |
| 诗 | 286 | 弥 | 220 | 驾 | 150 | 经 | 166 |
| 诘 | 161 | 弦 | 347 | 虱 | 286 | 绐 | 58 |
| 诚 | 38 | 門 | 219 | 迢 | 315 | 糾 | 169 |
| 诛 | 430 | 刷 | 297 | 艰 | 151 | 孟 | 220 |
| 话 | 130 | 帚 | 429 | 参 | 27 | 贯 | 113 |
| 诞 | 60 | 建 | 154 | 孤 | 109 | 沓 | 57 |
| 诟 | 108 | 届 | 163 | 驵 | 409 | 承 | 38 |
| 诠 | 265 | 居 | 171 | 驷 | 301 | 亟 | 144 |
| 诡 | 115 | 屆 | 163 | 驹 | 171 | | |
| 诣 | 382 | 屈 | 263 | 驺 | 440 | | |
| 询 | 364 | 肃 | 303 | 驼 | 322 | | |
| 诤 | 421 | 隶 | 197 | 驿 | 381 | | |
| 该 | 99 | 陕 | 278 | 骀 | 58 | | |
| 详 | 349 | 降 | 157 | 线 | 348 | | |
| 诧 | 31 | 限 | 348 | 绀 | 100 | | |

## 九画

| | |
|---|---|
| 珂 | 180 |
| 珑 | 205 |
| 珍 | 418 |
| 玲 | 203 |
| 珊 | 278 |

| | | | | | | | |
|---|---|---|---|---|---|---|---|
| 毒 | 74 | 柍 | 372 | 封 | 91 | 荃 | 265 |
| 奏 | 440 | 栅 | 278 | 荆 | 166 | 荟 | 136 |
| 春 | 50 | 柞 | 443 | 荊 | 166 | 茶 | 30 |
| 契 | 252 | 栴 | 78 | 勃 | 23 | 茗 | 225 |
| 贰 | 81 | 柎 | 92 | 軌 | 115 | 荠 | 147 |
| 型 | 357 | 柏 | 6 | 勅 | 42 | 茭 | 157 |
| 项 | 350 | 柧 | 110 | 桒 | 276 | 茨 | 51 |
| 垣 | 403 | 柢 | 66 | 贲 | 12 | 荒 | 133 |
| 城 | 39 | 枸 | 108 | 南 | 230 | 荡 | 61 |
| 垌 | 72 | 栅 | 278 | 茸 | 271 | 茹 | 272 |
| 垢 | 109 | 柳 | 204 | 茜 | 255 | 荔 | 197 |
| 垠 | 385 | 栁 | 204 | 茬 | 31 | 药 | 374 |
| 栈 | 415 | 枹 | 94 | 荐 | 154 | 耇 | 108 |
| 标 | 18 | 栎 | 197 | 荚 | 149 | 耈 | 108 |
| 枯 | 183 | 柱 | 432 | 荑 | 312 | 革 | 104 |
| 柯 | 180 | 栏 | 189 | 荛 | 268 | 带 | 58 |
| 柄 | 21 | 柁 | 78 | 茈 | 438 | 柰 | 229 |
| 柘 | 418 | 栤 | 93 | 草 | 29 | 某 | 227 |
| 栋 | 72 | 柀 | 13 | 茧 | 152 | 枼 | 376 |
| 相 | 349 | 树 | 296 | 茵 | 385 | 贳 | 290 |
| 柤 | 413 | 柖 | 281 | 茴 | 135 | 荣 | 271 |
| 柦 | 60 | 枱 | 308 | 茱 | 430 | 荤 | 137 |
| 柙 | 344 | 政 | 421 | 茯 | 94 | 荧 | 388 |
| 柚 | 392 | 故 | 111 | 莛 | 316 | 巷 | 350 |
| 枳 | 425 | 胡 | 128 | 荇 | 357 | 要 | 373 |

| | | | | | | | |
|---|---|---|---|---|---|---|---|
| 匽 | 369 | 飐 | 135 | 龀 | 17 | 贻 | 378 |
| 迺 | 229 | 咸 | 347 | 战 | 415 | 眆 | 403 |
| 哉 | 408 | 威 | 326 | 貞 | 418 | 眍 | 182 |
| 赴 | 97 | 面 | 222 | 点 | 68 | 眇 | 222 |
| 赵 | 417 | 頁 | 375 | 背 | 11 | 盼 | 239 |
| 赳 | 169 | 持 | 40 | 虐 | 236 | 毗 | 242 |
| 甚 | 284 | 拱 | 107 | 韭 | 169 | 畋 | 314 |
| 柬 | 152 | 挟 | 353 | 临 | 201 | 虹 | 126 |
| 鸥 | 237 | 挠 | 230 | 竖 | 296 | 虾 | 344 |
| 残 | 27 | 括 | 187 | 览 | 189 | 虻 | 219 |
| 殃 | 371 | 挢 | 159 | 省 | 285 | 蚁 | 379 |
| 殇 | 279 | 拾 | 287 | 削 | 351 | 虵 | 281 |
| 殄 | 314 | 挑 | 315 | 尝 | 33 | 郢 | 389 |
| 殆 | 58 | 指 | 425 | 咽 | 367 | 則 | 411 |
| 砖 | 433 | 挣 | 422 | 响 | 350 | 郧 | 406 |
| 砌 | 252 | 按 | 3 | 咬 | 374 | 勋 | 363 |
| 砚 | 370 | 轱 | 109 | 咳 | 118 | 虽 | 304 |
| 斫 | 436 | 轴 | 429 | 峤 | 257 | 品 | 245 |
| 耐 | 229 | 轶 | 382 | 昧 | 218 | 耑 | 75 |
| 奎 | 185 | 轸 | 419 | 映 | 389 | 炭 | 310 |
| 牵 | 253 | 轺 | 373 | 昨 | 443 | 是 | 290 |
| 盇 | 122 | 轻 | 260 | 昫 | 361 | 昰 | 290 |
| 庬 | 215 | 勁 | 165 | 昭 | 416 | 显 | 347 |
| 厘 | 192 | 虿 | 31 | 贱 | 154 | 星 | 356 |
| 厚 | 127 | 皆 | 161 | 贴 | 316 | 曷 | 123 |

昴 217
昂 3
冒 217
贵 116
畏 330
昆 242
胃 330
界 163
思 299
胄 430
罚 82
骨 111
囿 394
幽 392
迥 72
禺 396
拜 6
牲 284
钜 173
钝 77
钞 35
钟 428
铃 254
钦 258
钧 176
钩 108
钫 86
秒 222
种 428
秋 262
科 180
复 97
看 178
香 349
竿 100
竽 395
笃 74
选 363
适 290
重 43
俦 44
俨 370
便 18
亘 296
俪 196
侠 344
修 359
俚 194
保 9
促 53
俄 79
侮 336
俭 153
俗 303
俘 94
信 356
侵 258
卽 144
侯 126
俟 301
俊 177
顺 298
段 76
帥 297
贷 59
皇 133
泉 266
叟 302
鬼 93
追 434
禹 398
鬼 115
待 58
徉 372
衍 368
律 209
後 127
须 360
盾 77
逅 127
俎 441
瓴 203
叙 361
郗 340
剑 154
卻 266
俞 396
弇 369
食 287
盆 241
爰 402
胤 387
狭 345
独 74
狡 159
狩 292
狱 400
狠 124
饵 81
饶 269

| | | | | | | | |
|---|---|---|---|---|---|---|---|
| 蚀 | 288 | 訂 | 71 | 闾 | 208 | 洪 | 126 |
| 饼 | 21 | 哀 | 1 | 阀 | 82 | 洹 | 131 |
| 胠 | 263 | 亭 | 317 | 阁 | 103 | 洒 | 275 |
| 胧 | 205 | 亮 | 199 | 炼 | 198 | 洿 | 334 |
| 胆 | 60 | 帝 | 67 | 烂 | 190 | 浃 | 149 |
| 胜 | 285 | 亲 | 259 | 叛 | 239 | 泚 | 52 |
| 朐 | 264 | 音 | 385 | 籽 | 438 | 洸 | 134 |
| 胞 | 9 | 彦 | 370 | 前 | 254 | 浊 | 436 |
| 胖 | 239 | 彥 | 370 | 酋 | 262 | 洞 | 72 |
| 脉 | 214 | 峦 | 209 | 首 | 292 | 洇 | 385 |
| 朏 | 88 | 弯 | 323 | 兹 | 437 | 测 | 30 |
| 胫 | 168 | 娈 | 210 | 总 | 440 | 洙 | 431 |
| 矦 | 126 | 奖 | 156 | 美 | 218 | 洗 | 342 |
| 負 | 96 | 咨 | 436 | 姜 | 156 | 活 | 138 |
| 急 | 144 | 姿 | 438 | 类 | 192 | 洎 | 146 |
| 贸 | 217 | 奕 | 382 | 娄 | 206 | 洫 | 361 |
| 怨 | 404 | 度 | 75 | 迸 | 12 | 派 | 238 |
| 匍 | 247 | 庭 | 316 | 骈 | 243 | 浍 | 136 |
| 訇 | 125 | 庠 | 349 | 送 | 302 | 洽 | 252 |
| 逃 | 311 | 迹 | 147 | 迷 | 220 | 洵 | 364 |
| 勉 | 222 | 疫 | 382 | 逆 | 232 | 汹 | 358 |
| 将 | 155 | 疢 | 37 | 差 | 30 | 浲 | 126 |
| 施 | 286 | 闺 | 115 | 养 | 372 | 洛 | 211 |
| 飒 | 275 | 闻 | 332 | 洼 | 323 | 浏 | 204 |
| 計 | 146 | 闽 | 224 | 洁 | 162 | 济 | 145 |

| | | | | | | | |
|---|---|---|---|---|---|---|---|
| 洋 | 372 | 穿 | 48 | 弭 | 221 | 娇 | 158 |
| 浑 | 137 | 举 | 172 | 既 | 148 | 姚 | 373 |
| 津 | 164 | 宦 | 132 | 叚 | 150 | 姣 | 157 |
| 洳 | 273 | 诫 | 163 | 郡 | 177 | 姦 | 151 |
| 恃 | 289 | 诬 | 334 | 昼 | 430 | 盈 | 389 |
| 恒 | 124 | 语 | 398 | 费 | 88 | 怒 | 235 |
| 恢 | 134 | 误 | 337 | 垦 | 182 | 架 | 150 |
| 恺 | 178 | 诰 | 103 | 屋 | 334 | 贺 | 123 |
| 恻 | 29 | 诱 | 394 | 屏 | 20 | 矜 | 164 |
| 恬 | 314 | 诲 | 136 | 退 | 321 | 枭 | 342 |
| 恤 | 361 | 说 | 298 | 欧 | 224 | 怠 | 59 |
| 恰 | 252 | 诵 | 302 | 陡 | 73 | 垒 | 192 |
| 恂 | 364 | 诶 | 342 | 陕 | 278 | 勇 | 390 |
| 恨 | 124 | 祜 | 129 | 陛 | 15 | 飛 | 87 |
| 宣 | 362 | 祐 | 394 | 陘 | 357 | 蚤 | 410 |
| 宥 | 394 | 祖 | 442 | 陟 | 426 | 癸 | 115 |
| 室 | 290 | 神 | 283 | 陨 | 406 | 柔 | 272 |
| 宫 | 106 | 祝 | 432 | 除 | 45 | 孩 | 118 |
| 宪 | 348 | 祢 | 220 | 险 | 347 | 骄 | 158 |
| 客 | 181 | 祠 | 51 | 堕 | 86 | 骆 | 211 |
| 妄 | 302 | 衽 | 271 | 院 | 404 | 结 | 162 |
| 染 | 268 | 袂 | 218 | 韋 | 327 | 绔 | 183 |
| 觉 | 160 | 冠 | 112 | 胥 | 360 | 绕 | 269 |
| 突 | 319 | 軍 | 176 | 姪 | 423 | 绖 | 70 |
| 窃 | 258 | 扁 | 17 | 姻 | 385 | 细 | 385 |

绘 136
给 104
绚 363
绛 157
络 212
绝 175
绞 159
统 318
紆 394
紅 125
紂 429
約 404
級 143
紀 146
紉 270
彖 321
逊 365

## 十画

珥 81
珠 431
珩 124
琤 38
珓 160
班 7
顽 324
鬥 73
耕 105
耗 121
敖 4
素 303
蚕 27
秦 259
泰 308
挈 258
匿 231
埂 105
埋 213
埙 364
垸 131
桂 116
桔 162
桓 131
栖 248
栢 6
桡 269
桎 426
桐 317
株 431
梃 317
栝 187
桥 257
桧 116
桃 311
格 104
栘 379
棦 38
校 160
核 122
样 372
根 104
耻 41
耿 105
耽 59
恥 41
軒 362
酎 430
酌 436
配 240
都 72
鬲 104
真 419
貢 107
袁 402
壶 128
華 130
茝 31
莆 247
莽 216
荚 149
莱 188
莲 197
莖 166
莫 226
莧 347
莳 288
莉 196
莠 393
莓 217
荷 122
莋 443
荼 319
莝 56
荻 138
莎 277
莞 113
莊 434
耆 250
索 306
盐 368

| | | | | | | | |
|---|---|---|---|---|---|---|---|
| 盍 | 122 | 顾 | 112 | 较 | 160 | 贼 | 412 |
| 莹 | 388 | 砺 | 195 | 顿 | 77 | 贿 | 136 |
| 莺 | 387 | 砧 | 419 | 致 | 426 | 鸭 | 366 |
| 恐 | 182 | 砥 | 66 | 挚 | 426 | 畛 | 419 |
| 聂 | 233 | 础 | 46 | 热 | 269 | 畔 | 239 |
| 恭 | 106 | 破 | 246 | 晉 | 165 | 蚊 | 332 |
| 晋 | 165 | 夏 | 345 | 哲 | 417 | 財 | 26 |
| 恶 | 80 | 辱 | 273 | 逝 | 290 | 剔 | 312 |
| 栗 | 196 | 唇 | 50 | 柴 | 31 | 剛 | 101 |
| 贾 | 150 | 厝 | 56 | 觜 | 437 | 員 | 403 |
| 曺 | 29 | 原 | 402 | 虔 | 254 | 豈 | 251 |
| 尃 | 93 | 逐 | 431 | 虑 | 208 | 峯 | 91 |
| 匪 | 87 | 戚 | 223 | 紧 | 164 | 晃 | 134 |
| 連 | 197 | 速 | 303 | 监 | 151 | 晏 | 370 |
| 逋 | 24 | 捕 | 24 | 党 | 61 | 晕 | 406 |
| 逗 | 73 | 振 | 420 | 逍 | 351 | 盎 | 3 |
| 逦 | 194 | 挾 | 353 | 哺 | 24 | 罢 | 5 |
| 翅 | 42 | 捚 | 413 | 唤 | 132 | 罟 | 111 |
| 起 | 251 | 捉 | 435 | 峭 | 257 | 罠 | 223 |
| 軌 | 100 | 捐 | 174 | 峨 | 79 | 哭 | 183 |
| 栽 | 408 | 损 | 305 | 峰 | 91 | 恩 | 80 |
| 载 | 408 | 挫 | 56 | 峻 | 177 | 圂 | 137 |
| 馬 | 213 | 换 | 132 | 時 | 287 | 圆 | 403 |
| 哥 | 103 | 挽 | 324 | 晔 | 376 | 逞 | 39 |
| 殊 | 293 | 捣 | 62 | 晖 | 134 | 畢 | 14 |

特 312
牺 340
钱 254
钲 421
钵 296
钺 405
钻 442
铁 316
铃 203
铅 253
铄 298
铊 307
铎 78
秣 294
租 441
积 141
秩 426
称 37
秘 221
缺 266
敌 65
郵 392
眚 285
笄 141
笔 13
笋 305
造 410
透 319
氣 251
乘 39
倩 255
债 414
倀 33
偖 36
借 163
值 424
倚 379
俺 2
倾 260
俳 238
俶 47
倬 436
倏 293
條 315
俱 173
倶 173
倡 34
候 127
倭 333
倪 231
俾 13
倫 210
倜 313
俻 11
倅 54
倍 11
倦 174
倌 113
健 154
倨 173
師 286
射 282
躬 106
郫 242
皋 101
赁 202
臭 45
息 341
隼 305
島 62
烏 334
徒 319
徑 168
徐 360
颀 250
殷 385
舩 48
般 7
舫 86
虒 299
颁 7
颂 302
殺 277
豺 31
豹 10
針 418
釘 71
飤 300
飢 140
翁 333
倉 28
衾 259
釜 96
耸 301
舀 374
爱 1
奚 341
途 320
虓 351
卿 260

| | | | | | | | |
|---|---|---|---|---|---|---|---|
| 狹 | 345 | 留 | 358 | 衷 | 428 | 阆 | 190 |
| 狷 | 174 | 桀 | 162 | 高 | 102 | 烦 | 84 |
| 狸 | 192 | 逢 | 91 | 毫 | 23 | 烧 | 280 |
| 狼 | 190 | 凌 | 203 | 离 | 193 | 烛 | 431 |
| 饣甫 | 24 | 涷 | 72 | 衮 | 116 | 烟 | 367 |
| 饿 | 79 | 准 | 435 | 旁 | 239 | 羖 | 111 |
| 脡 | 278 | 凋 | 69 | 斋 | 413 | 瓶 | 245 |
| 胻 | 125 | 凈 | 168 | 紊 | 332 | 敉 | 221 |
| 脈 | 214 | 凉 | 198 | 竞 | 168 | 粉 | 89 |
| 脍 | 184 | 旆 | 240 | 畜 | 47 | 料 | 200 |
| 脆 | 54 | 旄 | 216 | 挛 | 209 | 朔 | 298 |
| 脂 | 423 | 旅 | 208 | 浆 | 156 | 郸 | 59 |
| 胸 | 358 | 旃 | 414 | 脊 | 145 | 剡 | 369 |
| 脐 | 250 | 效 | 352 | 资 | 437 | 郯 | 309 |
| 胶 | 158 | 欬 | 178 | 恣 | 439 | 益 | 383 |
| 胼 | 243 | 討 | 312 | 席 | 342 | 兼 | 151 |
| 朕 | 420 | 託 | 322 | 庫 | 183 | 羔 | 102 |
| 胺 | 3 | 訓 | 365 | 唐 | 310 | 恙 | 373 |
| 脓 | 234 | 訊 | 365 | 病 | 22 | 拳 | 266 |
| 鸱 | 40 | 記 | 146 | 疽 | 171 | 递 | 67 |
| 鸲 | 264 | 畝 | 227 | 疾 | 143 | 羞 | 359 |
| 留 | 204 | 郭 | 116 | 痈 | 389 | 涛 | 311 |
| 鸳 | 401 | 剖 | 246 | 痂 | 149 | 浦 | 247 |
| 刍鸟 | 46 | 部 | 25 | 疲 | 242 | 涑 | 303 |
| 玺 | 342 | 衰 | 297 | 阅 | 406 | 酒 | 170 |

| | | | | | | | |
|---|---|---|---|---|---|---|---|
| 涟 | 197 | 悃 | 187 | 谀 | 396 | 展 | 414 |
| 涇 | 166 | 悁 | 401 | 谁 | 297 | 屑 | 354 |
| 涉 | 282 | 悔 | 135 | 调 | 69 | 屐 | 141 |
| 消 | 351 | 悦 | 405 | 谅 | 199 | 閃 | 278 |
| 涅 | 233 | 悌 | 313 | 谆 | 435 | 陸 | 208 |
| 涓 | 174 | 悛 | 265 | 谇 | 305 | 陵 | 203 |
| 涔 | 30 | 害 | 119 | 谈 | 309 | 陬 | 440 |
| 浩 | 121 | 宽 | 184 | 谊 | 383 | 陳 | 37 |
| 海 | 118 | 家 | 149 | 祥 | 350 | 陭 | 250 |
| 涂 | 320 | 宵 | 351 | 祖 | 309 | 陲 | 49 |
| 浴 | 400 | 宴 | 370 | 袖 | 359 | 陰 | 385 |
| 浮 | 94 | 宾 | 20 | 袍 | 240 | 陶 | 311 |
| 涣 | 132 | 宰 | 408 | 袑 | 281 | 陷 | 348 |
| 涤 | 66 | 案 | 3 | 被 | 11 | 陪 | 240 |
| 流 | 204 | 窍 | 257 | 冢 | 428 | 蚩 | 40 |
| 润 | 274 | 窅 | 374 | 冥 | 225 | 祟 | 305 |
| 涧 | 154 | 容 | 271 | 冤 | 401 | 姬 | 142 |
| 涕 | 313 | 窈 | 374 | 扇 | 278 | 娱 | 396 |
| 涴 | 133 | 娑 | 306 | 隺 | 123 | 娟 | 174 |
| 浸 | 165 | 请 | 260 | 弱 | 274 | 娥 | 79 |
| 涌 | 390 | 诸 | 431 | 剥 | 22 | 脅 | 353 |
| 浚 | 177 | 诹 | 440 | 剧 | 173 | 恕 | 296 |
| 悟 | 337 | 诺 | 236 | 書 | 293 | 难 | 230 |
| 悄 | 256 | 读 | 74 | 恳 | 182 | 预 | 400 |
| 悍 | 120 | 课 | 181 | 帬 | 267 | 務 | 337 |

能 231
畚 12
桑 276
通 317
逡 267
孫 305
骊 193
骋 39
验 370
骍 356
骏 177
绨 39
绡 351
绢 174
绣 359
绥 304
继 147
紘 126
純 50
納 229
紝 270
紛 89
紙 424
紡 86
紐 234
胥 420
烝 421
剝 22

## 十一画

球 262
瑣 306
現 348
理 193
琅 190
規 115
責 411
舂 43
彗 135
堵 75
埴 424
域 401
埼 250
堋 241
堆 76
埤 242
培 240
埽 276
械 354
梗 105
梧 335
梪 73
梛 204
梢 280
桯 316
检 152
桴 94
桷 175
埻 435
梓 438
梳 293
棁 436
梯 312
梂 203
桶 318
职 423
聆 203
聊 200
赦 282
教 158
斬 414
敕 42
豉 41
乾 99
執 423
勘 179
勒 191
副 98
著 433
菆 440
萊 188
菩 50
菲 88
菽 293
萌 219
萝 211
菌 177
萎 328
萑 131
萆 17
菜 27
萄 311
菊 172
萃 54
菩 247
萍 245
菹 441
菅 152
菀 324
萧 351

| | | | | | | | |
|---|---|---|---|---|---|---|---|
| 菑 | 437 | 戛 | 149 | 掖 | 376 | 唾 | 322 |
| 堇 | 164 | 奢 | 281 | 接 | 161 | 唯 | 328 |
| 黄 | 133 | 聋 | 205 | 探 | 310 | 啁 | 416 |
| 焉 | 367 | 龚 | 107 | 掃 | 276 | 哼 | 321 |
| 营 | 388 | 袭 | 342 | 据 | 171 | 啐 | 55 |
| 萦 | 388 | 盛 | 39 | 掇 | 77 | 啸 | 352 |
| 啬 | 277 | 唇 | 50 | 辄 | 417 | 啜 | 51 |
| 票 | 244 | 厠 | 29 | 辅 | 95 | 崎 | 249 |
| 曹 | 29 | 厩 | 170 | 救 | 170 | 帷 | 328 |
| 基 | 142 | 戚 | 248 | 鸷 | 426 | 晤 | 337 |
| 娶 | 264 | 爽 | 297 | 龇 | 122 | 晦 | 136 |
| 梦 | 220 | 赉 | 188 | 卤 | 207 | 晚 | 324 |
| 麥 | 214 | 雩 | 395 | 訾 | 439 | 赈 | 420 |
| 專 | 433 | 雪 | 363 | 虚 | 360 | 赇 | 262 |
| 堅 | 151 | 頃 | 260 | 虘 | 56 | 眦 | 439 |
| 匮 | 186 | 捧 | 241 | 虜 | 127 | 眺 | 315 |
| 區 | 263 | 措 | 56 | 處 | 46 | 眯 | 220 |
| 逵 | 185 | 掩 | 369 | 彪 | 19 | 眼 | 369 |
| 殼 | 180 | 排 | 238 | 雀 | 266 | 畦 | 249 |
| 帶 | 58 | 捶 | 49 | 堂 | 310 | 略 | 210 |
| 硕 | 298 | 推 | 321 | 常 | 33 | 蛇 | 281 |
| 硙 | 328 | 捭 | 6 | 啄 | 436 | 敗 | 6 |
| 瓠 | 128 | 掙 | 422 | 啮 | 233 | 貶 | 18 |
| 匏 | 240 | 授 | 292 | 唬 | 129 | 野 | 375 |
| 殴 | 383 | 掠 | 210 | 唱 | 34 | 跂 | 249 |

| | | | | | | | |
|---|---|---|---|---|---|---|---|
| 距 | 173 | 铠 | 178 | 债 | 90 | 得 | 63 |
| 跃 | 405 | 铢 | 431 | 偃 | 369 | 衔 | 346 |
| 鄂 | 80 | 铦 | 346 | 偕 | 353 | 從 | 53 |
| 啚 | 14 | 铤 | 71 | 僕 | 246 | 船 | 48 |
| 崖 | 366 | 铫 | 69 | 偿 | 33 | 盘 | 239 |
| 崔 | 54 | 铭 | 225 | 側 | 29 | 领 | 204 |
| 崩 | 12 | 铮 | 421 | 偶 | 237 | 鸽 | 103 |
| 崒 | 441 | 银 | 386 | 偲 | 26 | 敍 | 361 |
| 崇 | 43 | 矫 | 159 | 偷 | 319 | 斜 | 353 |
| 晨 | 37 | 移 | 378 | 停 | 317 | 教 | 158 |
| 曼 | 215 | 甜 | 314 | 偻 | 206 | 敛 | 198 |
| 異 | 381 | 敏 | 224 | 偏 | 243 | 欲 | 400 |
| 累 | 192 | 動 | 72 | 假 | 150 | 釱 | 57 |
| 蛊 | 111 | 笹 | 291 | 偉 | 329 | 釣 | 70 |
| 患 | 133 | 笼 | 205 | 皎 | 159 | 釵 | 31 |
| 婁 | 206 | 笛 | 66 | 躯 | 264 | 彩 | 27 |
| 婴 | 387 | 符 | 94 | 既 | 148 | 貧 | 244 |
| 圉 | 398 | 笱 | 108 | 貨 | 138 | 畲 | 387 |
| 國 | 117 | 笠 | 195 | 悠 | 392 | 貪 | 308 |
| 圈 | 174 | 笥 | 300 | 臯 | 351 | 悉 | 340 |
| 過 | 117 | 第 | 67 | 進 | 165 | 猪 | 431 |
| 匙 | 40 | 笾 | 17 | 兜 | 73 | 猎 | 200 |
| 铗 | 150 | 笞 | 40 | 鳥 | 233 | 猫 | 216 |
| 铙 | 230 | 梨 | 193 | 術 | 295 | 猗 | 377 |
| 铜 | 317 | 逶 | 327 | 徙 | 343 | 猛 | 220 |

| | | | | | | | |
|---|---|---|---|---|---|---|---|
| 馆 | 113 | 訪 | 86 | 痃 | 160 | 淋 | 201 |
| 脚 | 159 | 孰 | 294 | 痕 | 124 | 減 | 400 |
| 脯 | 96 | 高 | 102 | 阉 | 367 | 渎 | 74 |
| 脰 | 73 | 毫 | 121 | 阎 | 368 | 涯 | 366 |
| 豚 | 321 | 烹 | 241 | 阏 | 80 | 渐 | 154 |
| 脛 | 168 | 商 | 280 | 阐 | 32 | 淺 | 254 |
| 脞 | 56 | 袤 | 217 | 焕 | 133 | 淖 | 230 |
| 脬 | 239 | 率 | 209 | 烽 | 91 | 混 | 138 |
| 脱 | 321 | 牽 | 253 | 瓶 | 64 | 淉 | 117 |
| 朘 | 442 | 產 | 32 | 粝 | 195 | 涸 | 122 |
| 魚 | 396 | 鸾 | 209 | 粘 | 414 | 淮 | 130 |
| 象 | 350 | 盗 | 62 | 粗 | 53 | 淦 | 100 |
| 祭 | 147 | 望 | 326 | 粕 | 246 | 淪 | 211 |
| 馗 | 185 | 章 | 415 | 粒 | 196 | 渊 | 401 |
| 逸 | 383 | 竟 | 168 | 断 | 76 | 淫 | 386 |
| 减 | 153 | 庶 | 296 | 敚 | 78 | 渔 | 396 |
| 旋 | 166 | 麻 | 213 | 敝 | 15 | 涼 | 198 |
| 族 | 441 | 庵 | 2 | 兽 | 292 | 淳 | 50 |
| 旋 | 362 | 庳 | 15 | 盖 | 99 | 液 | 376 |
| 翊 | 383 | 康 | 179 | 畓 | 83 | 淡 | 60 |
| 許 | 360 | 庾 | 399 | 眷 | 175 | 深 | 283 |
| 訛 | 79 | 庸 | 390 | 巢 | 35 | 惬 | 258 |
| 訢 | 355 | 痔 | 426 | 清 | 260 | 怅 | 34 |
| 訟 | 301 | 疵 | 51 | 渍 | 439 | 惜 | 340 |
| 設 | 282 | 痑 | 309 | 鸿 | 126 | 惭 | 28 |

| | | | | | | | |
|---|---|---|---|---|---|---|---|
| 悼 | 62 | 谍 | 70 | 屠 | 320 | 習 | 342 |
| 惧 | 173 | 谏 | 155 | 閈 | 14 | 骐 | 249 |
| 惕 | 313 | 谐 | 353 | 閉 | 14 | 骑 | 250 |
| 悸 | 147 | 谑 | 363 | 問 | 332 | 骖 | 27 |
| 惟 | 327 | 谒 | 376 | 隋 | 304 | 绩 | 145 |
| 惆 | 44 | 谓 | 331 | 随 | 304 | 绪 | 361 |
| 惛 | 137 | 谕 | 397 | 階 | 160 | 续 | 361 |
| 惊 | 166 | 谙 | 2 | 隄 | 64 | 绮 | 251 |
| 悴 | 55 | 谚 | 370 | 陽 | 372 | 绯 | 87 |
| 惔 | 309 | 谛 | 67 | 隅 | 395 | 绰 | 35 |
| 惋 | 324 | 谜 | 220 | 隈 | 327 | 绲 | 116 |
| 惨 | 28 | 祷 | 62 | 隗 | 329 | 绳 | 285 |
| 寇 | 183 | 視 | 290 | 隃 | 296 | 维 | 327 |
| 寂 | 442 | 祸 | 138 | 隆 | 205 | 绵 | 221 |
| 寅 | 386 | 祱 | 297 | 隐 | 387 | 绶 | 292 |
| 寄 | 148 | 袳 | 41 | 隊 | 76 | 绸 | 44 |
| 宿 | 303 | 啓 | 251 | 將 | 155 | 综 | 439 |
| 密 | 221 | 扈 | 129 | 堕 | 78 | 绾 | 324 |
| 窒 | 426 | 張 | 415 | 婢 | 15 | 绿 | 209 |
| 窑 | 373 | 弹 | 60 | 婦 | 97 | 缁 | 437 |
| 窕 | 315 | 艴 | 23 | 颇 | 245 | 鄉 | 348 |
| 渠 | 264 | 敢 | 100 | 颈 | 167 | 紺 | 100 |
| 梁 | 198 | 尉 | 331 | 恿 | 391 | 紲 | 354 |
| 谋 | 227 | 晝 | 430 | 參 | 27 | 紱 | 95 |
| 谌 | 37 | 逮 | 57 | 叅 | 27 | 組 | 441 |

紳 282
細 343
紬 44
終 427
絆 8
絀 47
給 58
巢 35
貫 113

## 十二画

瑛 387
琳 201
琦 250
琢 436
琥 129
琼 261
琛 36
絜 353
辇 233
替 313
貳 81
博 23
項 350
堙 385
堤 64
場 34
塊 184
塔 307
楮 46
棱 192
棋 249
植 424
棟 72
棫 398
椟 74
椅 380
棲 248
棧 415
椒 158
椎 49
棉 222
椑 17
棚 241
椁 117
棺 113
楗 155
棣 68
椐 171
極 144
颉 162
聒 116
联 198
棘 144
軲 109
軸 429
軼 382
軫 419
軺 373
酣 119
酢 443
款 184
斯 299
期 248
欺 248
散 276
散 276
敬 168
韩 119
戟 145
朝 35
尌 296
彭 241
馭 399
賁 12
堯 373
喜 343
壹 377
壺 128
葑 91
葉 375
惹 269
葴 32
葬 409
募 228
葺 252
萬 325
葛 103
葸 343
萩 261
董 72
葆 9
蒐 302
葩 238
萮 397
葱 53
蒋 156
落 212
萱 362
葭 149

| | | | | | | | |
|---|---|---|---|---|---|---|---|
| 葦 | 329 | 殖 | 424 | 掾 | 404 | 嵯 | 56 |
| 葵 | 185 | 殘 | 27 | 辍 | 51 | 幅 | 95 |
| 煮 | 432 | 雄 | 358 | 辎 | 437 | 晻 | 2 |
| 煮 | 432 | 硬 | 389 | 雅 | 366 | 赋 | 98 |
| 森 | 277 | 硯 | 370 | 蛰 | 417 | 赌 | 75 |
| 貰 | 290 | 确 | 267 | 暂 | 409 | 赎 | 294 |
| 董 | 137 | 硠 | 190 | 翘 | 257 | 赐 | 52 |
| 辜 | 109 | 敧 | 141 | 瞀 | 28 | 睇 | 68 |
| 蛩 | 261 | 詹 | 417 | 紫 | 438 | 畴 | 44 |
| 粟 | 303 | 裂 | 201 | 辈 | 12 | 蛙 | 323 |
| 棗 | 410 | 厨 | 45 | 斐 | 88 | 蛤 | 104 |
| 惡 | 80 | 雁 | 370 | 悲 | 11 | 蛟 | 158 |
| 棼 | 89 | 厥 | 175 | 惄 | 232 | 貼 | 316 |
| 焚 | 89 | 颊 | 149 | 凿 | 410 | 貽 | 378 |
| 赍 | 142 | 雲 | 406 | 辉 | 134 | 践 | 155 |
| 惠 | 136 | 提 | 65 | 敞 | 34 | 跌 | 70 |
| 惑 | 138 | 揚 | 371 | 棠 | 310 | 跛 | 23 |
| 腎 | 284 | 揖 | 377 | 赏 | 280 | 猒 | 371 |
| 喪 | 276 | 揾 | 333 | 掌 | 415 | 骭 | 101 |
| 達 | 57 | 搜 | 302 | 喷 | 241 | 鄖 | 406 |
| 戴 | 438 | 揄 | 397 | 喈 | 161 | 勛 | 363 |
| 裁 | 26 | 援 | 402 | 喘 | 48 | 嵬 | 327 |
| 越 | 405 | 换 | 132 | 喉 | 126 | 嵐 | 189 |
| 趋 | 263 | 握 | 334 | 喚 | 132 | 暑 | 294 |
| 超 | 35 | 搔 | 276 | 喙 | 136 | 最 | 442 |

| | | | | | | | |
|---|---|---|---|---|---|---|---|
| 量 | 199 | 稀 | 339 | 絛 | 311 | 释 | 291 |
| 晶 | 166 | 稅 | 298 | 侻 | 310 | 豿 | 108 |
| 晷 | 115 | 鹄 | 128 | 傑 | 161 | 貂 | 69 |
| 景 | 167 | 鹅 | 79 | 傍 | 8 | 鉅 | 173 |
| 貴 | 116 | 無 | 335 | 傧 | 20 | 鈍 | 77 |
| 鼎 | 71 | 犇 | 12 | 储 | 46 | 鈔 | 35 |
| 買 | 213 | 毳 | 54 | 傩 | 236 | 鈐 | 254 |
| 黑 | 124 | 喬 | 256 | 順 | 298 | 欽 | 258 |
| 圍 | 328 | 黍 | 294 | 牍 | 74 | 鈞 | 176 |
| 遇 | 400 | 筓 | 141 | 牌 | 238 | 鉤 | 108 |
| 遏 | 80 | 等 | 64 | 皓 | 121 | 鈁 | 86 |
| 遗 | 378 | 筑 | 433 | 躲 | 282 | 飭 | 42 |
| 遄 | 48 | 策 | 30 | 貸 | 59 | 飯 | 85 |
| 戢 | 144 | 筒 | 318 | 舄 | 343 | 飲 | 386 |
| 铸 | 432 | 筏 | 82 | 衆 | 429 | 創 | 49 |
| 铺 | 247 | 筌 | 265 | 集 | 145 | 翕 | 340 |
| 销 | 351 | 答 | 57 | 焦 | 158 | 禽 | 259 |
| 锁 | 306 | 筋 | 164 | 奥 | 4 | 舜 | 298 |
| 锆 | 103 | 筍 | 305 | 遑 | 133 | 番 | 83 |
| 锉 | 56 | 筆 | 13 | 街 | 161 | 逾 | 397 |
| 锐 | 273 | 智 | 427 | 御 | 400 | 爲 | 327 |
| 甥 | 285 | 傲 | 4 | 復 | 97 | 猥 | 328 |
| 短 | 76 | 備 | 11 | 循 | 364 | 猴 | 126 |
| 稍 | 280 | 俻 | 11 | 須 | 360 | 猨 | 403 |
| 程 | 38 | 傅 | 98 | 遁 | 77 | 猶 | 392 |

| | | | | | | | |
|---|---|---|---|---|---|---|---|
| 馈 | 186 | 詘 | 263 | 翔 | 349 | 渭 | 331 |
| 腊 | 188 | 詔 | 416 | 普 | 247 | 潰 | 186 |
| 腓 | 87 | 詒 | 58 | 奠 | 69 | 湍 | 320 |
| 腆 | 314 | 就 | 170 | 尊 | 442 | 溅 | 155 |
| 腄 | 49 | 敦 | 77 | 孳 | 437 | 滑 | 130 |
| 腴 | 397 | 亵 | 354 | 曾 | 30 | 湫 | 262 |
| 脾 | 242 | 裒 | 246 | 善 | 279 | 淵 | 401 |
| 腋 | 376 | 戠 | 423 | 羡 | 348 | 渝 | 397 |
| 勝 | 285 | 啻 | 42 | 粪 | 90 | 涣 | 132 |
| 腔 | 255 | 棄 | 252 | 勞 | 190 | 渡 | 75 |
| 腏 | 435 | 童 | 318 | 遒 | 262 | 游 | 393 |
| 觞 | 280 | 装 | 434 | 道 | 63 | 滋 | 437 |
| 觚 | 109 | 蛮 | 214 | 遂 | 304 | 渾 | 137 |
| 鲂 | 86 | 禽 | 209 | 湛 | 414 | 溉 | 99 |
| 欿 | 179 | 粢 | 437 | 港 | 101 | 渥 | 334 |
| 貿 | 217 | 廁 | 29 | 渫 | 354 | 湄 | 218 |
| 然 | 268 | 痞 | 243 | 湘 | 349 | 愜 | 258 |
| 馮 | 91 | 痤 | 56 | 湮 | 367 | 愤 | 90 |
| 竦 | 301 | 痛 | 318 | 減 | 153 | 惰 | 78 |
| 竣 | 177 | 遊 | 393 | 湜 | 287 | 惻 | 29 |
| 詁 | 110 | 闌 | 189 | 測 | 30 | 愠 | 407 |
| 訶 | 121 | 阛 | 137 | 湯 | 310 | 惴 | 435 |
| 詛 | 441 | 阔 | 187 | 湿 | 286 | 惶 | 133 |
| 詐 | 413 | 焰 | 371 | 温 | 331 | 愧 | 186 |
| 診 | 419 | 焠 | 55 | 渴 | 181 | 慨 | 178 |

| | | | | | | | |
|---|---|---|---|---|---|---|---|
| 慅 | 276 | 雇 | 111 | 疏 | 293 | 编 | 17 |
| 割 | 103 | 弼 | 15 | 韌 | 270 | 缕 | 208 |
| 寒 | 119 | 弻 | 15 | 違 | 328 | 缗 | 223 |
| 富 | 98 | 强 | 256 | 媒 | 218 | 缘 | 402 |
| 寕 | 234 | 粥 | 429 | 媪 | 4 | 飨 | 350 |
| 寓 | 400 | 費 | 88 | 媛 | 402 | 結 | 162 |
| 甯 | 234 | 畫 | 130 | 媯 | 114 | 絝 | 183 |
| 寍 | 234 | 遐 | 344 | 媚 | 218 | 絰 | 70 |
| 窖 | 160 | 遅 | 41 | 賀 | 123 | 絪 | 385 |
| 窗 | 48 | 犀 | 340 | 絮 | 362 | 絍 | 270 |
| 窘 | 169 | 属 | 295 | 絫 | 192 | 給 | 104 |
| 盜 | 62 | 屡 | 208 | 登 | 64 | 絢 | 363 |
| 谟 | 225 | 孱 | 32 | 發 | 82 | 絳 | 157 |
| 谠 | 61 | 閏 | 274 | 矞 | 401 | 絡 | 212 |
| 谢 | 354 | 開 | 178 | 婺 | 337 | 絶 | 175 |
| 谤 | 8 | 閑 | 346 | 鹜 | 337 | 絞 | 159 |
| 谦 | 253 | 閎 | 125 | 骚 | 276 | 統 | 318 |
| 祺 | 249 | 間 | 151 | 骙 | 186 | 絲 | 299 |
| 禍 | 138 | 閔 | 224 | 缃 | 349 | 彘 | 427 |
| 禅 | 31 | 悶 | 219 | 缄 | 152 | 淼 | 222 |
| 補 | 24 | 隔 | 104 | 缇 | 313 | **十三画** | |
| 裕 | 400 | 隙 | 344 | 缉 | 142 | | |
| 裙 | 267 | 隕 | 406 | 缋 | 137 | 瑚 | 128 |
| 運 | 407 | 隘 | 1 | 缓 | 132 | 瑞 | 274 |
| 扉 | 87 | 疎 | 293 | 缔 | 67 | 瑰 | 115 |

| | | | | | | | |
|---|---|---|---|---|---|---|---|
| 瑗 | 404 | 楣 | 218 | 剽 | 243 | 楚 | 46 |
| 瑳 | 55 | 楹 | 389 | 蓁 | 419 | 晳 | 340 |
| 瑕 | 344 | 椽 | 48 | 蓍 | 286 | 竖 | 296 |
| 頑 | 324 | 肆 | 301 | 蓋 | 99 | 聖 | 285 |
| 魂 | 137 | 赪 | 38 | 蓮 | 197 | 想 | 350 |
| 瑟 | 277 | 颐 | 378 | 蓐 | 273 | 髡 | 186 |
| 骜 | 4 | 較 | 160 | 蓝 | 189 | 遠 | 403 |
| 遘 | 109 | 赖 | 188 | 莳 | 288 | 載 | 408 |
| 填 | 314 | 酭 | 394 | 墓 | 228 | 碑 | 10 |
| 塤 | 364 | 酪 | 191 | 幕 | 228 | 感 | 100 |
| 塢 | 338 | 酬 | 44 | 蓦 | 226 | 蜃 | 284 |
| 塙 | 267 | 鼓 | 111 | 夢 | 220 | 電 | 68 |
| 塧 | 1 | 鼔 | 111 | 蒵 | 344 | 雷 | 191 |
| 椹 | 284 | 彀 | 109 | 蒼 | 28 | 零 | 203 |
| 榀 | 13 | 瞉 | 110 | 蓟 | 147 | 雺 | 338 |
| 楷 | 178 | 斟 | 419 | 蓬 | 241 | 雹 | 9 |
| 楊 | 371 | 靳 | 165 | 蒿 | 120 | 摄 | 282 |
| 楫 | 144 | 献 | 348 | 蓄 | 362 | 搕 | 180 |
| 槐 | 131 | 甄 | 419 | 蒹 | 152 | 搏 | 23 |
| 槌 | 49 | 馱 | 322 | 蒲 | 247 | 損 | 305 |
| 楯 | 77 | 馴 | 364 | 蓉 | 271 | 携 | 353 |
| 榆 | 397 | 馳 | 41 | 蒙 | 219 | 搗 | 62 |
| 楓 | 90 | 鄞 | 386 | 賈 | 150 | 摇 | 373 |
| 楼 | 206 | 勤 | 259 | 嗇 | 277 | 擯 | 20 |
| 楢 | 392 | 剸 | 321 | 禁 | 165 | 辐 | 95 |

| | | | | | | | |
|---|---|---|---|---|---|---|---|
| 辑 | 145 | 暇 | 345 | 彙 | 411 | 矮 | 1 |
| 输 | 294 | 睛 | 167 | 嵩 | 301 | 稗 | 7 |
| 頓 | 77 | 睹 | 75 | 鼂 | 35 | 稔 | 270 |
| 裘 | 262 | 睦 | 228 | 暈 | 406 | 稠 | 44 |
| 款 | 184 | 睫 | 162 | 署 | 294 | 辞 | 51 |
| 频 | 245 | 睡 | 298 | 置 | 427 | � | 176 |
| 龄 | 202 | 睢 | 304 | 睘 | 261 | 筮 | 291 |
| 歲 | 304 | 號 | 121 | 罪 | 442 | 简 | 153 |
| 貲 | 437 | 畸 | 142 | 蜀 | 295 | 節 | 161 |
| 訾 | 437 | 蛸 | 280 | 農 | 235 | 嵆 | 430 |
| 粲 | 28 | 蜗 | 333 | 盟 | 219 | 愁 | 44 |
| 督 | 74 | 蛾 | 79 | 愚 | 395 | 黎 | 262 |
| 虜 | 207 | 蜉 | 95 | 煦 | 362 | 奧 | 4 |
| 鉴 | 155 | 蜂 | 91 | 照 | 417 | 債 | 414 |
| 業 | 375 | 蛹 | 391 | 園 | 403 | 傳 | 48 |
| 當 | 61 | 賊 | 412 | 圓 | 403 | 傴 | 398 |
| 嗷 | 4 | 賄 | 136 | 遣 | 254 | 僄 | 244 |
| 嗜 | 291 | 跨 | 184 | 還 | 308 | 傾 | 260 |
| 嗥 | 120 | 跷 | 256 | 错 | 56 | 僂 | 206 |
| 嗌 | 2 | 跳 | 315 | 锡 | 340 | 催 | 54 |
| 嗛 | 346 | 跪 | 116 | 锤 | 49 | 傷 | 279 |
| 暘 | 371 | 嗣 | 301 | 锥 | 434 | 像 | 350 |
| 暖 | 236 | 歇 | 352 | 锦 | 164 | 傭 | 389 |
| 暗 | 2 | 骯 | 3 | 键 | 155 | 牒 | 70 |
| 暉 | 134 | 鄙 | 14 | 锯 | 171 | 毁 | 135 |

| | | | | | | | |
|---|---|---|---|---|---|---|---|
| 敫 | 159 | 飴 | 378 | 鲇 | 232 | 裏 | 194 |
| 舅 | 170 | 亂 | 210 | 鲋 | 98 | 裛 | 383 |
| 鼠 | 295 | 僉 | 253 | 鲍 | 10 | 稟 | 21 |
| 賃 | 202 | 會 | 135 | 詹 | 414 | 雍 | 390 |
| 與 | 398 | 愛 | 1 | 試 | 290 | 酱 | 157 |
| 魁 | 186 | 遥 | 374 | 詩 | 286 | 資 | 437 |
| 衙 | 366 | 鳩 | 169 | 詰 | 161 | 裔 | 383 |
| 微 | 326 | 猿 | 403 | 誇 | 184 | 意 | 383 |
| 頎 | 250 | 馎 | 23 | 誠 | 38 | 廓 | 187 |
| 遞 | 67 | 腻 | 232 | 誅 | 430 | 廉 | 197 |
| 頒 | 7 | 腸 | 34 | 話 | 130 | 瘏 | 320 |
| 頌 | 302 | 腥 | 356 | 誕 | 60 | 痹 | 14 |
| 覞 | 315 | 腮 | 275 | 詬 | 108 | 痴 | 40 |
| 貉 | 121 | 腫 | 428 | 詮 | 265 | 痿 | 329 |
| 颔 | 120 | 腹 | 97 | 詭 | 115 | 瘀 | 394 |
| 鉦 | 421 | 腳 | 159 | 詣 | 382 | 瘴 | 60 |
| 鉥 | 296 | 塍 | 39 | 詢 | 364 | 麀 | 392 |
| 鉞 | 405 | 腾 | 312 | 諍 | 421 | 闔 | 122 |
| 鉗 | 95 | 雒 | 45 | 該 | 99 | 闐 | 314 |
| 鈴 | 203 | 肆 | 383 | 詳 | 349 | 阙 | 267 |
| 鉛 | 253 | 颖 | 389 | 詫 | 31 | 煏 | 15 |
| 鉈 | 307 | 觧 | 162 | 詡 | 361 | 煙 | 367 |
| 飾 | 289 | 觥 | 106 | 鹑 | 50 | 煉 | 198 |
| 飽 | 9 | 触 | 47 | 新 | 355 | 煩 | 84 |
| 飼 | 300 | 解 | 162 | 鄣 | 415 | 煌 | 134 |

| | |
|---|---|
| 焕 | 133 |
| 粮 | 199 |
| 数 | 295 |
| 猷 | 392 |
| 煎 | 152 |
| 慈 | 51 |
| 義 | 381 |
| 羨 | 348 |
| 豢 | 133 |
| 溱 | 259 |
| 溝 | 107 |
| 溘 | 181 |
| 漠 | 226 |
| 溍 | 166 |
| 溏 | 197 |
| 溥 | 247 |
| 滅 | 223 |
| 滙 | 135 |
| 源 | 403 |
| 滥 | 190 |
| 溷 | 138 |
| 滌 | 66 |
| 滫 | 359 |
| 滫 | 359 |
| 滔 | 311 |
| 溪 | 341 |
| 溜 | 205 |
| 滂 | 239 |
| 溢 | 1 |
| 溶 | 271 |
| 滓 | 439 |
| 溟 | 225 |
| 溺 | 232 |
| 滩 | 309 |
| 慑 | 282 |
| 慎 | 284 |
| 愽 | 23 |
| 愷 | 178 |
| 慆 | 311 |
| 慊 | 255 |
| 塞 | 275 |
| 骞 | 153 |
| 寘 | 427 |
| 寝 | 260 |
| 窥 | 185 |
| 窦 | 73 |
| 窠 | 180 |
| 誉 | 401 |
| 粱 | 199 |
| 塗 | 320 |
| 谩 | 214 |
| 谪 | 418 |
| 谬 | 225 |
| 福 | 95 |
| 禋 | 385 |
| 禔 | 423 |
| 禘 | 67 |
| 褚 | 46 |
| 裨 | 17 |
| 裾 | 171 |
| 辟 | 15 |
| 群 | 267 |
| 殿 | 69 |
| 羣 | 267 |
| 羣 | 267 |
| 閘 | 413 |
| 鬧 | 230 |
| 肅 | 303 |
| 遲 | 41 |
| 際 | 147 |
| 障 | 416 |
| 装 | 434 |
| 媪 | 4 |
| 嫉 | 144 |
| 嫌 | 346 |
| 嫁 | 150 |
| 嫔 | 244 |
| 預 | 400 |
| 叠 | 70 |
| 昝 | 217 |
| 缙 | 166 |
| 缚 | 97 |
| 缝 | 91 |
| 缟 | 102 |
| 缠 | 32 |
| 缢 | 384 |
| 缣 | 152 |
| 經 | 166 |
| 綃 | 351 |
| 絹 | 174 |
| 綉 | 359 |
| 絺 | 39 |
| 綏 | 304 |
| 辔 | 241 |
| 遜 | 365 |

## 十四画

| | |
|---|---|
| 瑱 | 315 |
| 瑣 | 306 |
| 瑶 | 374 |

搯 311
耤 145
静 168
覩 109
夀 292
碧 15
赘 435
熬 4
鬪 73
墙 256
墟 360
境 168
榛 419
構 108
模 225
槛 179
榫 306
槍 255
榱 54
槁 102
榜 8
樋 317
赫 123
兢 167
輒 417
輔 95
輕 260
輓 324
酾 286
酲 39
酷 183
酴 320
酹 192
酿 233
酸 303
斡 334
鞅 371
鞄 240
馱 322
駁 22
歌 103
嘉 149
臺 308
橐 322
壽 292
薔 256
暮 228
慕 228
蔓 214
蔑 223
甍 219
蔡 27
藺 202
蔽 15
蔚 331
蔣 156
蓼 200
薌 349
聚 173
緊 164
監 151
髦 216
熙 341
朢 326
匱 186
遭 409
截 162
趙 417
殯 20
碩 298
碭 61
豨 340
奪 77
厲 195
厭 370
愿 404
臧 409
爾 81
需 360
霁 148
辕 403
鳶 401
雌 52
蜚 88
翡 88
對 76
嘗 33
裳 33
嘒 136
嘆 309
鳴 224
幔 215
曄 376
暢 34
蜨 70
蜴 384
蝸 333
蜩 315
蟬 32
賑 420

| | |
|---|---|
| 賕 | 262 |
| 踴 | 391 |
| 颗 | 180 |
| 鄲 | 59 |
| 罰 | 82 |
| 墅 | 375 |
| 團 | 320 |
| 圖 | 319 |
| 锻 | 76 |
| 锵 | 255 |
| 種 | 428 |
| 稱 | 37 |
| 稳 | 332 |
| 舞 | 336 |
| 箸 | 433 |
| 箕 | 142 |
| 箬 | 274 |
| 算 | 303 |
| 箠 | 49 |
| 管 | 113 |
| 箫 | 352 |
| 製 | 425 |
| 熏 | 364 |
| 僥 | 159 |
| 僨 | 90 |
| 儌 | 167 |
| 僊 | 345 |
| 僚 | 199 |
| 僕 | 246 |
| 僑 | 257 |
| 僞 | 329 |
| 僮 | 318 |
| 僧 | 277 |
| 魄 | 246 |
| 鼻 | 13 |
| 睾 | 102 |
| 舆 | 397 |
| 魅 | 218 |
| 魃 | 5 |
| 德 | 63 |
| 銜 | 346 |
| 領 | 204 |
| 貍 | 192 |
| 貌 | 217 |
| 銅 | 317 |
| 銖 | 431 |
| 鋌 | 71 |
| 銛 | 346 |
| 銚 | 69 |
| 銘 | 225 |
| 錚 | 421 |
| 鉼 | 21 |
| 銀 | 386 |
| 餌 | 81 |
| 蝕 | 288 |
| 餅 | 21 |
| 鄱 | 245 |
| 獄 | 400 |
| 膜 | 226 |
| 膊 | 23 |
| 膑 | 20 |
| 雒 | 212 |
| 疑 | 378 |
| 鮭 | 115 |
| 鮪 | 330 |
| 鮫 | 158 |
| 鮮 | 346 |
| 夐 | 358 |
| 夤 | 386 |
| 鳳 | 92 |
| 旗 | 249 |
| 端 | 76 |
| 颯 | 275 |
| 誠 | 163 |
| 誣 | 334 |
| 誧 | 24 |
| 語 | 398 |
| 誤 | 337 |
| 誥 | 103 |
| 誘 | 394 |
| 誨 | 136 |
| 説 | 298 |
| 誦 | 302 |
| 誒 | 342 |
| 韶 | 281 |
| 敲 | 256 |
| 彰 | 415 |
| 勭 | 72 |
| 裹 | 117 |
| 豪 | 120 |
| 齊 | 248 |
| 銮 | 209 |
| 槀 | 102 |
| 膏 | 101 |
| 褎 | 9 |
| | 359 |
| 褏 | 9 |
| | 246 |
| 暜 | 247 |
| 膂 | 208 |

| | | | | | | | |
|---|---|---|---|---|---|---|---|
| 塾 | 294 | 潢 | 134 | 窭 | 173 | 嫚 | 214 |
| 廣 | 114 | 潇 | 352 | 窪 | 323 | 嫡 | 65 |
| 腐 | 96 | 漸 | 154 | 譚 | 309 | 頗 | 245 |
| 廖 | 200 | 漕 | 29 | 譖 | 412 | 鄧 | 64 |
| 瘧 | 236 | 漱 | 296 | 谱 | 247 | 翟 | 65 |
| 瘦 | 292 | 漚 | 237 | 褸 | 148 | 翠 | 55 |
| 瘘 | 206 | 漂 | 244 | 褐 | 123 | 婴 | 278 |
| 遮 | 417 | 漼 | 54 | 褊 | 18 | 熊 | 358 |
| 適 | 290 | 漁 | 396 | 肇 | 417 | 態 | 308 |
| 塵 | 36 | 滴 | 65 | 劃 | 130 | 驃 | 19 |
| 闞 | 179 | 漾 | 373 | 盡 | 164 | 縹 | 244 |
| 熢 | 91 | 演 | 369 | 暨 | 148 | 缦 | 215 |
| 熇 | 123 | 漏 | 207 | 屢 | 208 | 缨 | 388 |
| 精 | 167 | 慚 | 28 | 閨 | 115 | 缩 | 306 |
| 粹 | 55 | 慢 | 215 | 聞 | 332 | 缪 | 223 |
| 鄰 | 201 | 慘 | 28 | 閩 | 224 | 緒 | 361 |
| 鄰 | 201 | 赛 | 275 | 閭 | 208 | 綺 | 251 |
| 鄭 | 421 | 寬 | 184 | 閥 | 82 | 綫 | 348 |
| 養 | 372 | 賓 | 20 | 閣 | 103 | 緋 | 87 |
| 褉 | 299 | 寡 | 112 | 隨 | 304 | 綽 | 35 |
| 榮 | 271 | 察 | 30 | 隧 | 305 | 緄 | 116 |
| 熒 | 388 | 寧 | 234 | 墮 | 78 | 綱 | 101 |
| 幣 | 14 | 寢 | 260 | 獎 | 156 | 維 | 327 |
| 漬 | 439 | 賔 | 20 | 墜 | 434 | 綿 | 221 |
| 漢 | 120 | 實 | 287 | 嫗 | 399 | 綸 | 211 |

| | |
|---|---|
| 緌 | 292 |
| 綢 | 44 |
| 綜 | 439 |
| 綰 | 324 |
| 綠 | 209 |
| 緇 | 437 |

## 十五画

| | |
|---|---|
| 瑾 | 165 |
| 璜 | 134 |
| 璀 | 54 |
| 璋 | 415 |
| 耦 | 237 |
| 麴 | 263 |
| 慧 | 137 |
| 輦 | 233 |
| 鬧 | 230 |
| 奭 | 291 |
| 墳 | 89 |
| 增 | 412 |
| 槥 | 137 |
| 橫 | 125 |
| 槽 | 29 |
| 樞 | 293 |
| 標 | 18 |
| 樓 | 206 |
| 樅 | 53 |
| 樣 | 372 |
| 頡 | 162 |
| 聰 | 53 |
| 聡 | 53 |
| 赭 | 418 |
| 輪 | 211 |
| 輟 | 51 |
| 輜 | 437 |
| 醇 | 50 |
| 醉 | 442 |
| 鞍 | 2 |
| 駔 | 409 |
| 駟 | 301 |
| 駈 | 263 |
| 駒 | 171 |
| 駝 | 322 |
| 駘 | 58 |
| 穀 | 110 |
| 甌 | 237 |
| 毆 | 237 |
| 飄 | 244 |
| 賣 | 214 |
| 蕘 | 268 |
| 蕈 | 365 |
| 蕆 | 32 |
| 蕨 | 175 |
| 蕪 | 335 |
| 蕉 | 158 |
| 蕃 | 83 |
| 董 | 72 |
| 蔪 | 250 |
| 蕩 | 61 |
| 蔬 | 294 |
| 蕴 | 407 |
| 鞏 | 107 |
| 賫 | 142 |
| 賢 | 346 |
| 髮 | 83 |
| 摯 | 426 |
| 熱 | 269 |
| 暫 | 409 |
| 慙 | 28 |
| 樊 | 84 |
| 邁 | 213 |
| 遷 | 253 |
| 趣 | 265 |
| 趞 | 267 |
| 趠 | 51 |
| 殤 | 279 |
| 磑 | 328 |
| 磔 | 418 |
| 確 | 267 |
| 憂 | 391 |
| 賚 | 188 |
| [illegible] | 376 |
| 遼 | 199 |
| 震 | 420 |
| 霄 | 352 |
| 撰 | 433 |
| 撲 | 246 |
| 撓 | 230 |
| 撮 | 55 |
| 撫 | 95 |
| 撟 | 159 |
| 擕 | 353 |
| 播 | 22 |
| 撞 | 434 |
| 撤 | 36 |
| 劇 | 173 |
| 齒 | 41 |
| 輩 | 12 |
| 膚 | 92 |
| 慮 | 208 |

鄰 375
輝 134
賞 280
噴 241
噎 374
嘲 35
嘬 47
嶠 257
幡 83
瞞 215
瞋 36
蝶 70
蝠 95
蝮 98
蝗 134
賦 98
賭 75
賤 154
賜 52
踦 248
踐 155
踧 65
踔 51
踝 131
踬 427
踞 173
踏 307
颙 390
颛 433
骸 118
數 295
暴 10
睘 261
罷 5
嚣 252
墨 227
遺 378
题 313
镇 420
镈 23
镕 272
稽 142
稷 148
稻 63
稿 102
稼 151
範 85
箴 419
篓 206
箭 155
黎 193
僵 156
儇 362
儉 153
儋 59
儃 32
億 380
儀 378
僻 243
牖 393
躷 1
樂 191
德 63
徵 420
衝 42
徹 36
衛 330
質 425
盤 239
虢 117
鋪 247
鋏 150
銷 351
鋯 103
銼 56
鋭 273
餔 24
餓 79
餘 395
劍 154
膝 341
滕 312
膠 158
觯 427
鯁 105
鰹 152
鯉 194
魴 86
劉 204
凜 202
請 260
諸 431
諏 440
諾 236
課 181
諛 396
誰 297
論 210
調 69
諒 199

諄 435
誶 305
談 309
誼 383
詎 25
颜 367
毅 384
敵 65
褒 9
稾 102
廚 45
廟 223
廡 336
慶 261
廢 88
瘜 42
瘢 7
摩 226
麃 19
羭 397
糈 361
翦 153
瑩 388
遵 443
潔 162
潛 254
澍 296
潦 191
澑 205
潛 254
澂 143
潰 186
澳 4
潘 238
瀾 189
潤 274
澗 154
潺 32
潏 401
憤 90
憮 336
憧 43
憐 197
額 79
騫 346
寮 199
寫 354
審 284
寮 2
窮 261
窯 373
鋈 338
譴 255
襤 189
翩 243
鶴 124
彈 60
蝨 286
慰 331
劈 242
遲 41
選 363
履 208
屨 174
閱 405
閻 190
險 347
漿 156
嬌 158
嫣 114
駑 235
駕 150
豫 401
遹 401
繚 200
缮 279
缯 412
緗 349
練 198
緘 152
緹 313
緝 142
緟 43
緩 132
締 67
編 17
緡 223
緯 329
緣 402
畿 142

## 十六画

璣 140
耨 235
墻 256
橈 269
樹 296
橋 257
樵 257
檀 318

| | | | | | | | |
|---|---|---|---|---|---|---|---|
| 橘 | 172 | 蕘 | 125 | 霓 | 231 | 螭 | 40 |
| 機 | 140 | 薛 | 363 | 霍 | 139 | 踵 | 428 |
| 赬 | 38 | 薈 | 136 | 撼 | 120 | 踰 | 397 |
| 頤 | 378 | 薊 | 147 | 據 | 171 | 蹉 | 56 |
| 輻 | 95 | 薦 | 154 | 操 | 29 | 踴 | 391 |
| 輯 | 145 | 薪 | 356 | 擇 | 411 | 縣 | 347 |
| 輸 | 294 | 薮 | 302 | 擅 | 279 | 戰 | 415 |
| 賴 | 188 | 薄 | 22 | 擁 | 389 | 默 | 226 |
| 頭 | 319 | 蕭 | 351 | 辙 | 418 | 黔 | 254 |
| 醐 | 128 | 薜 | 16 | 辚 | 201 | 曇 | 309 |
| 醍 | 313 | 燕 | 367 | 臻 | 419 | 器 | 252 |
| 醒 | 357 | 橐 | 322 | 頸 | 167 | 圜 | 132 |
| 醜 | 44 | 髭 | 438 | 頻 | 245 | 還 | 118 |
| 鞘 | 257 | 覽 | 189 | 虤 | 367 | 镜 | 168 |
| 鞔 | 215 | 整 | 421 | 冀 | 148 | 镝 | 65 |
| 駱 | 211 | 磚 | 433 | 餐 | 27 | 積 | 141 |
| 駮 | 23 | 頰 | 149 | 遽 | 174 | 穡 | 277 |
| 駢 | 243 | 飙 | 19 | 盧 | 207 | 穆 | 228 |
| 颠 | 68 | 勵 | 195 | 噞 | 369 | 勳 | 363 |
| 融 | 272 | 奮 | 90 | 噫 | 377 | 篤 | 74 |
| 瓢 | 244 | [illegible] | 16 | 嘯 | 352 | 築 | 433 |
| 熹 | 341 | 歷 | 195 | 贈 | 412 | 篴 | 66 |
| 憙 | 343 | 曆 | 195 | 瞞 | 215 | 篡 | 54 |
| 薔 | 256 | 霖 | 201 | 瞘 | 182 | 赞 | 409 |
| 薑 | 156 | 霏 | 87 | 鴨 | 366 | 儔 | 44 |

| | | | | | | | |
|---|---|---|---|---|---|---|---|
| 儒 | 272 | 獲 | 138 | 諹 | 371 | 磨 | 226 |
| 儕 | 31 | 獺 | 307 | 謁 | 376 | 麇 | 176 |
| 儐 | 20 | 獧 | 362 | 謂 | 331 | 燒 | 280 |
| 暨 | 148 | 獨 | 74 | 諭 | 397 | 燎 | 200 |
| 翱 | 4 | 膩 | 232 | 諷 | 92 | 燔 | 84 |
| 劓 | 384 | 膳 | 279 | 諳 | 2 | 燧 | 305 |
| 盥 | 113 | 縢 | 312 | 諺 | 370 | 燈 | 63 |
| 學 | 363 | 鴟 | 40 | 諦 | 67 | 糒 | 12 |
| 興 | 356 | 鴒 | 264 | 謎 | 220 | 糗 | 262 |
| 舉 | 172 | 穎 | 389 | 諱 | 135 | 糖 | 310 |
| 龜 | 114 | 雕 | 69 | 辨 | 18 | 甑 | 413 |
| 徼 | 160 | 鯢 | 231 | 辯 | 18 | 縈 | 388 |
| 衡 | 125 | 鯛 | 69 | 辦 | 8 | 瞥 | 244 |
| 頷 | 120 | 鯨 | 167 | 親 | 259 | 濩 | 139 |
| 錢 | 254 | 鮎 | 232 | 龍 | 205 | 瀨 | 188 |
| 錫 | 340 | 鮒 | 98 | 劑 | 147 | 澡 | 410 |
| 錐 | 434 | 鮑 | 10 | 褒 | 9 | 澤 | 412 |
| 錦 | 164 | 鴛 | 401 | | 246 | 濁 | 436 |
| 鍵 | 155 | 邂 | 355 | 嬴 | 388 | 激 | 142 |
| 鋸 | 171 | 謀 | 227 | 螡 | 332 | 澮 | 136 |
| 餞 | 154 | 諶 | 37 | 廩 | 202 | 懌 | 382 |
| 館 | 113 | 諜 | 70 | 瘽 | 259 | 懈 | 355 |
| 歙 | 341 | 諫 | 155 | 瘻 | 206 | 憶 | 380 |
| 龕 | 2 | 諧 | 353 | 癭 | 389 | 憲 | 348 |
| 墾 | 182 | 謔 | 363 | 瘳 | 43 | 褰 | 253 |

| | |
|---|---|
| 寰 | 132 |
| 窺 | 185 |
| 窶 | 173 |
| 窸 | 341 |
| 禧 | 343 |
| 禪 | 31 |
| 彊 | 256 |
| 壁 | 16 |
| 嬖 | 16 |
| 避 | 16 |
| 閹 | 367 |
| 閻 | 368 |
| 闊 | 80 |
| 隱 | 387 |
| 翯 | 124 |
| 缲 | 256 |
| 缳 | 132 |
| 缴 | 160 |
| 縉 | 166 |
| 縛 | 97 |
| 縪 | 16 |
| 縫 | 91 |
| 縞 | 102 |
| 縊 | 384 |
| 縑 | 152 |

## 十七画

| | |
|---|---|
| 璨 | 28 |
| 環 | 131 |
| 覯 | 109 |
| 贅 | 435 |
| 警 | 4 |
| 檑 | 156 |
| 檄 | 342 |
| 檢 | 152 |
| 檜 | 116 |
| 聯 | 198 |
| 臨 | 201 |
| 轅 | 403 |
| 醢 | 118 |
| 韓 | 119 |
| 鞞 | 16 |
| 鞠 | 171 |
| 隸 | 197 |
| 騁 | 39 |
| 騂 | 356 |
| 駿 | 177 |
| 艱 | 151 |
| 麯 | 263 |
| 轂 | 110 |
| 觳 | 129 |
| 藉 | 145 |
| 藍 | 189 |
| 藏 | 28 |
| 藿 | 113 |
| 薰 | 364 |
| 舊 | 170 |
| 蘊 | 333 |
| 藐 | 222 |
| 薛 | 347 |
| 薺 | 147 |
| 蟄 | 417 |
| 縶 | 423 |
| 聲 | 285 |
| 懋 | 217 |
| 擊 | 141 |
| 戴 | 59 |
| 趨 | 263 |
| 磯 | 140 |
| 翳 | 384 |
| 壓 | 366 |
| 邇 | 81 |
| 霜 | 297 |
| 霞 | 345 |
| 擬 | 231 |
| 擯 | 20 |
| 擢 | 436 |
| 戲 | 343 |
| 虧 | 185 |
| 壑 | 124 |
| 曙 | 294 |
| 鼂 | 35 |
| 贍 | 279 |
| 瞬 | 298 |
| 瞳 | 318 |
| 瞵 | 201 |
| 螳 | 310 |
| 購 | 108 |
| 蹑 | 234 |
| 蹋 | 307 |
| 蹈 | 62 |
| 顆 | 180 |
| 雖 | 304 |
| 髀 | 17 |
| 點 | 68 |
| 黜 | 47 |
| 黝 | 393 |
| 嶺 | 204 |
| 嶷 | 377 |
| 嶽 | 404 |

## 十八画

| | |
|---|---|
| 瓊 | 261 |
| 檻 | 179 |
| 職 | 423 |
| 轉 | 433 |
| 醪 | 190 |
| 鞮 | 65 |
| 鞠 | 172 |
| 鞣 | 272 |
| 騏 | 249 |
| 騎 | 250 |
| 藝 | 380 |
| 藪 | 302 |
| 薑 | 31 |
| 藺 | 152 |
| 藜 | 193 |
| 藥 | 374 |
| 藩 | 83 |
| 蘊 | 407 |
| 聶 | 233 |
| 殯 | 20 |
| 覆 | 97 |
| 鬃 | 439 |
| 謦 | 261 |
| 瞽 | 111 |
| 翹 | 257 |
| 礎 | 46 |
| 醫 | 377 |
| 蹙 | 53 |
| 黡 | 369 |
| 霧 | 338 |
| 鬵 | 259 |
| 齕 | 122 |
| 瞻 | 414 |
| 豐 | 90 |
| 叢 | 53 |
| 虩 | 344 |
| 嚙 | 233 |
| 曠 | 185 |
| 蟬 | 32 |
| 蟠 | 238 |
| 顒 | 390 |
| 顓 | 433 |
| 颢 | 121 |
| 黠 | 344 |
| 黟 | 377 |
| 壘 | 192 |
| 蟲 | 43 |
| 囂 | 352 |
| 瞿 | 264 |
| 題 | 313 |
| 镰 | 198 |
| 穫 | 138 |
| 穡 | 277 |
| 鵠 | 128 |
| 鵝 | 79 |
| 馥 | 98 |
| 簪 | 409 |
| 簡 | 153 |
| 軀 | 264 |
| 雠 | 44 |
| 歸 | 114 |
| 翺 | 4 |
| 雙 | 297 |
| 邊 | 17 |
| 鎮 | 420 |
| 鎛 | 23 |
| 鎖 | 306 |
| 鎧 | 178 |
| 鎔 | 272 |
| 盦 | 2 |
| 餺 | 23 |
| 雞 | 141 |
| 翻 | 83 |
| 獵 | 200 |
| 臑 | 230 |
| 臍 | 250 |
| 髕 | 20 |
| 觴 | 280 |
| 鰥 | 113 |
| 雛 | 45 |
| 鯁 | 105 |
| 鯉 | 194 |
| 謳 | 237 |
| 謼 | 127 |
| 謾 | 214 |
| 謫 | 418 |
| 謶 | 296 |
| 謬 | 225 |
| 顏 | 367 |
| 雜 | 408 |
| 離 | 193 |
| 糧 | 199 |
| 瀆 | 74 |
| 濺 | 155 |
| 瀏 | 204 |
| 瀌 | 19 |
| 額 | 79 |
| 竄 | 53 |

| | |
|---|---|
| 竅 | 257 |
| 瀉 | 219 |
| 禱 | 62 |
| 禰 | 220 |
| 襝 | 31 |
| 璧 | 16 |
| 闔 | 122 |
| 闐 | 314 |
| 鬪 | 73 |
| 闕 | 267 |
| 隴 | 206 |
| 醬 | 157 |
| 繞 | 269 |
| 繐 | 305 |
| 繚 | 200 |
| 繢 | 137 |
| 織 | 423 |
| 繕 | 279 |
| 繒 | 412 |
| 斷 | 76 |
| 邋 | 188 |

## 十九画

| | |
|---|---|
| 壚 | 207 |
| 壞 | 131 |
| 櫝 | 74 |
| 櫟 | 197 |
| 轍 | 418 |
| 轔 | 201 |
| 醯 | 341 |
| 鞸 | 16 |
| 騤 | 186 |
| 騷 | 276 |
| 顛 | 68 |
| 難 | 230 |
| 麴 | 263 |
| 勸 | 266 |
| 鼃 | 323 |
| 蘼 | 195 |
| 蘧 | 264 |
| 蘆 | 207 |
| 蘄 | 250 |
| 孽 | 234 |
| 蘇 | 302 |
| 藻 | 410 |
| 藺 | 202 |
| 麗 | 196 |
| 警 | 167 |
| 繫 | 146 |
| 攀 | 238 |
| 礪 | 195 |
| 願 | 404 |
| 璽 | 342 |
| 靄 | 1 |
| 疇 | 44 |
| 蠖 | 139 |
| 蟻 | 379 |
| 贈 | 412 |
| 蹶 | 175 |
| 蹻 | 256 |
| 蹲 | 77 |
| 髕 | 20 |
| 翾 | 362 |
| 獸 | 292 |
| 羅 | 211 |
| 巖 | 368 |
| 穩 | 332 |
| 簾 | 197 |
| 簫 | 352 |
| 贊 | 409 |
| 牘 | 74 |
| 魑 | 40 |
| 嬰 | 345 |
| 邊 | 17 |
| 鏡 | 168 |
| 鏑 | 65 |
| 鏘 | 255 |
| 辭 | 51 |
| 獺 | 307 |
| 觶 | 427 |
| 鵰 | 69 |
| 鰻 | 214 |
| 鯢 | 231 |
| 鯛 | 69 |
| 鯨 | 167 |
| 蟹 | 355 |
| 譚 | 309 |
| 譖 | 412 |
| 識 | 287 |
| 譜 | 247 |
| 證 | 421 |
| 譏 | 140 |
| 鶉 | 50 |
| 麒 | 250 |
| 顫 | 32 |
| 羸 | 211 |
| 羸 | 191 |
| 壟 | 206 |
| 廬 | 207 |
| 龐 | 239 |

癡 40
靡 220
類 192
羹 105
鼈 19
瀟 352
瀨 188
瀧 206
懷 130
寶 9
寵 43
讖 37
襤 189
襦 272
韁 156
襞 16
闚 185
闞 179
關 112
韜 311
鶩 337
驥 148
缵 442
繩 285
繰 256
繯 132
繳 160
繪 136
繡 359

## 二十画

壤 268
攘 268
瓏 205
轖 277
醴 194
騶 440
飄 244
驀 226
蘩 84
蘚 347
蘭 189
蘖 234
鷔 4
鬢 20
礬 84
鬪 73
贍 279
躁 411
黤 369
黥 260
齡 202
獻 348
酆 91
巍 326
黨 61
矍 176
犧 340
朧 205
騰 312
釋 291
觸 47
鐃 230
鐙 64
饒 269
饋 186
饍 279
饑 140
鱗 202
鱒 442
籍 143
譽 401
覺 160
灌 114
瀾 189
爐 207
糲 195
護 129
譴 255
譟 411
譯 382
議 381
辮 18
競 168
贏 388
寶 9
騫 153
竇 73
魔 226
繼 147
靡 220
饗 350
響 350
譬 243
闠 137
闡 32

## 二十一画

攝 282
權 265

欄 189
驅 263
驃 19
驂 27
飆 19
歡 131
蠢 50
轟 125
霸 5
趯 313
躍 405
髓 304
顥 121
黮 60
黯 3
曩 230
罍 191
纍 192
囂 352
鞶 245
儺 236
儷 196
儼 370
鐵 316
鐸 78
鐮 198
饆 17
鱧 194
鷄 141
鰥 113
灃 83
懾 282
懼 173
爛 190
辯 18
鶴 124
贛 101
顧 112
騫 346
竈 410
鶯 387
續 361
纏 32
蠡 194
攣 209
屬 295

## 二十二画

驕 158
聽 316
鷗 237
鸛 114
蘿 211
蘖 234
囊 230
霽 148
鷙 426
驚 166
鑒 155
邐 194
贖 294
躓 427
體 312
巖 368
疊 70
儻 310
龝 262
穰 268
鑄 432
糴 65
鰹 152
鰻 214
龢 122
籧 264
籠 205
灘 309
灑 275
讀 74
顫 32
饔 390
竊 258
鱉 19
聾 205
龔 107
襲 342
巒 209
彎 323
孌 210
癭 389
轡 241

## 二十三画

驛 381
驗 370
靨 376
蠷 265
髕 20
顯 347
蠱 111
玃 176

饔 44
鱗 202
鱒 442
鼷 341
籥 406
麟 202
讐 417
鑠 298
攣 209
變 18
癰 389
纓 388
纖 255

二十四画

釀 233
驟 430
觀 112
蠹 75
靈 202
靄 1
蠶 27
鹽 368
鬭 73
羈 143
顰 245
衢 264
體 194
籩 17
讖 37
讓 268
贛 101
鼈 19

二十五画

躡 234
蠻 214
臠 209
纘 442

二十六画

驥 148
釃 286
黶 369

二十七画

鬱 399
鑽 442
讜 61
鑾 209

二十八画

鸛 114
櫺 203
鑿 410

二十九画

驪 193

三十画

爨 54
鸞 209

# A

## 阿 ā

## 哀 āi

## 矮 ǎi
(躷)

## 霭 ǎi
(靄)

## 爱 ài
(愛)

## 隘 ài
(塧 通“溢”)

## 嗌 ài

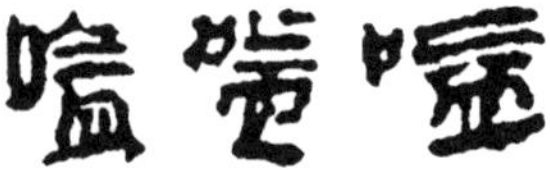

## 安 ān

## 庵 ān
（通“奄”）

## 鞍 ān
（鞌）

## 谙 ān
（諳）

## 盦 ān
（盦）

## 俺 ǎn

## 暗 àn
（晻）

**岸** àn
（岍）

**按** àn

**胺** àn

**案** àn

**黯** àn

**肮** āng
（骯）

**卬** áng/yǎng

**昂** áng
（昻）

**盎** àng

**敖** áo

## 熬 áo

## 翱 áo
(翺)

## 嗷 áo

## 謷 áo

## 媪 ǎo
(媼)

## 傲 ào

## 鷔 ào
(驁)

## 奥 ào
(奧 通“澳”)

# B

**八** bā

**拔** bá

**茇** bá

**魃** bá

**把** bǎ

**罢** bà
(罷)

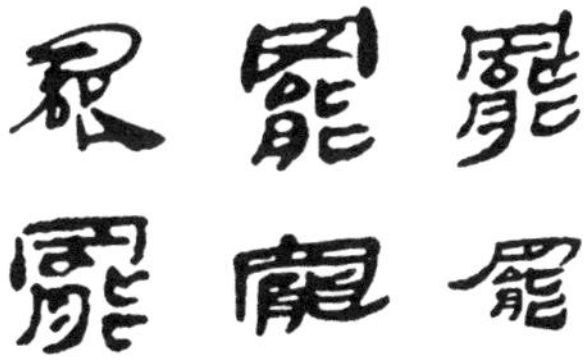

**霸** bà

## 白 bái

## 百 bǎi

## 佰 bǎi

## 柏 bǎi (栢)

## 捭 bǎi

## 败 bài (敗)

## 拜 bài

**稗** bài

**班** bān

**般** bān

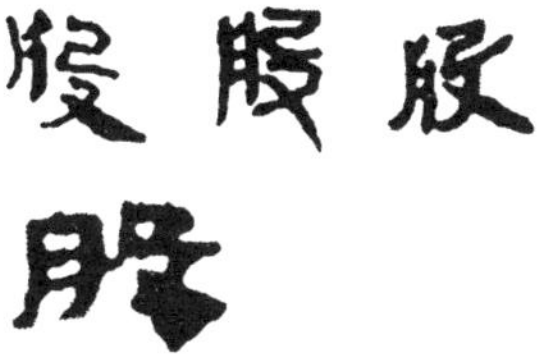

**颁**（頒） bān

**瘢** bān

**阪** bǎn

**坂** bǎn

**板** bǎn

**版** bǎn

**半** bàn

**办** bàn
(辦)

**伴** bàn

**绊** bàn
(絆)

**邦** bāng

**榜** bǎng

**傍** bàng

**谤** bàng
(謗)

**包** bāo

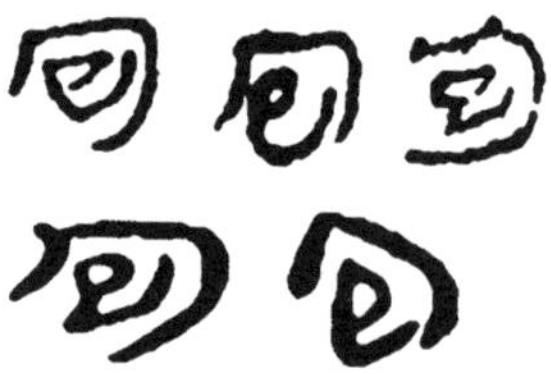

## 苞 bāo

## 褒 bāo
(襃裦褎)

## 胞 bāo

## 雹 báo

## 饱 bǎo
(飽)

## 宝 bǎo
(寶寳)

## 保 bǎo

## 葆 bǎo

## 报 bào
(報)

## 抱 bào

## 鲍 bào
(鮑)

## 豹 bào

## 暴 bào

## 陂 bēi/pí

## 碑 bēi

## 杯 bēi

## 卑 bēi

## 背 bēi/bèi

## 悲 bēi

## 北 běi

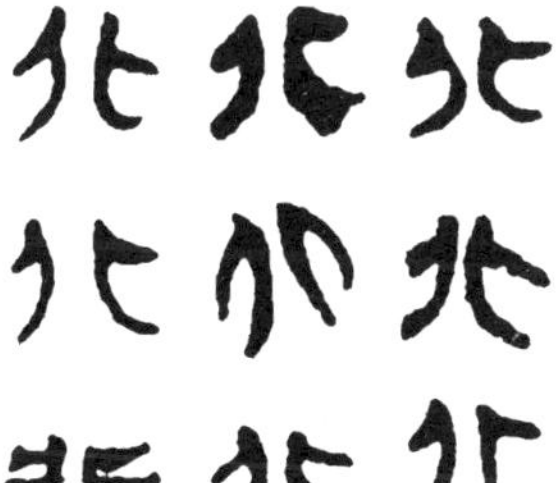

## 倍 bèi

## 备 bèi (俻備僃)

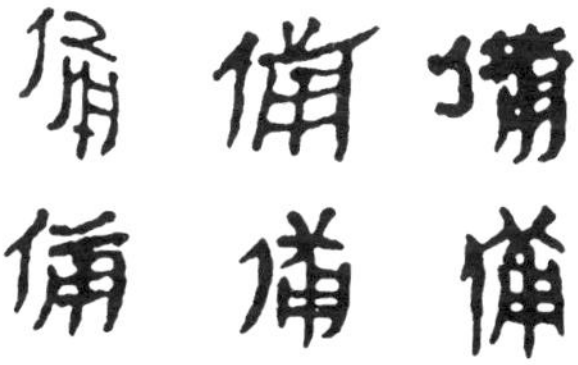

## 贝 bèi (貝)

## 被 bèi

## 辈 bèi
(輩)

## 糒 bèi

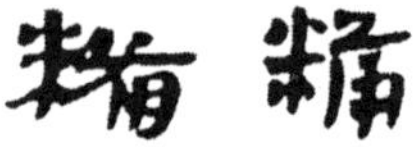

## 奔 bēn
(犇)

## 贲 bēn
(賁)

## 本 běn
(夲)

## 畚 běn

## 崩 bēng

## 迸 bèng

## 楅 bī

## 鼻 bí

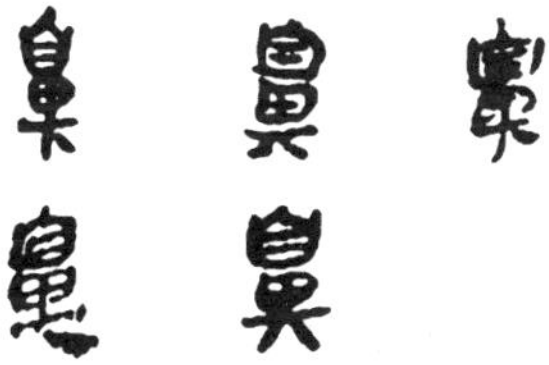

## 朼 bǐ

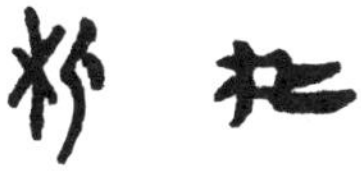

## 彼 bǐ

## 柀 bǐ

## 匕 bǐ

## 比 bǐ

## 疕 bǐ

## 笔 bǐ (筆)

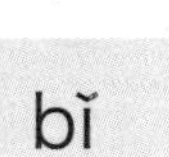

## 俾 bǐ

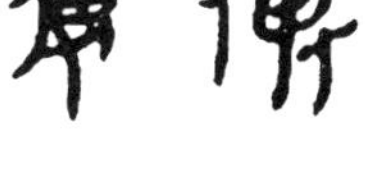

## 鄙 bǐ (啚)

## 妣 bǐ

## 币 bì (幣)

## 必 bì

## 毕 bì (畢)

## 闭 bì (閉閇)

## 畀 bì

## 痹 bì

## 陛 bì

## 潎 bì

## 婢 bì

## 弼 bì
(彌)

## 庳 bì

## 煏 bì

## 碧 bì

## 蔽 bì

## 辟 bì/pì

## 薜 bì

## 壁 bì

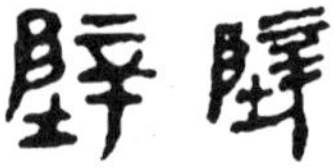

## 避 bì

## 臂 bì

## 璧 bì

## 嬖 bì

## 襞 bì

## 觱 bì

## 縪 bì

## 鞞 bì/bǐng (鞸)

## 庇 bì

**毖** bì

**萆** bì
(通“椑”)

**裨** bì
(⿰會卑)

**髀** bì

**苾** bì

**笾** biān
(籩)

**边** biān
(邊邉邉)

**扁** biān/biǎn/biàn/piān

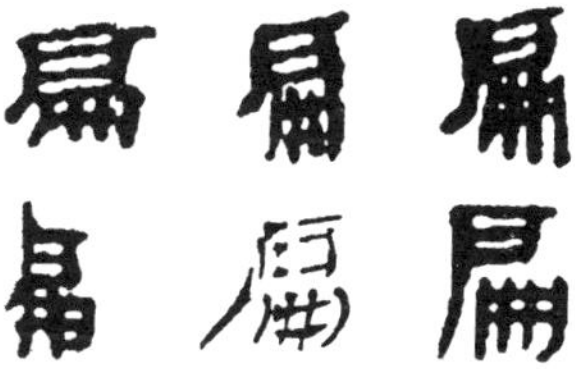

**编** biān
(編)

## 便 biān/biàn

## 徧 biǎn

## 贬 biǎn (貶)

## 变 biàn (變)

## 辨 biàn

## 辩 biàn (辯)

## 辫 biàn (辮)

## 标 biāo (標)

彪 biāo

瀌 biāo

杓 biāo/sháo

骠 biāo
(驃)

麃 biāo

飙 biāo
(飆)

表 biǎo

鳖 biē
(鱉鼈)

别 bié
(別)

**宾** bīn
(賓賔)

**傧** bīn
(儐)

**摈** bìn
(擯)

**膑** bìn
(臏)

**鬓** bìn

**殡** bìn
(殯)

**髌** bìn
(髕)

**屏** bīng/bǐng/píng

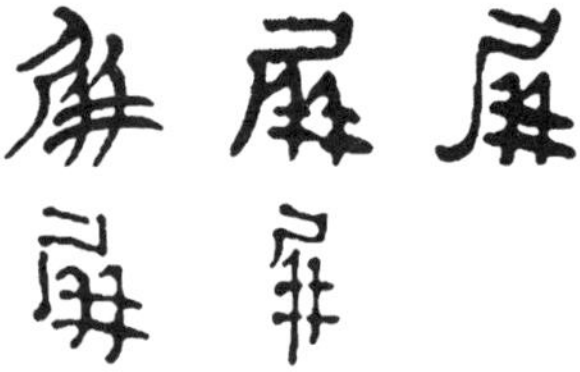

**冰** bīng
(氷)

## 兵 bīng

## 饼 bǐng
(餅)

## 丙 bǐng

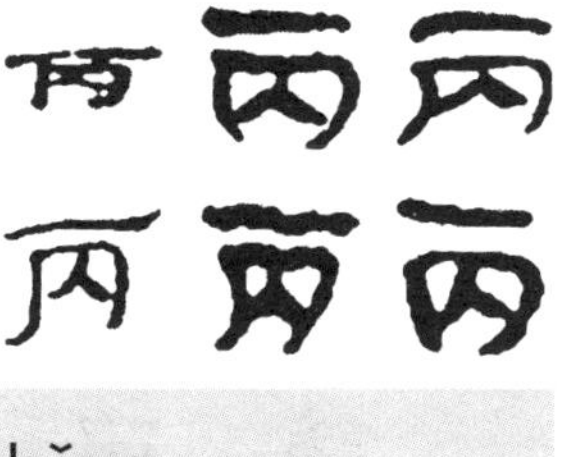

## 秉 bǐng

## 柄 bǐng

## 禀 bǐng

## 鉼 bǐng

## 并 bìng
(通“併”)

## 病 bìng

## 剥 bō (剝)

## 波 bō

## 播 bō

## 伯 bó

## 驳 bó (駁)

## 帛 bó

## 泊 bó

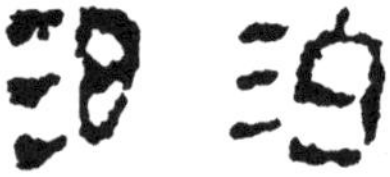

## 薄 bó/báo

**勃** bó

**亳** bó

**艴** bó

**博** bó
(愽)

**膊** bó

**搏** bó

**駮** bó

**馎** bó
(餺)

**镈** bó
(鎛)

**跛** bǒ

## 逋 bū

## 誧 bū

## 补 bǔ
(補)

## 卜 bǔ

## 捕 bǔ

## 哺 bǔ

## 铺 bù
(舖)

## 布 bù

## 步 bù

## 不 bù
(通“丕”“邳”)

## 部 bù
(䛘)

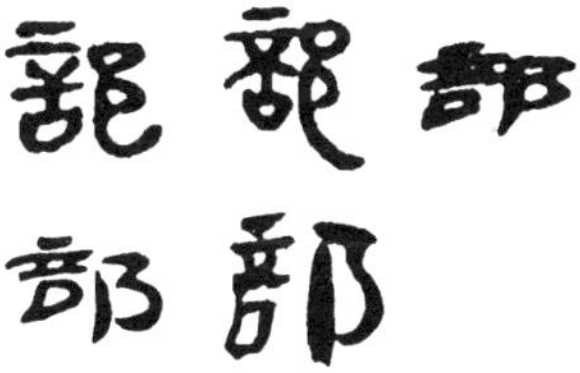

## 怖 bù

# C

## 偲 cāi/sī

## 才 cái

## 材 cái

## 财 cái
(財)

## 裁 cái

## 采 cǎi

## 彩 cǎi

## 菜 cài

## 蔡 cài

## 参 cān
(參衆)

## 餐 cān

## 骖 cān
(驂)

## 残 cán
(殘)

## 蚕 cán
(蠶)

## 惭 cán
(慚慙)

## 憯 cǎn

## 惨 cǎn
(慘)

## 灿 càn
(燦)

## 粲 càn

## 璨 càn

## 仓 cāng
(倉)

## 苍 cāng
(蒼)

## 藏 cáng/zāng/zàng

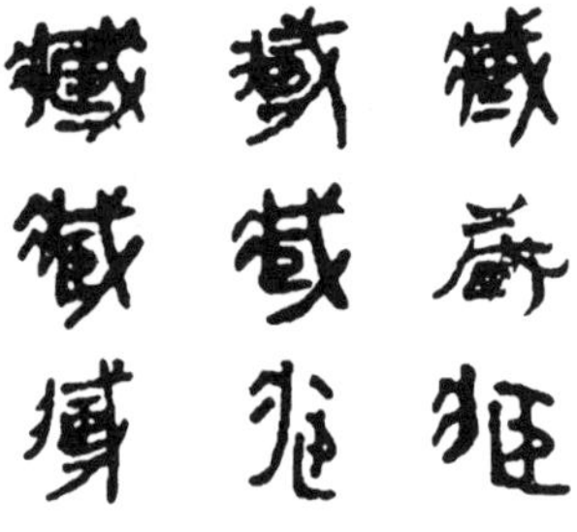

## 操 cāo

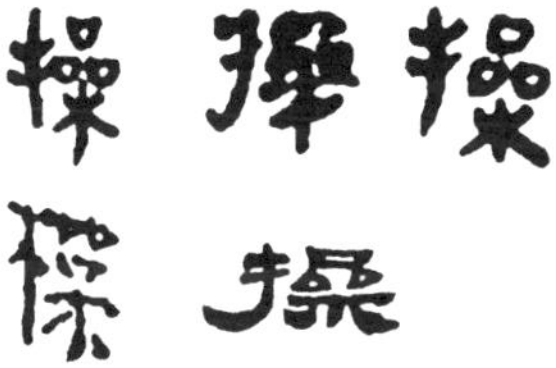

## 曹 cáo
（曺）

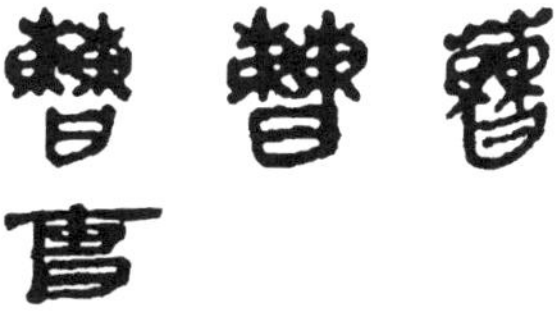

## 漕 cáo

## 槽 cáo

## 草 cǎo

## 厕 cè
（厠廁）

## 侧 cè
（側）

## 恻 cè
（惻）

## 册 cè
（冊）

## 测 cè
（測）

## 策 cè

## 岑 cén

## 涔 cén

## 曾 céng

## 差 chā

## 叉 chā

## 茶 chá

## 察 chá

茬 chá

诧 chà
(詫)

钗 chāi
(釵)

侪 chái
(儕)

柴 chái

豺 chái

茝 chǎi/zhǐ

虿 chài
(蠆)

襜 chān

禅 chán
(禪)

**孱** chán

**缠** chán
(纏)

**蝉** chán
(蟬)

**潺** chán

**儃** chán/shàn

**蒇** chǎn
(蕆)

**产** chǎn
(產)

**阐** chǎn
(闡)

**颤** chàn
(顫)

## 昌 chāng

## 伥 chāng
(倀)

## 尝 cháng
(嘗)

## 常 cháng

## 偿 cháng
(償)

## 裳 cháng/shang

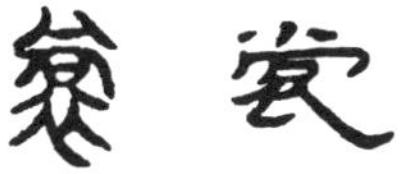

## 长 cháng/zhǎng (長)

## 肠 cháng (腸)

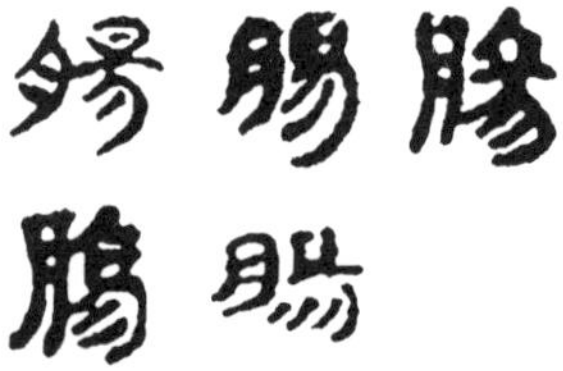

## 敞 chǎng

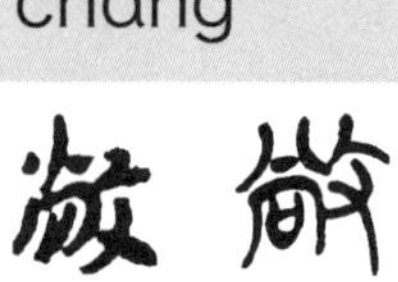

## 场 chǎng (場)

## 怅 chàng (悵)

## 倡 chàng

## 畅 chàng (暢)

## 唱 chàng

## 钞 chāo
(鈔)

## 超 chāo

## 绰 chāo/chuò
(綽)

## 巢 cháo
(巢)

## 鼂 cháo
(鼂)

## 朝 cháo

## 嘲 cháo

**车** chē
(車)

**偖** chě

**撤** chè

**彻** chè
(徹)

**琛** chēn

**瞋** chēn

**臣** chén

**尘** chén
(塵)

## 辰 chén

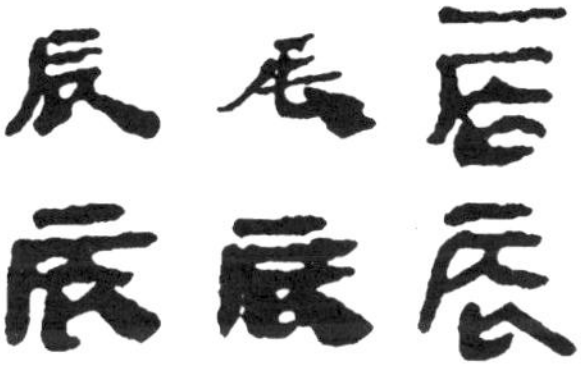

## 晨 chén

## 陈 chén
(陳)

## 忱 chén

## 谌 chén
(諶)

## 疢 chèn

## 称 chèn/chēng/chèng
(稱)

## 谶 chèn
(讖)

## 琤 chēng

## 枨 chēng

## 赪 chēng
(赬)

## 丞 chéng

## 呈 chéng

## 成 chéng

## 诚 chéng
(誠)

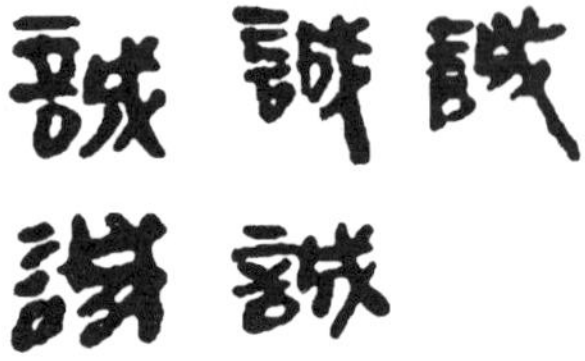

## 承 chéng

## 程 chéng

## 城 chéng

## 乘 chéng

## 盛 chéng/shèng

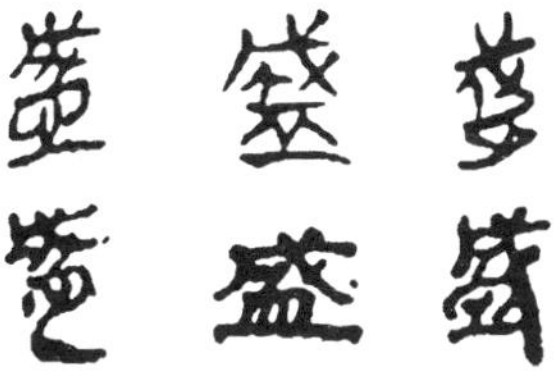

## 塍 chéng

## 酲 chéng

## 逞 chěng

## 骋 chěng (騁)

## 絺 chī (絺)

## 吃 chī

## 鸱 chī
(鴟)

## 蚩 chī

## 笞 chī

## 螭 chī

## 魑 chī

## 痴 chī
(癡)

## 匙 chí/shi

## 池 chí

## 弛 chí

## 持 chí

## 驰 chí
(馳)

## 迟 chí
(遲遟遅)

## 齿 chǐ
(齒)

## 侈 chǐ

## 耻 chǐ
(恥)

## 袳 chǐ

## 豉 chǐ

## 尺 chǐ

## 斥 chì

## 赤 chì
(烾)

## 饬 chì
(飭)

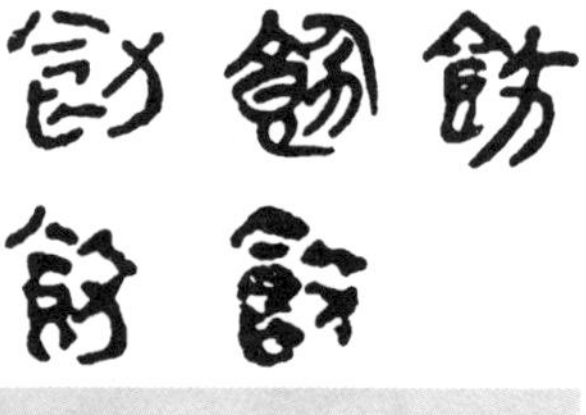

## 翅 chì

## 敕 chì
(勅)

## 啻 chì

## 瘛 chì

## 冲 chōng
(衝)

## 冲 chōng

## 充 chōng

## 舂 chōng

## 憧 chōng

## 重 chóng/zhòng (緟)

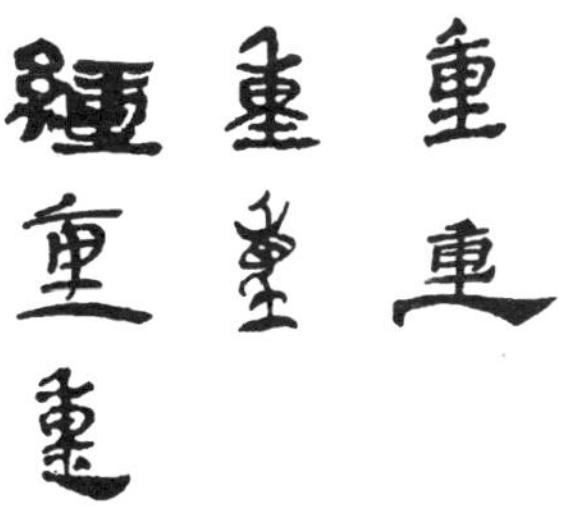

## 崇 chóng

## 虫 chóng (蟲)

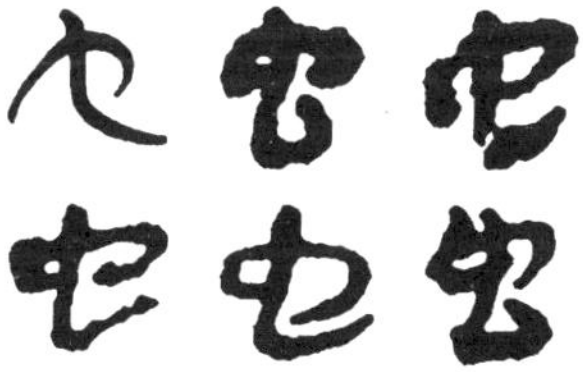

## 宠 chǒng (寵)

## 瘳 chōu

## 绸 chóu
(綢紬)

## 仇 chóu/qiú

## 雠 chóu
(讎)

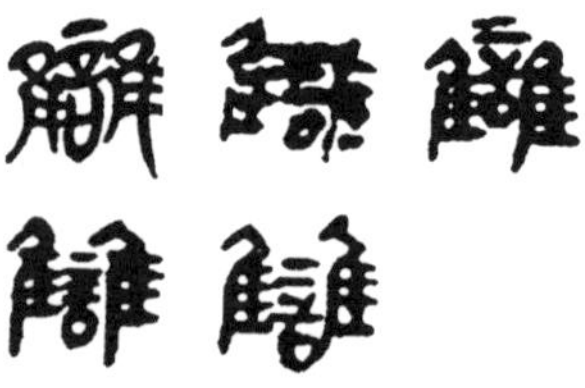

## 俦 chóu
(儔)

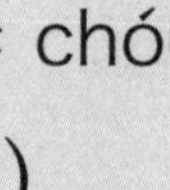

## 畴 chóu
(疇)

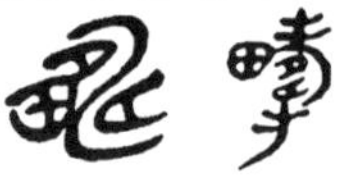

## 酬 chóu

## 惆 chóu

## 稠 chóu

## 愁 chóu

## 醜 chǒu

## 丑 chǒu
(丒)

## 臭 chòu

## 出 chū

## 初 chū

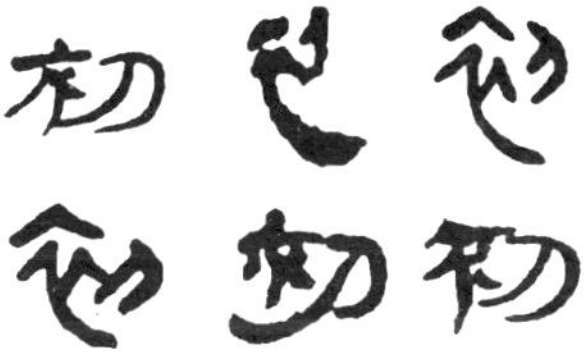

## 除 chú

## 厨 chú
(廚)

## 雏 chú
(雛)

## 刍 chú
(芻)

## 褚 chǔ/zhǔ

## 础 chǔ
(礎)

## 楚 chǔ

## 储 chǔ
(儲)

## 楮 chǔ

## 杵 chǔ

## 处 chù
(處)

## 怵 chù

## 绌 chù
(絀)

## 畜 chù/xù

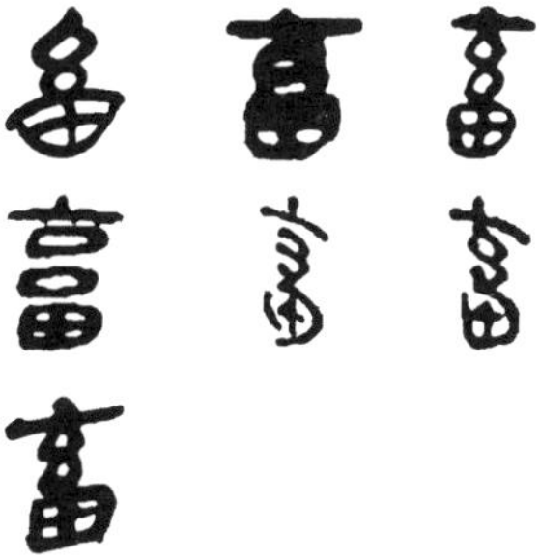

## 俶 chù/tì

## 触 chù
(觸)

## 黜 chù

## 嘬 chuài

## 川 chuān

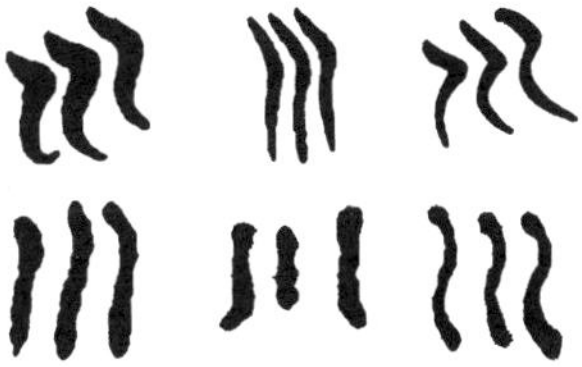

## 穿 chuān

## 传 chuán/zhuàn
(傳)

## 遄 chuán

## 椽 chuán

## 船 chuán
(舩)

## 喘 chuǎn

## 串 chuàn

## 窗 chuāng

## 床 chuáng
(牀)

创 chuàng
(創)

吹 chuī

炊 chuī

垂 chuí

陲 chuí

捶 chuí

腄 chuí/zhuì

箠 chuí

椎 chuí/zhuī

锤 chuí

槌 chuí

## 春 chūn
(旾萅)

## 纯 chún
(純)

## 淳 chún

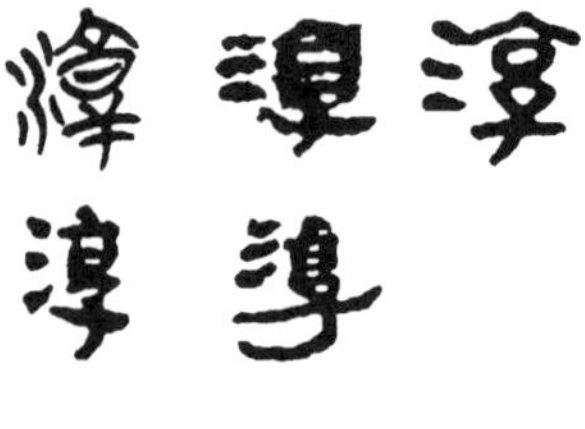

## 唇 chún
(通“脣”)

## 脣 chún

## 鹑 chún
(鶉)

## 醇 chún

## 蠢 chǔn

**踔** chuō

**啜** chuò

**辍** chuò
(輟)

**趠** chuò

**疵** cī

**茨** cí

**祠** cí

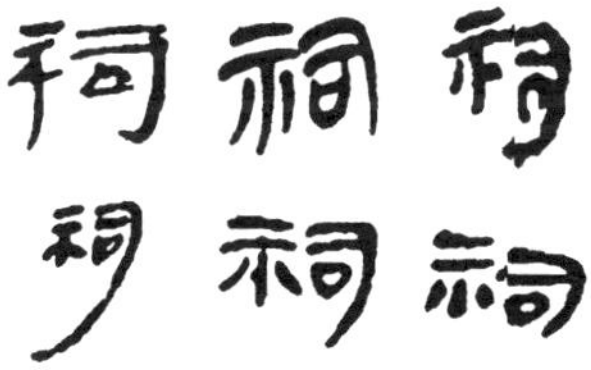

**辞** cí
(辭)

**慈** cí

## 雌 cí

## 泚 cǐ/zǐ

## 此 cǐ

## 賜 cì (賜)

## 次 cì

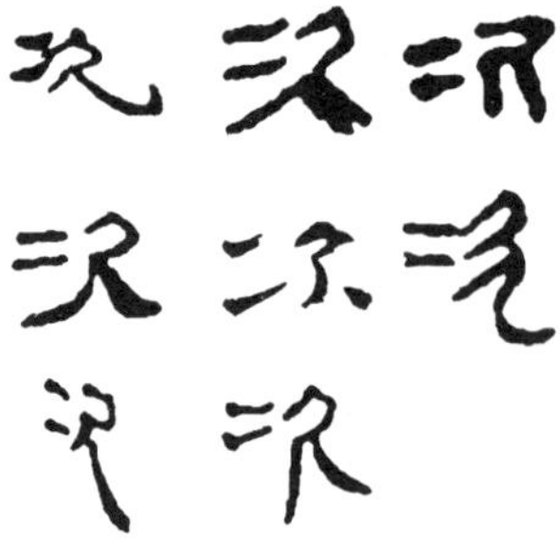

## 刺 cì

## 朿 cì

## 刾 cì

## 匆 cōng

**枞** cōng
(樅)

**葱** cōng

**聪** cōng
(聰)

**从** cóng
(從)

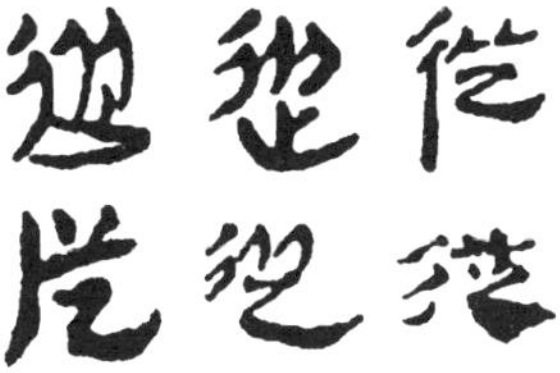

**丛** cóng
(叢)

**粗** cū

**促** cù

**蹙** cù

**竄** cuàn

## 篡 cuàn

## 爨 cuàn

## 崔 cuī

## 催 cuī

## 榱 cuī

## 漼 cuī

## 璀 cuǐ

## 脆 cuì

## 萃 cuì

## 倅 cuì

## 毳 cuì

## 悴 cuì
（顇）

## 粹 cuì

## 焠 cuì

## 翠 cuì

## 啐 cuì

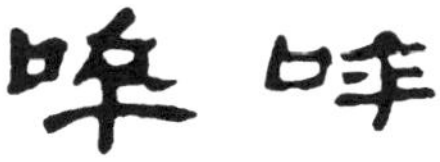

## 存 cún

## 刌 cǔn

## 寸 cùn

## 瑳 cuō

## 撮 cuō

**蹉** cuō

**虘** cuó

**嵯** cuó

**痤** cuó

**脞** cuǒ

**挫** cuò

**锉** cuò
(銼)

**莝** cuò

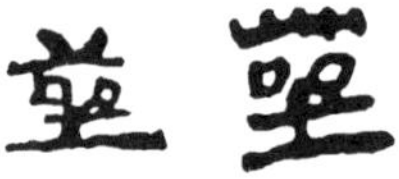

**厝** cuò

**措** cuò

**错** cuò

# D

## 达 dá
(達)

## 怛 dá

## 答 dá

## 沓 dá/tà

## 打 dǎ

## 大 dà

## 逮 dǎi/dài

## 釱 dài/dì

## 代 dài

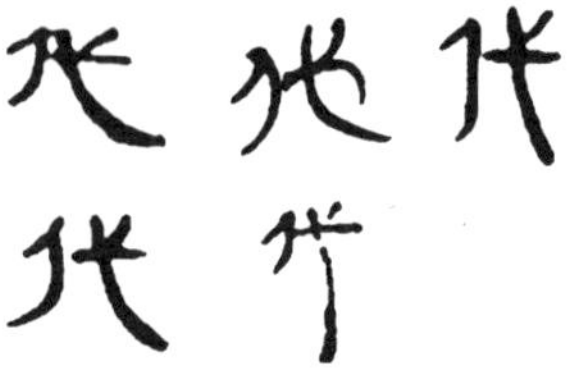

## 诒 dài
(詒)

## 岱 dài

## 骀 dài/tái
(駘)

## 绐 dài
(紿)

## 带 dài
(帶)

## 殆 dài

## 待 dài

**贷** dài
(貸)

**怠** dài

**戴** dài

**丹** dān

**担** dān/dàn

**单** dān

**耽** dān

**郸** dān
(鄲)

**儋** dān

**胆** dǎn
(膽)

**黕** dǎn/shèn

**旦** dàn

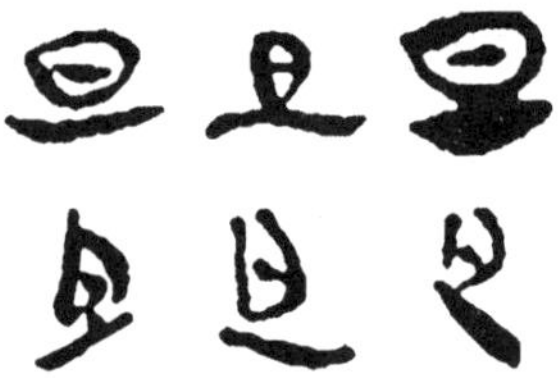

**但** dàn

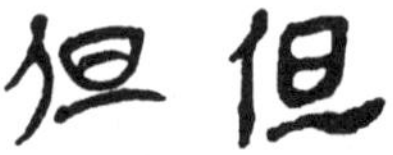

**诞** dàn
(誕)

**淡** dàn

**弹** dàn
(彈)

**瘅** dàn
(癉)

**柦** dàn

## 当 dāng/dàng
(當)

## 党 dǎng
(黨)

## 谠 dǎng
(讜)

## 砀 dàng
(碭)

## 宕 dàng

## 荡 dàng
(蕩)

## 盪 dàng

## 刀 dāo

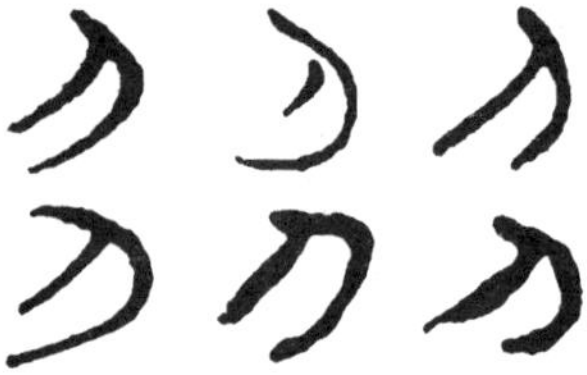

## 祷 dǎo (禱)

## 捣 dǎo (擣)

## 岛 dǎo (島)

## 蹈 dǎo

## 到 dào

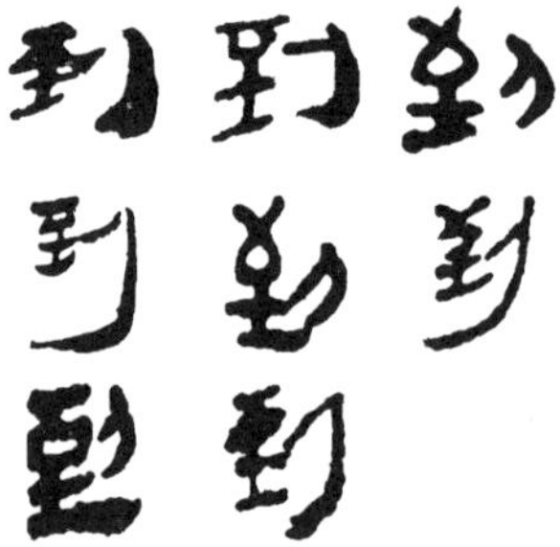

## 盗 dào (盜)

## 悼 dào

## 道 dào

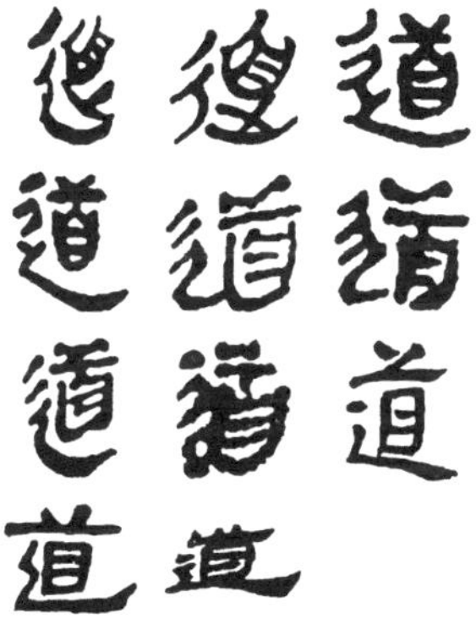

## 稻 dào

## 得 dé/děi

## 德 dé (徳)

## 的 de/dí/dì

## 灯 dēng (燈)

## 登 dēng

## 镫 dēng (鐙)

## 等 děng

## 邓 dèng (鄧)

## 氐 dī

## 低 dī

## 羝 dī

## 隄 dī

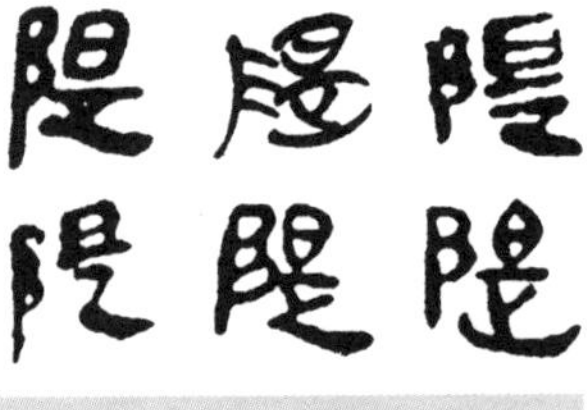

## 堤 dī

## 提 dī/tí

## 鞮 dī

## 镝 dī/dí
(鏑)

## 滴 dī

## 翟 dí/zhái

## 嫡 dí

## 踧 dí/cù

## 迪 dí

## 籴 dí
(糴)

## 敌 dí
(敵)

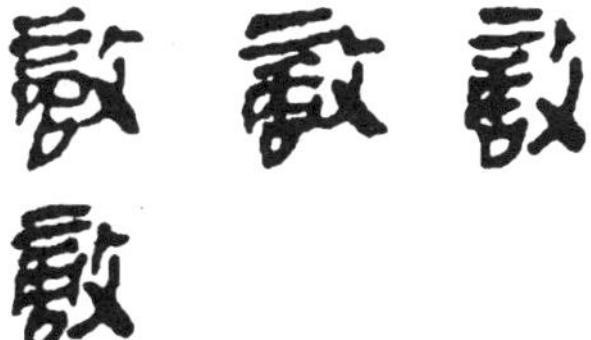

## 涤 dí
(滌)

## 笛 dí
(篴)

## 狄 dí

## 邸 dǐ

## 抵 dǐ

## 底 dǐ

## 柢 dǐ

## 砥 dǐ/zhǐ

## 地 dì/de

## 弟 dì

## 递 dì (遞)

## 第 dì

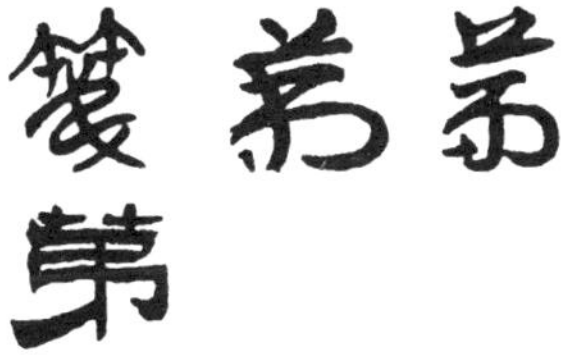

## 帝 dì

## 谛 dì/tí (諦)

## 缔 dì (締)

## 禘 dì

## 杕 dì/duò

## 棣 dì

## 睇 dì

## 颠 diān (顛)

## 典 diǎn

## 点 diǎn (點)

## 电 diàn (電)

## 佃 diàn

## 甸 diàn

## 坫 diàn

**奠** diàn

**殿** diàn

**貂** diāo

**凋** diāo

**雕** diāo
(鵰)

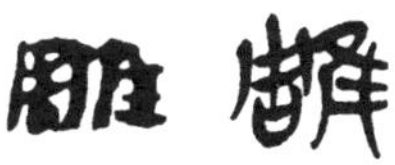

**鲷** diāo
(鯛)

**调** diào/tiáo
(調)

**铫** diào/yáo
(銚)

**吊** diào
(弔)

**钓** diào
(釣)

**跌** diē

**迭** dié

**谍** dié
(諜)

**牒** dié

**蝶** dié

**叠** dié
(疊)

**蜨** dié

**绖** dié
(絰)

**丁** dīng

## 钉 dīng
(釘)

## 鼎 dǐng

## 定 dìng

## 订 dìng
(訂)

## 铤 dìng
(鋌)

## 东 dōng
(東)

## 冬 dōng

## 董 dǒng
(蕫)

## 动 dòng
(動勭)

## 冻 dòng
(凍)

## 侗 dòng

## 垌 dòng

## 栋 dòng
(棟)

## 迵 dòng

## 洞 dòng

## 都 dōu/dū

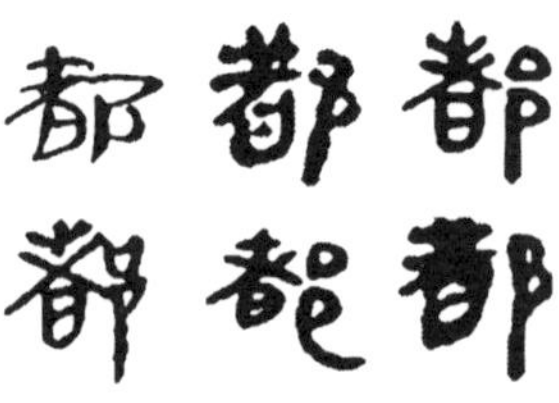

## 兜 dōu

## 斗 dǒu

注:量器

## 陡 dǒu

## 斗 dòu

(鬥鬪鬭鬦鬬)

注:打斗

## 豆 dòu

## 逗 dòu

## 梪 dòu

## 脰 dòu

## 窦 dòu

(竇)

## 督 dū

## 渎 dú
(瀆)

## 椟 dú
(櫝)

## 牍 dú
(牘)

## 毒 dú

## 独 dú
(獨)

## 读 dú
(讀)

## 笃 dǔ
(篤)

堵 dǔ

赌 dǔ
(賭)

睹 dǔ

蠹 dù

杜 dù

妒 dù
(妬)

度 dù

渡 dù

耑 duān

## 端 duān

## 短 duǎn

## 断 duàn (斷)

## 锻 duàn (鍛)

## 段 duàn

## 堆 duī

## 队 duì (隊)

## 对 duì (對)

## 兑 duì

**敦** dūn

**蹲** dūn

**钝** dùn
(鈍)

**盾** dùn

**遁** dùn

**楯** dùn/shǔn

**顿** dùn
(頓)

**多** duō

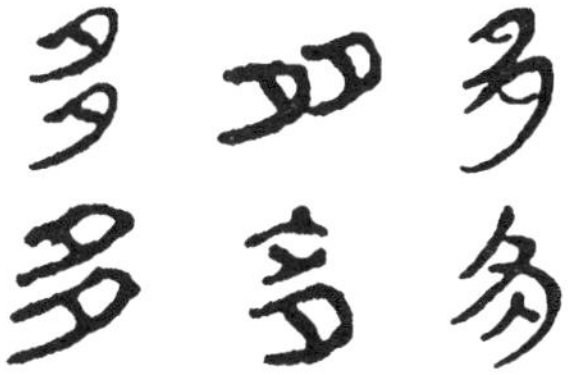

**咄** duō

**掇** duō

## 铎 duó
(鐸)

## 夺 duó
(奪)

## 敚 duó

## 朵 duǒ

## 椸 duò/yí

## 沱 duò/tuó

## 柁 duò/tuó

## 堕 duò
(墮)

## 惰 duò

# E

**鹅** é
(鵝)

**蛾** é

**额** é
(額)

**峨** é

**娥** é

**讹** é
(訛)

**俄** é

**饿** è
(餓)

## 厄 è

## 扼 è

## 恶 è
(惡)

## 鄂 è

## 遏 è

## 阏 è
(閼)

## 恩 ēn

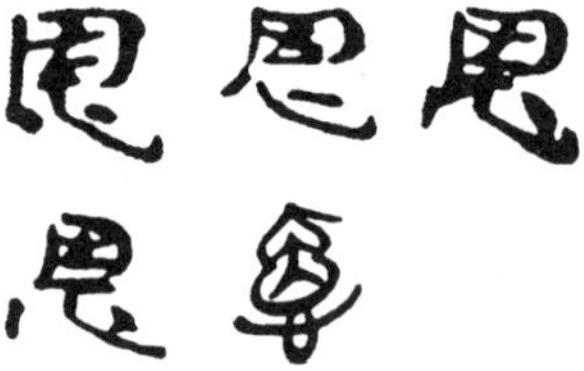

## 儿 ér
(兒)

## 而 ér

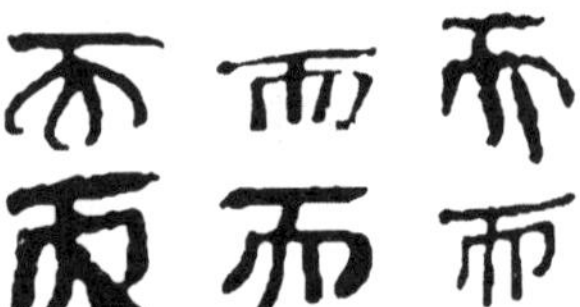

**尔** ěr
（爾尒）

**迩** ěr
（邇）

**耳** ěr

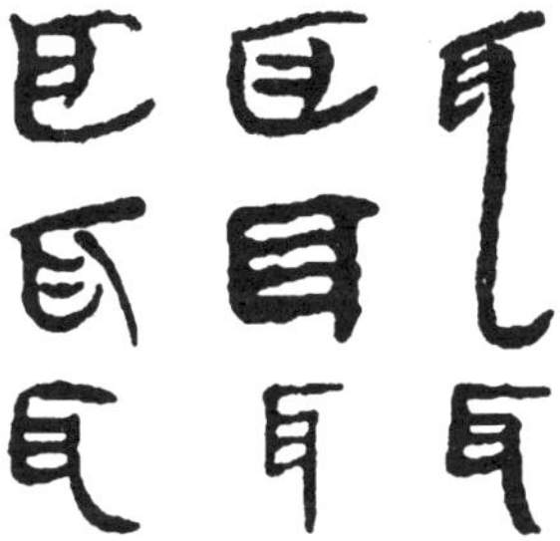

**珥** ěr

**饵** ěr
（餌）

**佴** èr

**二** èr
（弍）

**贰** èr
（貳）

# F

## 发 fā
(發)
注:发射

## 罚 fá
(罰)

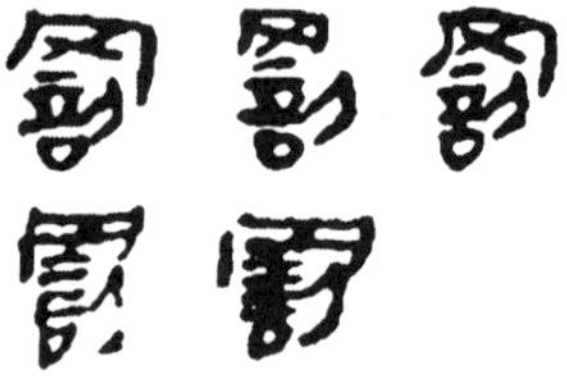

## 阀 fá
(閥)

## 筏 fá

## 伐 fá

乏 fá

法 fǎ
(灋)

发 fà
(髮)
注:头发

帆 fān

番 fān
(畨)

幡 fān

藩 fān

翻 fān

蕃 fán

## 燔 fán

## 烦 fán (煩)

## 樊 fán

## 繁 fán

## 蘩 fán

## 凡 fán

## 矾 fán (礬)

## 反 fǎn

## 返 fǎn

## 犯 fàn

## 饭 fàn
(飯)

## 泛 fàn

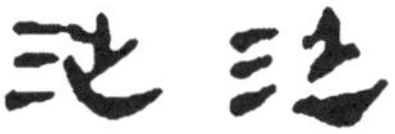

## 范 fàn
(範)

## 方 fāng

## 邡 fāng

## 坊 fāng

## 枋 fāng

## 芳 fāng

**钫** fāng
(鈁)

**房** fáng

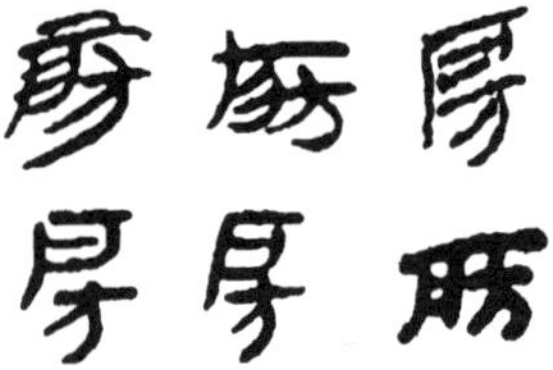

**妨** fáng

**防** fáng
(堕)

**肪** fáng

**鲂** fáng
(魴)

**仿** fǎng

**访** fǎng
(訪)

**纺** fǎng
(紡)

**舫** fǎng

## 放 fàng

## 飞 fēi (飛)

## 妃 fēi

## 非 fēi

## 扉 fēi

## 绯 fēi (緋)

## 霏 fēi

## 肥 féi

## 腓 féi

## 匪 fěi

## 菲 fěi

## 斐 fěi

## 蜚 fěi

## 翡 fěi

## 朏 fěi/kū

## 吠 fèi

## 肺 fèi

## 废 fèi
（廢）

## 沸 fèi

## 费 fèi
（費）

## 分 fēn

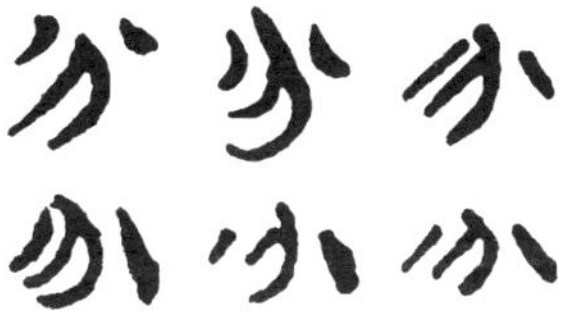

## 芬 fēn

## 纷 fēn (紛)

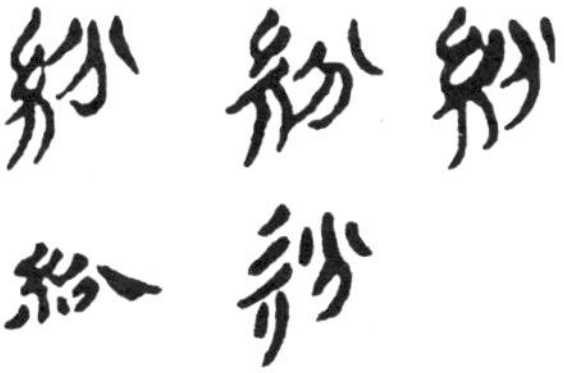

## 氛 fēn

## 坟 fén (墳)

## 汾 fén

## 棼 fén

## 焚 fén

## 粉 fěn

**奋** fèn
(奮)

**忿** fèn

**偾** fèn
(僨)

**粪** fèn
(糞)

**愤** fèn
(憤)

**丰** fēng
(豐)

**风** fēng
(風)

**枫** fēng
(楓)

## 封 fēng

## 葑 fēng

## 酆 fēng

## 峰 fēng
(峯)

## 蜂 fēng

## 烽 fēng
(熢)

## 逢 féng

## 缝 féng
(縫)

## 冯 féng
(馮)

## 讽 fěng
(諷)

## 凤 fèng
(鳳)

## 奉 fèng

## 佛 fó

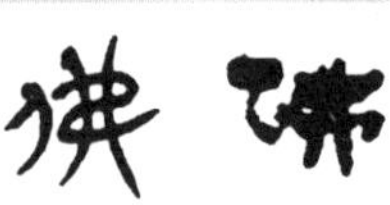

## 缶 fǒu

## 否 fǒu

## 夫 fū

## 肤 fū
(膚)

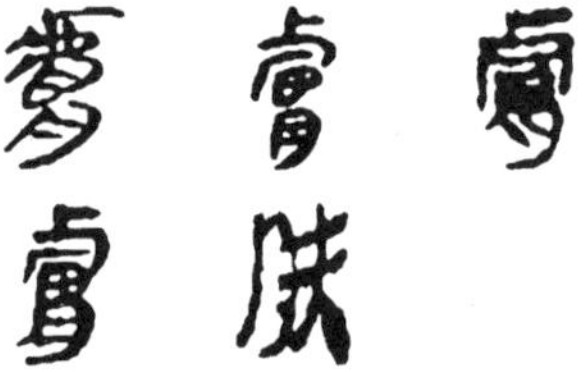

## 柎 fū

## 尃 fū

## 芇 fú

## 弗 fú

## 伏 fú

## 凫 fú (鳧)

## 扶 fú

## 芙 fú

## 拂 fú

## 柫 fú

## 芾 fú

## 佛 fú

## 扶 fú

## 服 fú

## 茯 fú

## 枹 fú

## 俘 fú

## 孚 fú

## 浮 fú

## 桴 fú

## 符 fú

**幅** fú

**辐** fú
(輻)

**福** fú

**蝠** fú

**鉜** fú

**蜉** fú

**绂** fú
(紱)

**抚** fǔ
(撫)

**甫** fǔ

**辅** fǔ
(輔)

## 脯 fǔ/pú

## 斧 fǔ

## 釜 fǔ

## 腐 fǔ

## 府 fǔ

## 拊 fǔ

## 父 fù

## 付 fù

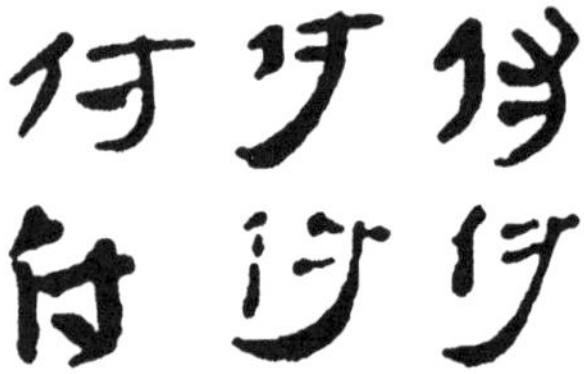

## 负 fù (負)

## 缚 fù
(縛)

## 妇 fù
(婦)

## 附 fù

## 阜 fù

## 赴 fù

## 复 fù
(復)

## 腹 fù

## 覆 fù

## 蝮 fù

## 馥 fù

## 副 fù

## 鲋 fù (鮒)

## 赋 fù (賦)

## 傅 fù

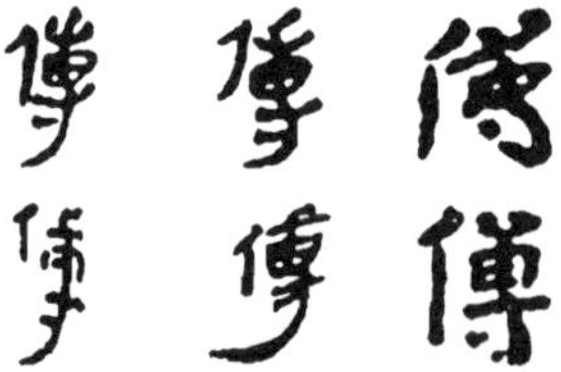

## 富 fù

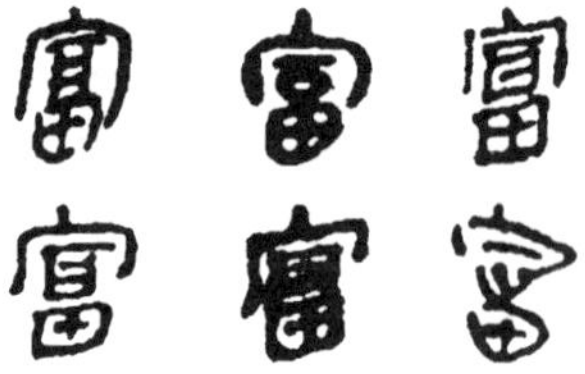

# G

**该** gāi
(該)

**改** gǎi

**丐** gài

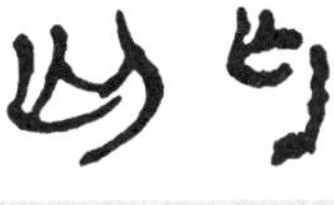

**溉** gài

**盖** gài
(蓋)

**干** gān

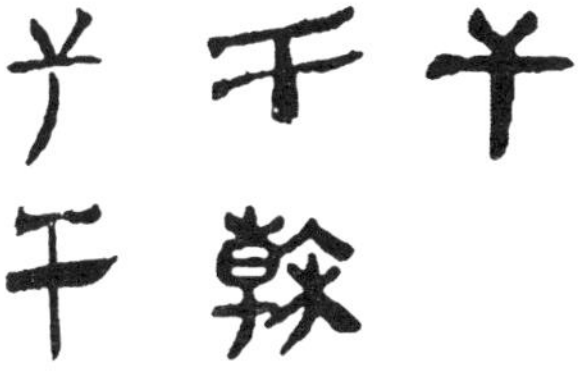

**乾** gān

## 甘 gān

## 泔 gān

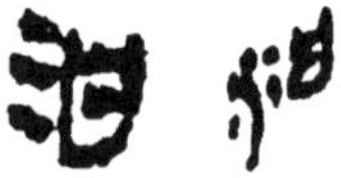

## 肝 gān

## 竿 gān

## 秆 gǎn

## 敢 gǎn

## 感 gǎn

## 绀 gàn (紺)

## 倝 gàn

## 淦 gàn

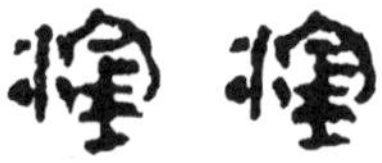

## 骭 gàn

## 赣 gàn (贛)

## 亢 gāng/kàng

## 冈 gāng (岡)

## 纲 gāng (綱)

## 刚 gāng (剛)

## 杠 gāng

## 港 gǎng

## 皋 gāo

## 膏 gāo

## 高 gāo (高)

## 羔 gāo

## 睾 gāo

## 稿 gǎo (稾)

## 杲 gǎo

## 缟 gǎo (縞)

## 槁 gǎo (槀)

## 告 gào

**诰** gào
(誥)

**锆** gào
(鋯)

**戈** gē

**哥** gē

**鸽** gē
(鴿)

**割** gē

**歌** gē
(謌)

**葛** gé

**阁** gé
(閣)

## 革 gé

## 鬲 gé/lì

## 隔 gé

## 格 gé

## 蛤 gé/há

## 个 gè

## 各 gè

## 给 gěi/jǐ (給)

## 根 gēn

**亘** gèn

**艮** gèn

**更** gēng

**庚** gēng

**耕** gēng

**羹** gēng

**埂** gěng

**耿** gěng

**梗** gěng

**鲠** gěng
(鯁)

## 工 gōng

## 弓 gōng

## 公 gōng

## 功 gōng

## 攻 gōng

## 宫 gōng

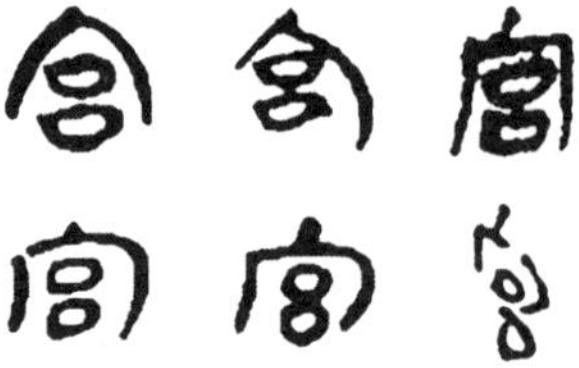

## 恭 gōng

## 躬 gōng

## 觥 gōng

**龚** gōng
(龔)

**供** gōng/gòng

**巩** gǒng
(鞏)

**拱** gǒng

**贡** gòng
(貢)

**共** gòng

**勾** gōu
(通“句”)

**佝** gōu/kòu

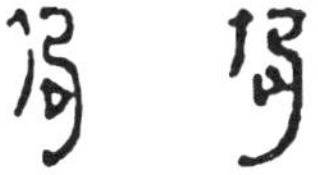

**沟** gōu
(溝)

**构** gōu/gòu
(構)

**钩** gōu
(鉤)

**苟** gǒu

**狗** gǒu
(㺃)

**耇** gǒu
(耉)

**枸** gǒu/gōu

**笱** gǒu

**购** gòu
(購)

**诟** gòu
(詬)

## 垢 gòu

## 遘 gòu

## 彀 gòu

## 觏 gòu
(覯)

## 沽 gū

## 孤 gū

## 姑 gū

## 轱 gū
(軲)

## 辜 gū

## 觚 gū

## 柧 gū

## 汩 gǔ

## 古 gǔ

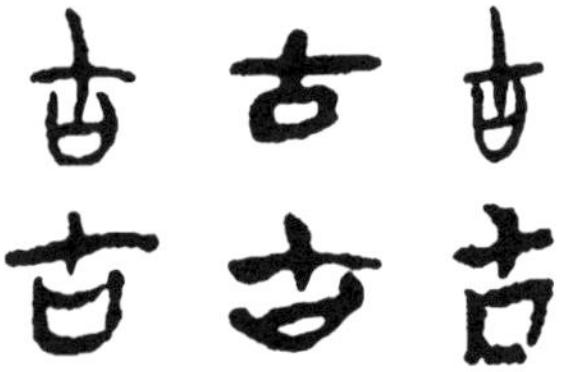

## 谷 gǔ

注:山谷

## 穀 gǔ

注:谷物

## 诂 gǔ

(詁)

## 股 gǔ

## 毂 gǔ

(轂)

**骨** gǔ

**罟** gǔ

**羖** gǔ

**蛊** gǔ
(蠱)

**瞽** gǔ

**鼓** gǔ
(皷)

**固** gù

**故** gù

**雇** gù

**顾** gù
(顧)

**瓜** guā

**寡** guǎ

**卦** guà

**乖** guāi

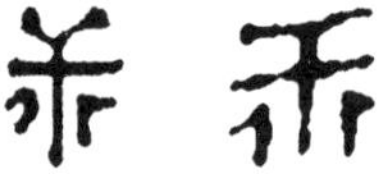

**夬** guài/jué

**怪** guài

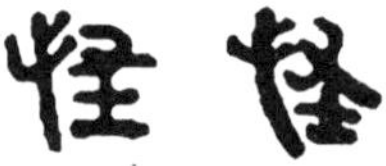

**关** guān
(關)

**观** guān
(觀)

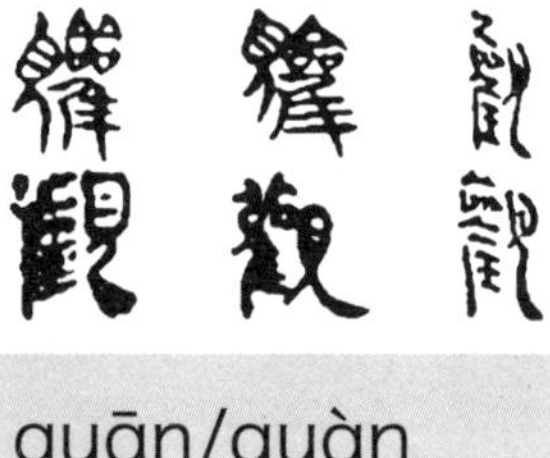

**冠** guān/guàn

## 官 guān

## 倌 guān

## 棺 guān

## 管 guān/guǎn

## 莞 guān/guǎn/wǎn

## 鳏 guān (鰥)

## 馆 guǎn (館)

## 贯 guàn (貫)

## 盥 guàn

## 雚 guàn

**灌** guàn

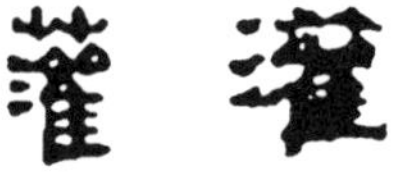

**鹳** guàn
(鸛)

**光** guāng
(灮)

**广** guǎng
(廣)

**归** guī
(歸)

**圭** guī

**龟** guī
(龜)

**妫** guī
(嬀媯)

## 规 guī
(規)

## 闺 guī
(閨)

## 瑰 guī

## 鲑 guī
(鮭)

## 鬼 guǐ

## 轨 guǐ
(軌)

## 诡 guǐ
(詭)

## 癸 guǐ

## 晷 guǐ

## 柜 guì (桓)

## 贵 guì (貴)

## 桂 guì

## 桧 guì (檜)

## 跪 guì

## 衮 gǔn

## 绲 gǔn (緄)

## 郭 guō

## 聒 guō

## 国 guó
(國)

## 虢 guó

## 果 guǒ

## 淉 guǒ

## 椁 guǒ

## 裹 guǒ

## 过 guò
(過)

# H

## 还 hái/huán (還)

## 咳 hái/ké

## 孩 hái

## 骸 hái

## 海 hǎi

## 醢 hǎi

## 亥 hài

## 害 hài/hé

## 酣 hān

## 邗 hán

## 邯 hán

## 含 hán

## 韩 hán (韓)

## 寒 hán

## 罕 hǎn

## 汗 hàn

## 旱 hàn

## 汉 hàn
(漢)

## 悍 hàn

## 颔 hàn
(頷)

## 撼 hàn

## 杭 háng

## 行 háng/xíng

## 沆 hàng

## 蒿 hāo

## 嗥 háo

## 豪 háo

**毫** háo

**貉** háo/hé

**好** hǎo/hào

**号** hào
(號)

**昊** hào

**耗** hào

**浩** hào

**皓** hào

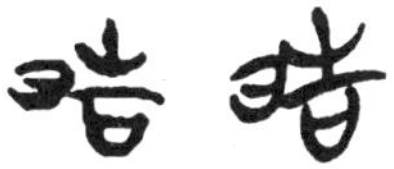

**颢** hào
(顥)

**诃** hē
(訶)

**呵** hē

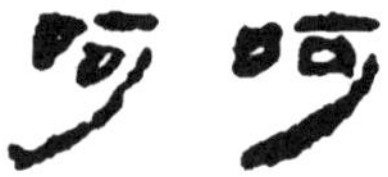

**禾** hé

**盍** hé
(盇)

**荷** hé

**核** hé

**龁** hé
(齕)

**涸** hé

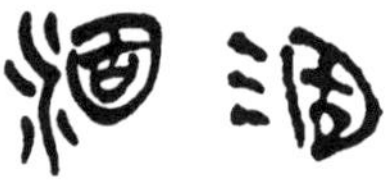

**阖** hé
(闔)

**和** hé
(龢)

## 合 hé

## 何 hé

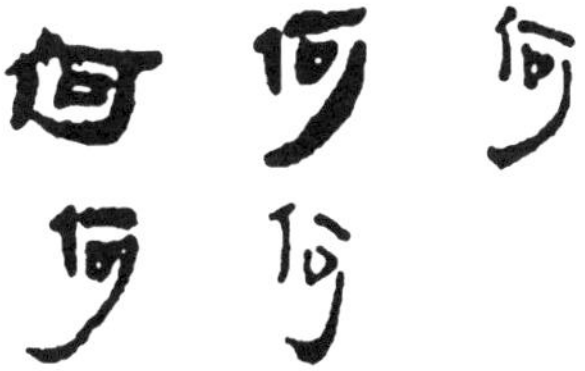

## 劾 hé

## 河 hé

## 曷 hé

## 贺 hè (賀)

## 隺 hè

## 熇 hè/xiāo

## 赫 hè

## 褐 hè

## 鹤 hè
(鶴)

## 嚣 hè

## 壑 hè

## 黑 hēi

## 痕 hén

## 狠 hěn

## 恨 hèn

## 亨 hēng

## 恒 héng

## 珩 héng

## 脝 héng

## 横 héng

## 衡 héng

## 轰 hōng (轟)

## 訇 hōng

## 薨 hōng

## 弘 hóng

## 红 hóng/gōng (紅)

## 闳 hóng (閎)

**纮** hóng
(紘)

**泓** hóng

**虹** hóng

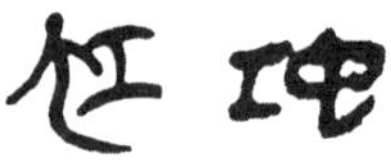

**洪** hóng

**鸿** hóng
(鴻)

**浲** hóng/jiàng

**喉** hóu

**侯** hóu
(矦)

**猴** hóu

## 后 hòu

注:后裔

## 后 hòu

(後)

注:前后

## 厚 hòu

## 逅 hòu

## 候 hòu

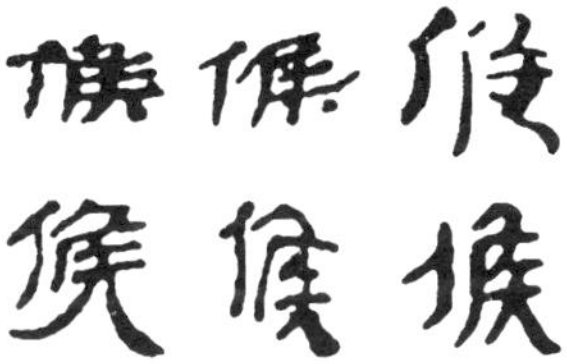

## 乎 hū

## 呼 hū

(謼)

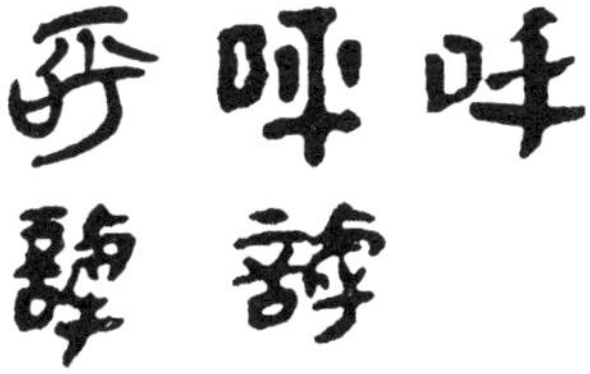

## 虖 hū

## 忽 hū

## 狐 hú

## 弧 hú

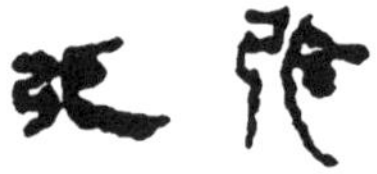

## 胡 hú

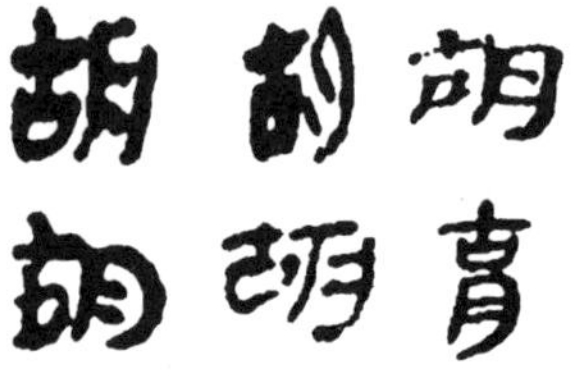

## 壶 hú (壺)

## 鹄 hú (鵠)

## 瓠 hú/hù

## 瑚 hú

## 醐 hú

**縠** hú

**虎** hǔ
(虒)

**唬** hǔ/xià

**琥** hǔ

**怙** hù

**祜** hù

**户** hù

**护** hù
(護)

**扈** hù

## 华 huā/huá/huà
(華)

## 划 huá
(劃)

## 滑 huá

## 化 huà

## 画 huà
(畫)

## 话 huà
(話)

## 怀 huái
(懷)

## 淮 huái

## 槐 huái

## 踝 huái

## 坏 huài
(壞)

## 欢 huān
(歡)

## 环 huán
(環)

## 桓 huán

## 垸 huán

## 洹 huán

## 萑 huán

## 圜 huán/yuán

## 寰 huán

## 缳 huán
(繯)

## 缓 huǎn
(緩)

## 宦 huàn

## 幻 huàn

## 唤 huàn
(喚)

## 涣 huàn
(渙)

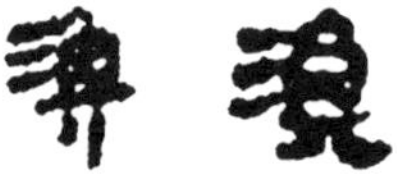

## 换 huàn
(換)

## 浣 huàn

## 患 huàn

## 焕 huàn
(煥)

## 豢 huàn

## 肓 huāng

## 荒 huāng

## 黄 huáng

## 皇 huáng

## 遑 huáng

## 惶 huáng

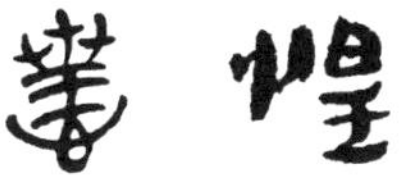

## 煌 huáng

## 潢 huáng/huàng

## 璜 huáng

## 蝗 huáng

## 簧 huáng

## 晃 huǎng

## 洸 huàng/guāng

## 灰 huī

## 恢 huī

## 晖 huī (暉)

## 辉 huī (輝)

## 回 huí

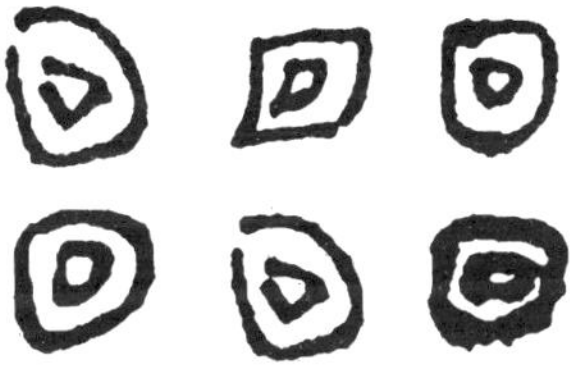

## 茴 huí

## 毁 huǐ

## 悔 huǐ

## 虺 huǐ

## 卉 huì

## 汇 huì
(滙)

## 会 huì/kuài
(會)

## 讳 huì
(諱)

**荟** huì
(薈)

**浍** huì/huá/kuài
(澮)

**诲** huì
(誨)

**绘** huì
(繪)

**彗** huì

**贿** huì
(賄)

**惠** huì

**晦** huì

**喙** huì

**嘒** huì

## 慧 huì

## 槥 huì

## 阓 huì (闠)

## 缋 huì (繢)

## 荤 hūn (葷)

## 昏 hūn

## 惛 hūn

## 魂 hún

## 浑 hún (渾)

## 圂 hùn/huàn

## 溷 hùn

## 混 hùn

## 活 huó

## 火 huǒ

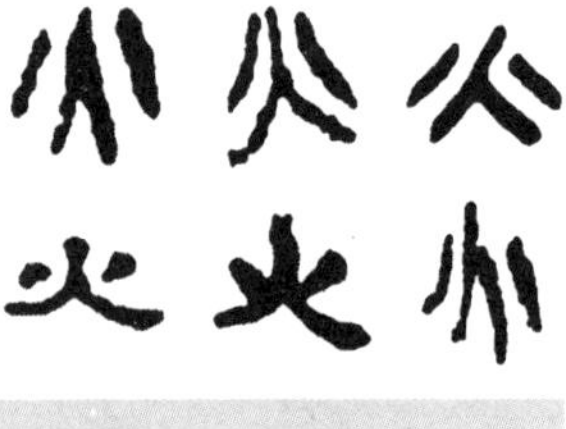

## 或 huò

## 货 huò
(貨)

## 获 huò
(穫獲)

## 祸 huò
(禍)

## 惑 huò

**霍** huò

**濩** huò

**蠖** huò

**豁** huò

# J

## 几 jī/jǐ

## 讥 jī
(譏)

## 玑 jī
(璣)

## 饥 jī
(飢饑)

## 机 jī
(機)

## 矶 jī
(磯)

**肌** jī

**奇** jī/qí

**攲** jī/qī

**击** jī
(擊)

**丌** jī/qí

**鸡** jī
(鷄雞)

**积** jī
(積)

**笄** jī
(筓)

**屐** jī

## 姬 jī

## 基 jī

## 枅 jī

## 赍 jī (賫)

## 缉 jī (緝)

## 稽 jī

## 畿 jī

## 畸 jī

## 箕 jī

## 激 jī

**羁** jī
**(羈)**

**疾** jí

**濈** jí

**籍** jí

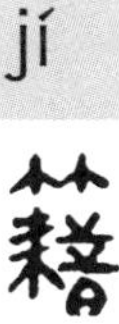

**岌** jí

**吉** jí

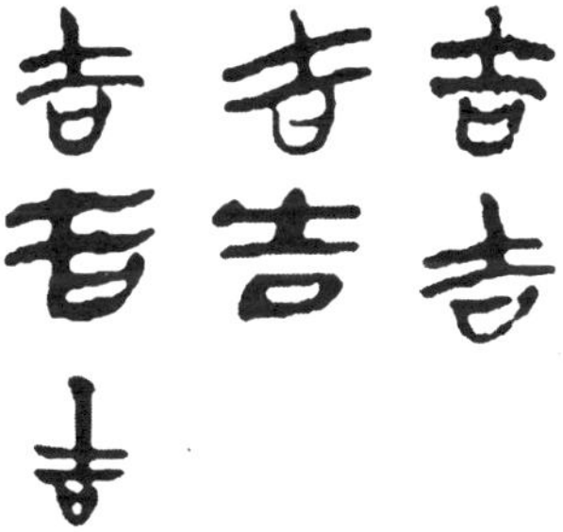

**及** jí

**汲** jí

**级** jí
**(級)**

## 极 jí (極)

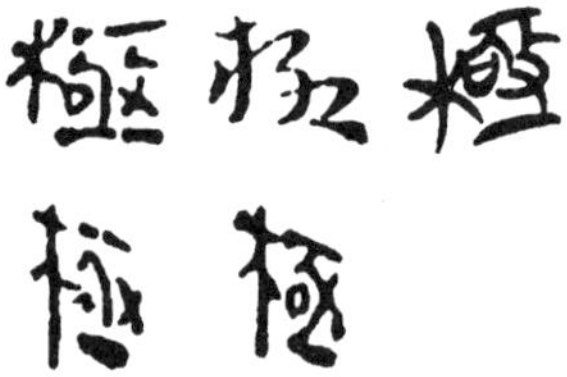

## 即 jí (卽)

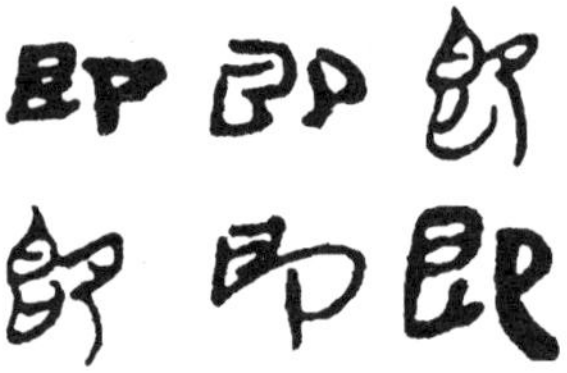

## 佶 jí

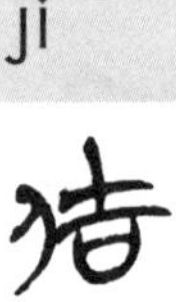

## 棘 jí

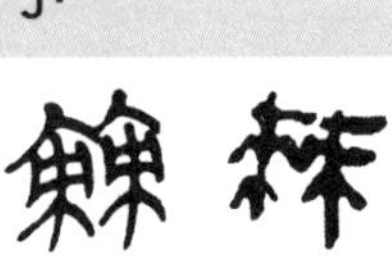

## 亟 jí

## 急 jí

## 楫 jí

## 戢 jí

## 嫉 jí

## 辑 jí
(輯)

## 集 jí

## 耤 jí

## 藉 jí/jiè

## 脊 jǐ/jí

## 济 jǐ
(濟)

## 己 jǐ

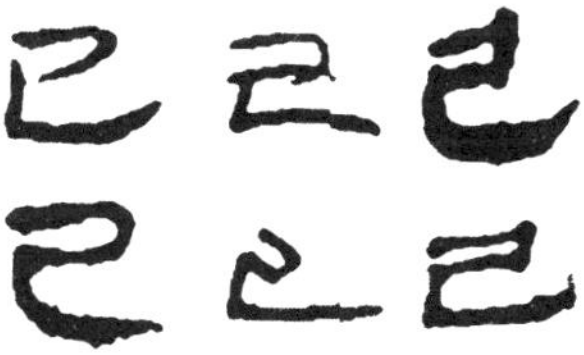

## 戟 jǐ

## 绩 jì
(績)

## 计 jì
(計)

## 记 jì
(記)

## 伎 jì

## 洎 jì

## 系 jì/xì
(繫)

## 纪 jì
(紀)

## 技 jì

## 忌 jì

## 妓 jì

**季** jì

**际** jì
(際)

**剂** jì
(劑)

**迹** jì

**继** jì
(繼)

**荠** jì/qí
(薺)

**祭** jì

**悸** jì

**蓟** jì
(薊)

## 既 jì
(旣)

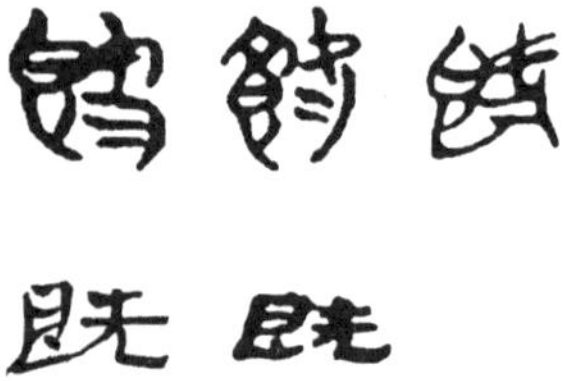

## 寄 jì

## 霁 jì
(霽)

## 暨 jì
(曁)

## 稷 jì
(禝)

## 冀 jì

## 骥 jì
(驥)

## 加 jiā

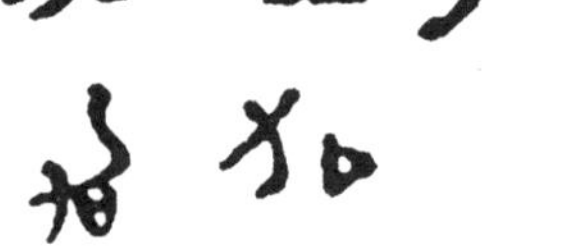

**荚** jiā
(莢)

**浃** jiā/jiá

**佳** jiā

**痂** jiā

**家** jiā

**葭** jiā

**嘉** jiā

**夹** jiā/jiá
(夾)

**颊** jiá
(頰)

**戛** jiá

## 铗 jiá
(鋏)

## 假 jiǎ

## 叚 jiǎ

## 甲 jiǎ

## 贾 jiǎ/gǔ
(賈)

## 价 jià

## 驾 jià
(駕)

## 架 jià

## 嫁 jià

## 稼 jià

## 间 jiān/jiàn
(間閒)

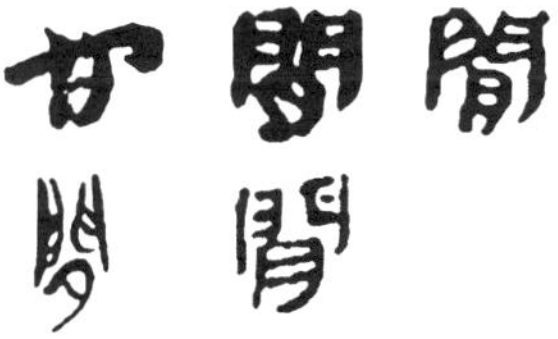

## 奸 jiān
(姦)

## 坚 jiān
(堅)

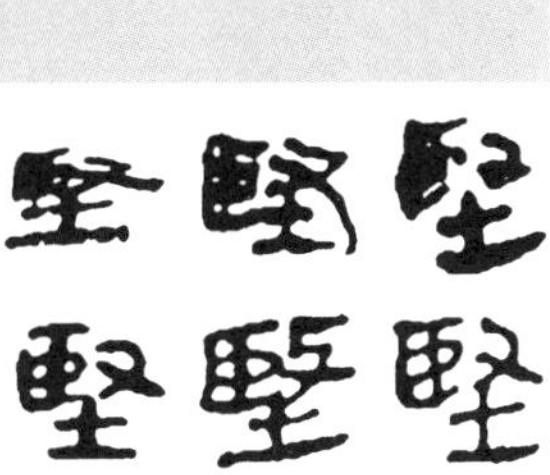

## 肩 jiān

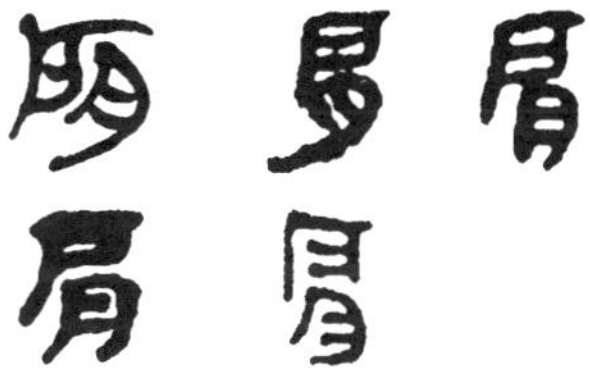

## 艰 jiān
(艱)

## 监 jiān/jiàn
(監)

## 兼 jiān

## 菅 jiān

## 缄 jiān
(緘)

## 蒹 jiān

## 缣 jiān
(縑)

## 鲣 jiān
(鰹)

## 煎 jiān

## 茧 jiǎn
(繭)

## 柬 jiǎn

## 检 jiǎn
(檢)

## 俭 jiǎn
(儉)

## 减 jiǎn
(減)

## 简 jiǎn
(簡)

## 骞 jiǎn/qiān
(騫)

## 蹇 jiǎn

## 翦 jiǎn

## 见 jiàn/xiàn
(見)

## 件 jiàn

## 饯 jiàn
(餞)

## 建 jiàn

## 荐 jiàn
(薦)

## 贱 jiàn
(賤)

## 剑 jiàn
(劍)

## 健 jiàn

## 涧 jiàn
(澗)

## 渐 jiàn
(漸)

**谏** jiàn
(諫)

**楗** jiàn/jiǎn

**践** jiàn
(踐)

**溅** jiàn
(濺)

**鉴** jiàn
(鑒)

**键** jiàn
(鍵)

**箭** jiàn

**将** jiāng
(將)

## 江 jiāng

## 姜 jiāng (薑)

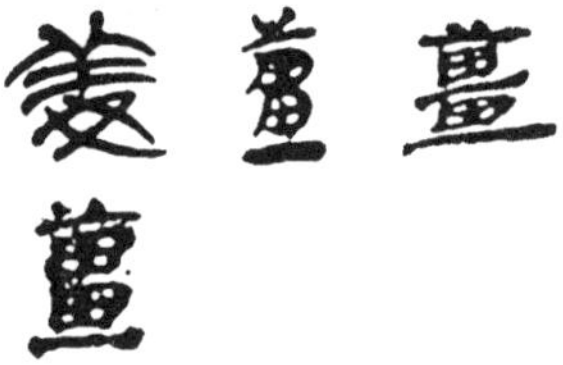

## 浆 jiāng/jiàng (漿)

## 蒋 jiāng/jiǎng (蔣)

## 僵 jiāng

## 橿 jiāng

## 疆 jiāng/jiàng

## 讲 jiǎng (講)

## 奖 jiǎng (獎)

## 匠 jiàng

## 降 jiàng/xiáng

## 绛 jiàng
(絳)

## 酱 jiàng
(醬)

## 交 jiāo

## 郊 jiāo

## 茭 jiāo

## 姣 jiāo

**娇** jiāo
(嬌)

**胶** jiāo
(膠)

**鲛** jiāo
(鮫)

**骄** jiāo
(驕)

**椒** jiāo

**教** jiāo/jiào
(敎)

**蛟** jiāo

**焦** jiāo

**蕉** jiāo

**挢** jiǎo
(撟)

**角** jiǎo/jué

**佼** jiǎo

**狡** jiǎo

**侥** jiǎo/yáo
(僥)

**绞** jiǎo
(絞)

**皎** jiǎo

**矫** jiǎo
(矯)

**敫** jiǎo

**脚** jiǎo
(腳)

**缴** jiǎo
(繳)

**叫** jiào

**觉** jiào/jué
(覺)

**珓** jiào

**较** jiào
(較)

**校** jiào/xiào

**窖** jiào

**徼** jiào

**阶** jiē
(階)

**痎** jiē

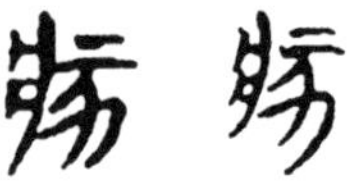

## 皆 jiē

## 接 jiē

## 喈 jiē

## 街 jiē

## 节 jié (節)

## 杰 jié (傑)

## 劫 jié

## 诘 jié (詰)

## 结 jié
(結)

## 桔 jié/jú

## 洁 jié
(潔)

## 桀 jié

## 颉 jié/xié
(頡)

## 睫 jié

## 截 jié

## 解 jiě
(觧)

## 姐 jiě

## 介 jiè

## 戒 jiè

## 芥 jiè

## 界 jiè

## 借 jiè

## 届 jiè (屆)

## 诫 jiè (誡)

## 巾 jīn

## 金 jīn

## 津 jīn

## 矜 jīn

## 斤 jīn

## 今 jīn

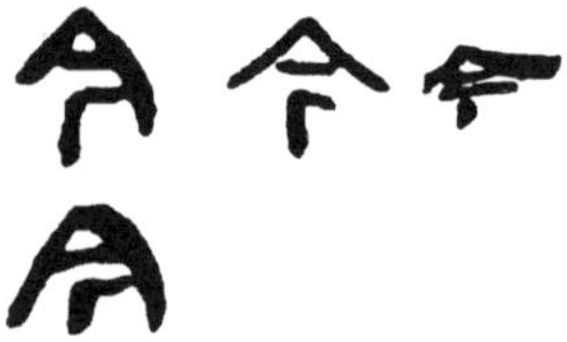

## 筋 jīn

## 紧 jǐn
(緊)

## 锦 jǐn
(錦)

## 尽 jǐn/jìn
(盡)

## 堇 jǐn

## 瑾 jǐn

## 进 jìn
(進)

## 浸 jìn

## 劲 jìn
(勁)

## 近 jìn

## 晋 jìn
(晉)

## 靳 jìn

## 禁 jìn

溍 jìn

缙 jìn
(縉)

泾 jīng
(涇)

经 jīng
(經)

京 jīng

茎 jīng
(莖)

荆 jīng
(荊)

旌 jīng

惊 jīng
(驚)

晶 jīng

## 睛 jīng

## 兢 jīng

## 精 jīng

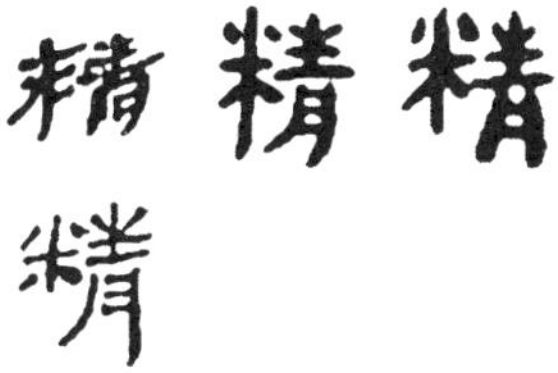

## 鲸 jīng
(鯨)

## 景 jǐng

## 警 jǐng

## 井 jǐng
(丼)

## 阱 jǐng

## 颈 jǐng
(頸)

## 儆 jǐng

## 径 jìng
(徑)

## 净 jìng
(淨)

## 胫 jìng
(脛)

## 竟 jìng

## 静 jìng

## 竞 jìng
(競)

## 敬 jìng

## 镜 jìng
(鏡)

## 境 jìng

**迥** jiǒng

**窘** jiǒng

**纠** jiū
(糾)

**鸠** jiū
(鳩)

**究** jiū

**赳** jiū

**九** jiǔ

**灸** jiǔ

**久** jiǔ

**韭** jiǔ

## 酒 jiǔ

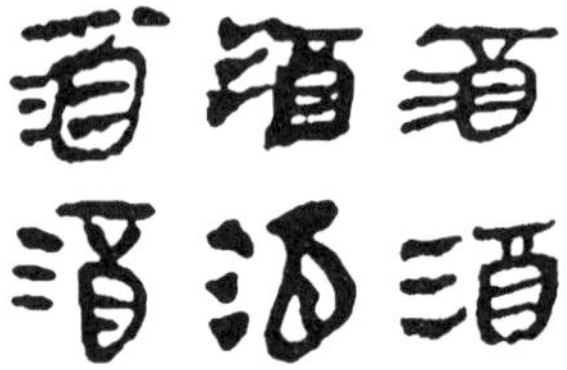

## 旧 jiù (舊)

## 臼 jiù

## 咎 jiù

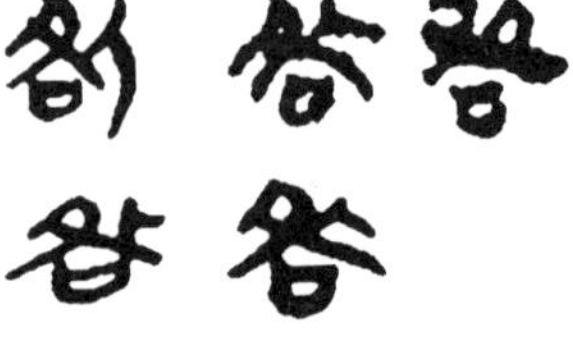

## 救 jiù

## 厩 jiù

## 就 jiù

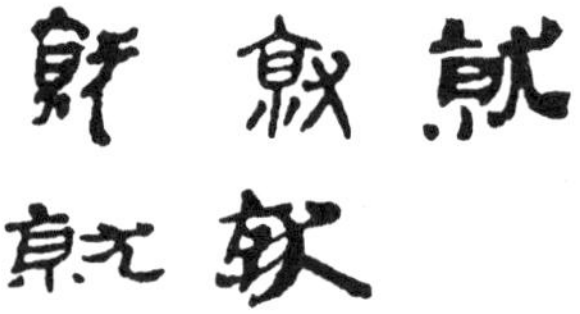

## 舅 jiù

## 拘 jū

苴 jū

疽 jū

居 jū

据 jū/jù
(據)

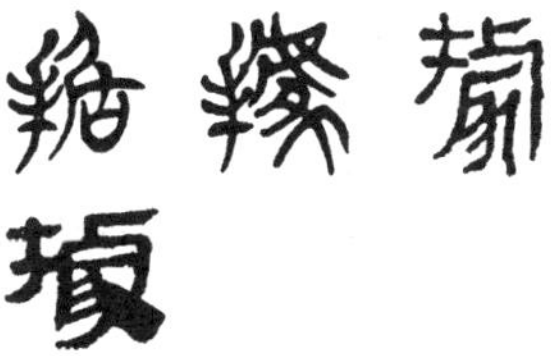

椐 jū

锯 jū/jù
(鋸)

裾 jū

鞠 jū

驹 jū
(駒)

**鞠** jū

**橘** jú

**局** jú

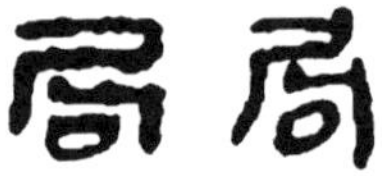

**菊** jú

**咀** jǔ

**沮** jǔ

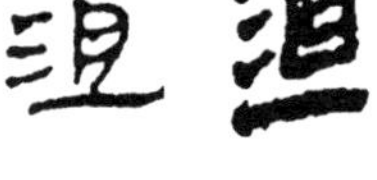

**举** jǔ
(舉)

**巨** jù

**句** jù/gōu
(通“勾”)

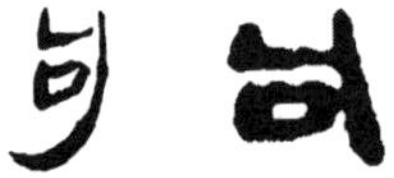

**具** jù

## 钜 jù
(鉅)

## 倨 jù

## 踞 jù

## 距 jù

## 俱 jù/jū
(俱)

## 剧 jù
(劇)

## 惧 jù
(懼)

## 聚 jù

## 窭 jù
(窶)

## 屦 jù
(屨)

## 遽 jù

## 圈 juān/juàn/quān

## 捐 juān

## 涓 juān

## 娟 juān

## 卷 juǎn/juàn

## 倦 juàn

## 狷 juàn

## 绢 juàn
(絹)

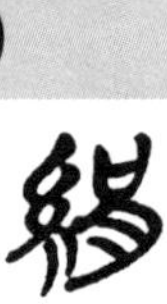

**眷** juàn

**縳** juàn/zhuàn

**决** jué
(決)

**抉** jué

**桷** jué

**绝** jué
(絕)

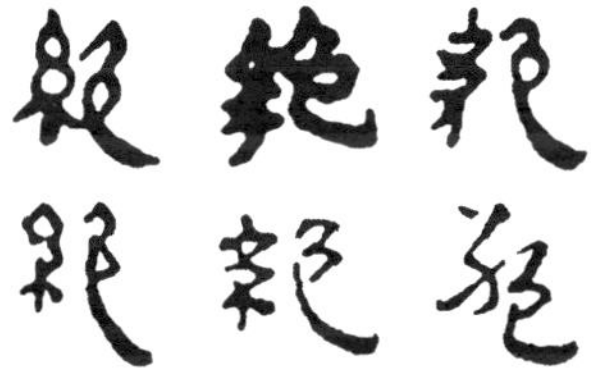

**厥** jué

**蕨** jué

**爵** jué

**蹶** jué

## 矍 jué

## 玃 jué

## 军 jūn
(軍)

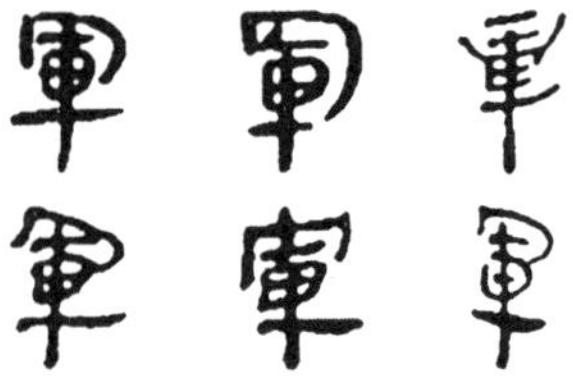

## 麇 jūn

## 君 jūn

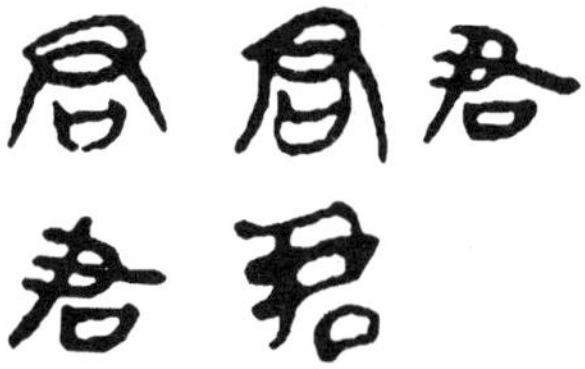

## 均 jūn

## 钧 jūn
(鈞)

## 筠 jūn

## 俊 jùn

## 郡 jùn

## 浚 jùn

## 骏 jùn
(駿)

## 峻 jùn

## 菌 jùn

## 竣 jùn

# K

卡 kă/qiă

开 kāi
(開)

慨 kăi

楷 kăi

恺 kăi
(愷)

铠 kăi
(鎧)

欬 kài

看 kān/kàn

## 勘 kān

## 刊 kān

## 坎 kǎn

## 侃 kǎn

## 欿 kǎn

## 槛 kǎn/jiàn (檻)

## 阚 kàn/hǎn (闞)

## 康 kāng

## 炕 kàng

**尻** kāo

**考** kǎo

**珂** kē

**柯** kē

**科** kē

**搕** kē

**窠** kē

**颗** kē
(顆)

**苛** kē

**壳** ké
(殼)

## 可 kě

## 坷 kě

## 渴 kě

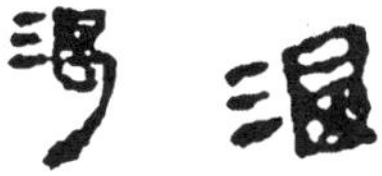

## 克 kè

## 溘 kè

## 刻 kè

## 客 kè

## 课 kè (課)

## 肯 kěn

## 垦 kěn
(墾)

## 恳 kěn
(懇)

## 坑 kēng

## 空 kōng/kǒng/kòng

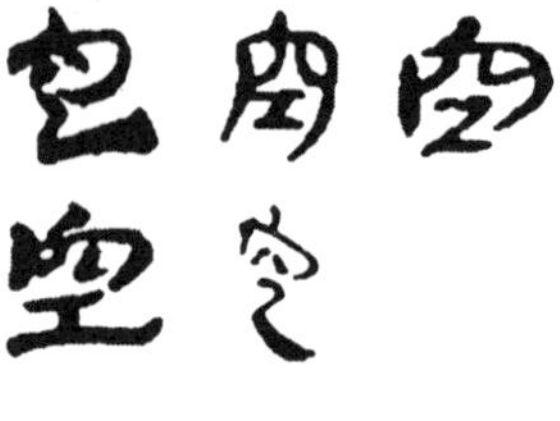

## 孔 kǒng

## 恐 kǒng

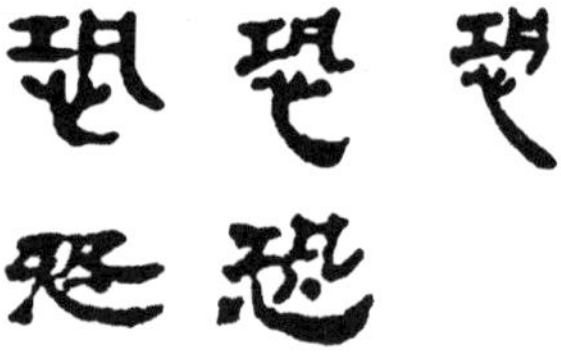

## 眍 kōu
(瞘)

## 口 kǒu

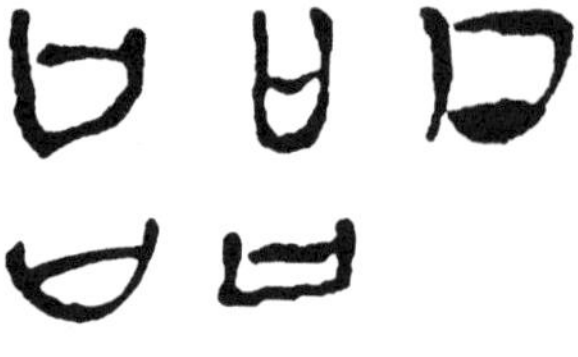

## 叩 kòu

## 扣 kòu

## 寇 kòu

## 枯 kū

## 哭 kū

## 苦 kǔ

## 库 kù (庫)

## 绔 kù (絝)

## 酷 kù

## 夸 kuā
(誇)

## 跨 kuà

## 块 kuài
(塊)

## 快 kuài

## 脍 kuài
(膾)

## 宽 kuān
(寬)

## 款 kuǎn
(款)

## 匡 kuāng

## 狂 kuáng

**旷** kuàng
(曠)

**况** kuàng
(況)

**亏** kuī
(虧)

**刲** kuī

**窥** kuī
(窺闚)

**奎** kuí

**逵** kuí

**馗** kuí

**葵** kuí

## 骙 kuí
(騤)

## 魁 kuí

## 匮 kuì
(匱)

## 馈 kuì
(饋)

## 溃 kuì
(潰)

## 愧 kuì

## 坤 kūn

## 昆 kūn

## 髡 kūn

**悃** kǔn

**困** kùn

**括** kuò

**栝** kuò

**阔** kuò
**(闊)**

**廓** kuò

# L

## 邋 lā

## 腊 là

## 来 lái
(來)

## 莱 lái
(萊)

## 赉 lài
(賚)

## 赖 lài
(賴)

## 濑 lài
(瀨)

**兰** lán
（蘭）

**岚** lán
（嵐）

**阑** lán
（闌）

**澜** lán
（瀾）

**蓝** lán
（藍）

**褴** lán
（襤）

**栏** lán
（欄）

**览** lǎn
（覽）

**烂** làn
(爛)

**滥** làn
(濫)

**郎** láng

**狼** láng

**琅** láng

**硠** láng

**阆** làng
(閬)

**劳** láo
(勞)

**牢** láo

**醪** láo

## 潦 láo/liáo

## 老 lǎo

## 酪 lào

## 乐 lè/yuè (樂)

## 勒 lè/lēi

## 雷 léi

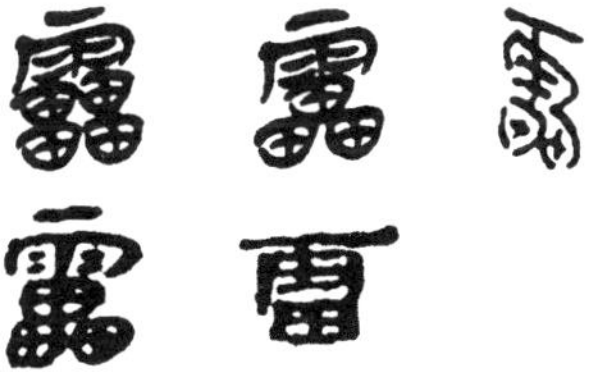

## 羸 léi

## 畾 léi

## 耒 lěi

垒 lěi
（壘）

儡 lěi

肋 lèi

类 lèi
（類）

酹 lèi

累 lèi
（絫纍）

棱 léng

厘 lí

狸 lí

貍 lí

**离** lí
（離）

**梨** lí

**黎** lí

**藜** lí

**骊** lí
（驪）

**李** lǐ

**礼** lǐ
（禮）

**理** lǐ

## 里 lǐ
(裏)

## 鲤 lǐ
(鯉)

## 醴 lǐ

## 鳢 lǐ
(鱧)

## 蠡 lǐ

## 俚 lǐ

## 逦 lǐ
(邐)

## 力 lì

## 历 lì
（歷曆）

## 厉 lì
（厲）

## 枥 lì

## 苈 lì
（藶）

## 笠 lì

## 励 lì
（勵）

## 疠 lì
（癘）

## 砺 lì
（礪）

## 粝 lì
（糲）

## 立 lì

## 粒 lì

## 吏 lì

## 丽 lì
(麗)

## 俪 lì
(儷)

## 栗 lì

## 利 lì

## 莉 lì

## 戾 lì

**隶** lì
(隸)

**荔** lì

**栎** lì
(櫟)

**连** lián
(連)

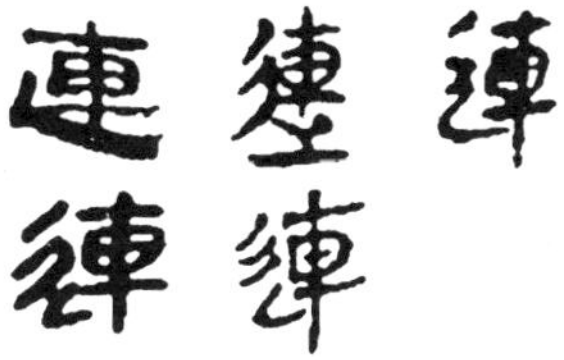

**怜** lián
(憐)

**簾** lián

**莲** lián
(蓮)

**涟** lián
(漣)

**廉** lián

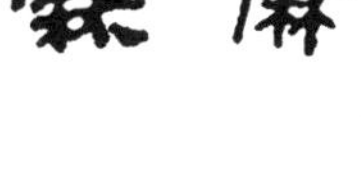

**镰** lián
(鐮)

**联** lián
(聯)

**敛** liǎn
(斂)

**练** liàn
(練)

**炼** liàn
(煉)

**良** liáng

**凉** liáng
(涼)

**梁** liáng

梁 liáng

量 liáng/liàng

粮 liáng
(糧)

两 liǎng
(兩)

亮 liàng

谅 liàng
(諒)

辽 liáo
(遼)

僚 liáo

寮 liáo

**缭** liáo
(繚)

**燎** liáo

**聊** liáo

**疗** liáo
(療)

**蓼** liǎo

**廖** liào

**料** liào

**列** liè

**劣** liè

**猎** liè
(獵)

## 裂 liè

## 邻 lín
(鄰)

## 林 lín

## 淋 lín

## 琳 lín

## 霖 lín

## 临 lín
(臨)

## 粼 lín

## 辚 lín
(轔)

## 膦 lín

**鳞** lín
(鱗)

**麟** lín

**凛** lǐn

**廪** lǐn

**吝** lìn

**赁** lìn
(賃)

**蔺** lìn
(藺)

**灵** líng
(靈)

**龄** líng
(齡)

**泠** líng

**玲** líng

**铃** líng
**(鈴)**

**瓴** líng

**凌** líng

**陵** líng

**聆** líng

**棂** líng
**(欞)**

**零** líng

## 岭 lǐng
（嶺）

## 领 lǐng
（領）

## 令 lìng

## 浏 liú
（瀏）

## 留 liú

## 流 liú

## 刘 liú
（劉）

## 柳 liǔ
（栁桺）

## 六 liù

## 溜 liù
(澑)

## 珑 lóng
(瓏)

## 胧 lóng
(朧)

## 聋 lóng
(聾)

## 笼 lóng
(籠)

## 隆 lóng

## 龙 lóng
(龍)

# 泷 lóng
(瀧)

# 陇 lǒng
(隴)

# 垄 lǒng
(壟)

# 娄 lóu
(婁)

# 偻 lóu/lǚ
(僂)

# 楼 lóu
(樓)

# 篓 lǒu
(簍)

# 瘘 lòu
(瘻)

## 漏 lòu

## 卢 lú
(盧)

## 芦 lú
(蘆)

## 庐 lú
(廬)

## 垆 lú
(壚)

## 炉 lú
(爐)

## 虏 lǔ
(虜)

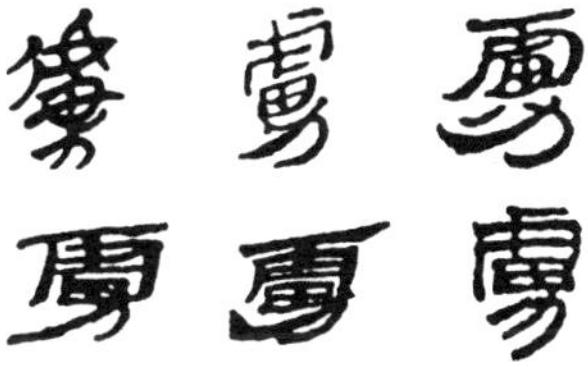

## 卤 lǔ
(鹵)

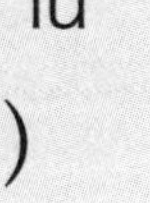

## 陆 lù/liù
(陸)

## 闾 lǘ
(閭)

## 侣 lǚ

## 旅 lǚ

## 屡 lǚ
(屢)

## 缕 lǚ
(縷)

## 膂 lǚ

## 履 lǚ

## 虑 lǜ
(慮)

**律** lǜ

**率** lǜ/shuài
(䢦)

**绿** lǜ/lù
(綠)

**峦** luán
(巒)

**孪** luán
(孿)

**鸾** luán
(鸞)

**脔** luán
(臠)

**銮** luán
(鑾)

## 娈 luán
(孌)

## 卵 luǎn

## 乱 luàn
(亂)

## 掠 lüè

## 略 lüè

## 仑 lún
(侖)

## 伦 lún
(倫)

## 论 lún/lùn
(論)

**沦** lún
(淪)

**纶** lún
(綸)

**轮** lún
(輪)

**罗** luó
(羅)

**萝** luó
(蘿)

**蠃** luǒ

**洛** luò

**骆** luò
(駱)

## 络 luò
(絡)

## 落 luò/là/lào

## 雒 luò

# M

## 抹 mā/mǒ

## 麻 má

## 马 mǎ (馬)

## 埋 mái

## 买 mǎi (買)

## 迈 mài (邁)

**麦** mài
(麥)

**卖** mài
(賣)

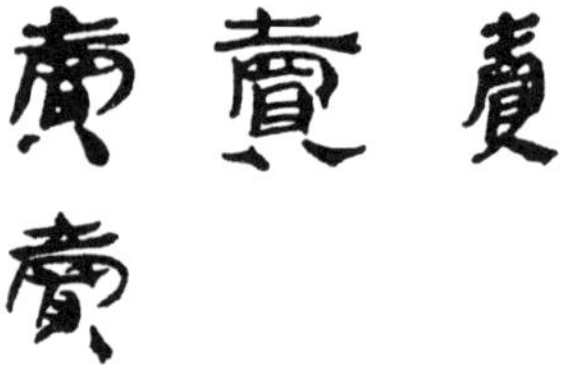

**脉** mài/mò
(脈)

**嫚** mān/màn/yuān

**蛮** mán
(蠻)

**蔓** mán/màn/wàn

**谩** mán/màn
(謾)

**鳗** mán
(鰻)

## 瞒 mán
(瞞)

## 鞔 mán

## 曼 màn

## 幔 màn

## 慢 màn

## 缦 màn
(縵)

## 芒 máng

## 盲 máng

## 氓 máng

## 厖 máng

## 莽 mǎng

## 猫 māo

## 髦 máo

## 旄 máo

## 毛 máo

## 牦 máo

## 茅 máo

## 矛 máo

## 卯 mǎo

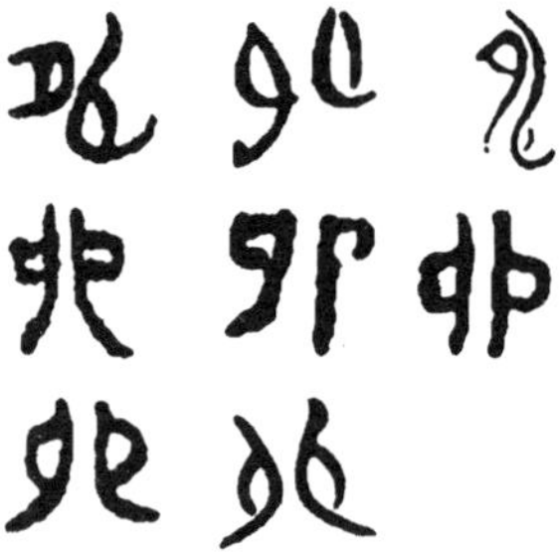

## 昴 mǎo

## 冒 mào

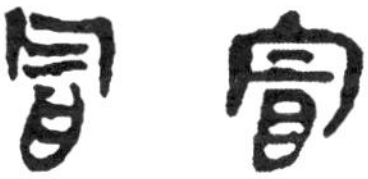

## 茂 mào

## 贸(貿) mào

## 袤 mào

## 貌 mào

## 瞀 mào

## 懋 mào

## 没 méi/mò

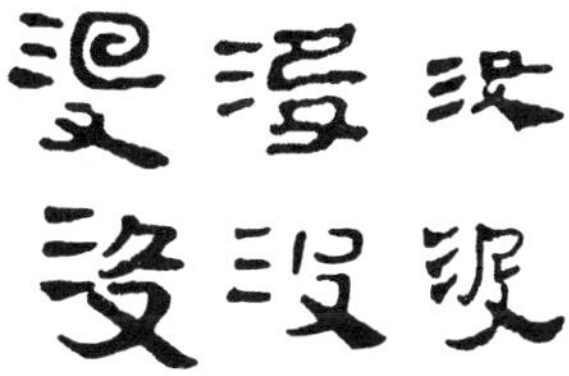

## 莓 méi

## 湄 méi

## 楣 méi

## 媒 méi

## 枚 méi

## 美 měi

## 媚 mèi

## 妹 mèi

## 昧 mèi

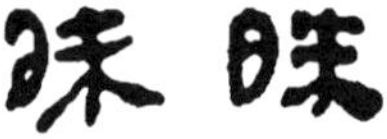

## 袂 mèi

## 魅 mèi

## 门 mén
(門)

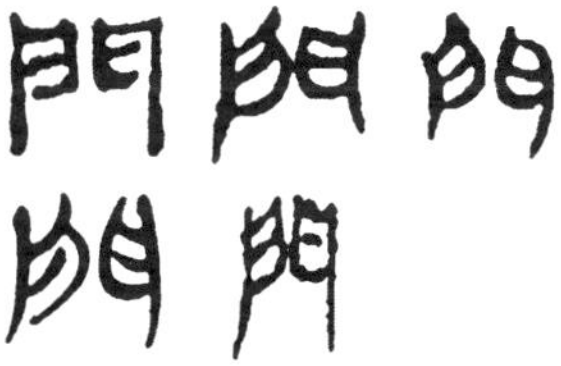

## 闷 mèn
(悶)

## 懑 mèn
(懣)

## 虻 méng

## 萌 méng

## 蒙 méng

## 朦 méng

## 盟 méng

## 甍 méng

## 猛 mĕng

## 孟 mèng

## 梦 mèng (夢)

## 眯 mī/mí

## 弥 mí

## 迷 mí

## 祢 mí (禰)

## 谜 mí (謎)

## 麋 mí

## 靡 mí/mĭ

**靡** mí

**米** mǐ

**弭** mǐ
(彌)

**敉** mǐ

**汨** mì

**沕** mì

**泌** mì

**秘** mì

**密** mì

**绵** mián
(綿)

## 棉 mián

## 免 miǎn

## 勉 miǎn

## 面 miàn

## 苗 miáo

## 邈 miǎo

## 杪 miǎo

## 眇 miǎo

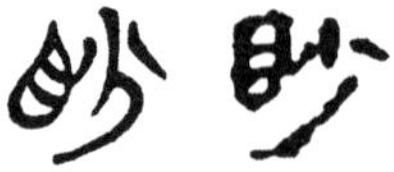

## 秒 miǎo

## 淼 miǎo

## 藐 miǎo

## 妙 miào

## 庙 miào (廟)

## 缪 miù (繆)

## 威 miè

## 灭 miè (滅)

## 蔑 miè

## 民 mín

## 罠 mín

## 缗 mín (緡)

## 皿 mǐn

## 闵 mǐn
(閔)

## 抿 mǐn

## 泯 mǐn

## 闽 mǐn
(閩)

## 敃 mǐn

## 敏 mǐn

## 名 míng

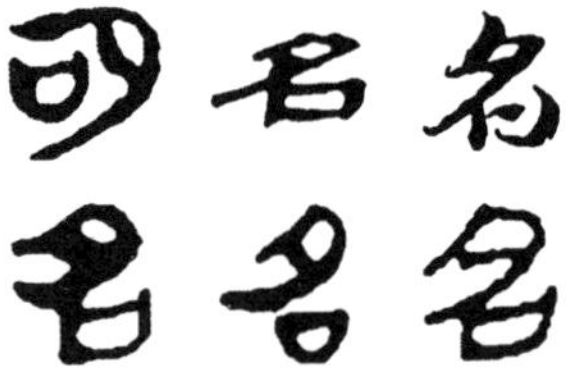

## 明 míng

## 鸣 míng
(鳴)

## 茗 míng

## 冥 míng

## 溟 míng

## 铭 míng
(銘)

## 命 mìng

## 谬 miù
(謬)

## 谟 mó
(謨)

## 模 mó/mú

## 膜 mó

## 摩 mó

## 磨 mó

## 魔 mó

## 末 mò

## 茉 mò

## 沫 mò

## 莫 mò

## 蓦 mò (驀)

## 漠 mò

## 默 mò

**墨** mò

**貘** mò

**谋** móu
(謀)

**牟** móu/mù

**鍪** móu

**某** mǒu

**母** mǔ

**牡** mǔ

**亩** mǔ
(畝)

## 沐 mù

## 木 mù

## 目 mù

## 牧 mù

## 募 mù

## 墓 mù

## 幕 mù

## 慕 mù

## 暮 mù

## 睦 mù

## 穆 mù

# N

纳 nà
(納)

乃 nǎi

迺 nǎi

奈 nài

柰 nài

耐 nài

男 nán

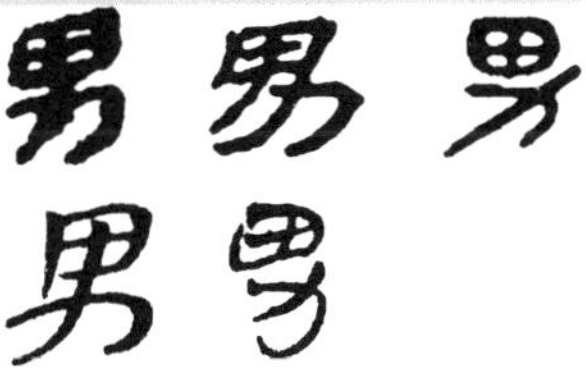

## 南 nán

## 难 nán/nàn
(難)

## 囊 nāng/náng

## 曩 nǎng

## 挠 náo
(撓)

## 铙 náo
(鐃)

## 淖 nào

## 闹 nào
(鬧閙)

## 臑 nào/rú

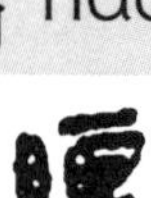

## 内 nèi

## 能 néng

## 尼 ní

## 泥 ní

## 倪 ní

## 霓 ní

## 鲵 ní (鯢)

## 拟 nǐ (擬)

## 匿 nì

**逆** nì

**惄** nì

**腻** nì
(膩)

**溺** nì

**拈** niān

**年** nián
(秊)

**鲇** nián
(鮎)

**黏** nián

辇 niǎn
(輦)

廿 niàn

念 niàn

酿 niàng
(釀)

鸟 niǎo
(鳥)

聂 niè
(聶)

涅 niè

啮 niè
(嚙)

**蹑** niè
(躡)

**孽** niè

**蘖** niè
(櫱)

**宁** níng/nìng
(寧甯寕)

**寍** níng

**佞** nìng

**牛** niú

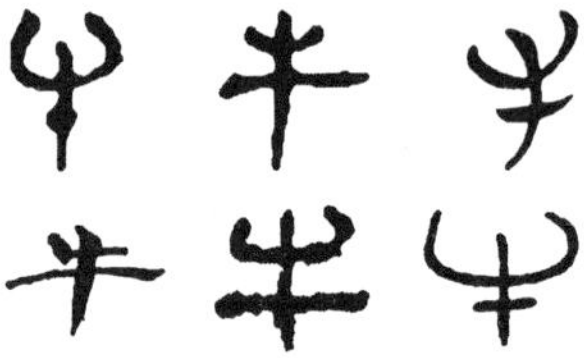

**纽** niǔ
(紐)

**脓** nóng
(膿)

## 农 nóng (農)

## 弄 nòng/lòng

## 耨 nòu

## 奴 nú

## 驽 nú (駑)

## 努 nǔ

## 怒 nù

## 女 nǚ

**暖** nuǎn

**疟** nüè
(瘧)

**虐** nüè

**傩** nuó
(儺)

**诺** nuò
(諾)

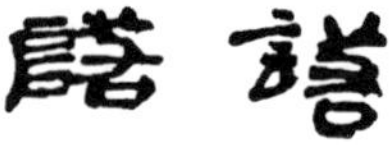

# O

**讴** ōu
(謳)

**沤** ōu/òu
(漚)

**瓯** ōu
(甌)

**殴** ōu
(毆)

**鸥** ōu
(鷗)

**偶** ǒu

**耦** ǒu

# P

## 葩 pā

## 拍 pāi

## 俳 pái

## 排 pái

## 牌 pái

## 派 pài

## 潘 pān

## 攀 pān

## 蟠 pán

盘 pán
(盤)

判 pàn

盼 pàn

叛 pàn

畔 pàn

滂 pāng

庞 páng
(龐)

旁 páng

胖 pàng

脬 pāo

## 咆 páo

## 庖 páo

## 袍 páo

## 匏 páo

## 鞄 páo

## 泡 pào

## 陪 péi

## 培 péi

## 沛 pèi

## 佩 pèi

## 配 pèi

## 旆 pèi

## 辔 pèi
(轡)

## 喷 pēn/pèn
(噴)

## 盆 pén

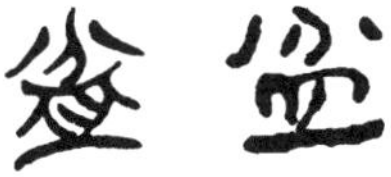

## 烹 pēng

## 朋 péng

## 堋 péng

## 彭 péng

## 棚 péng

## 蓬 péng

## 捧 pěng

## 披 pī

## 劈 pī/pǐ

## 皮 pí

## 枇 pí

## 毗（毘） pí

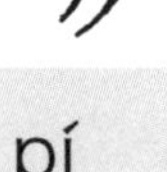

## 郫 pí

## 疲 pí

## 埤 pí/pì

## 貔 pí

## 脾 pí

## 匹 pǐ

**庀** pǐ

**痞** pǐ

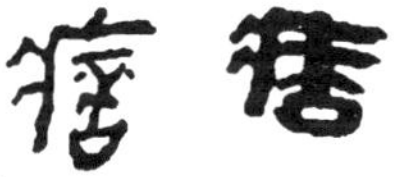

**僻** pì

**甓** pì

**譬** pì

**片** piān/piàn

**偏** piān

**翩** piān

**骈** pián
(駢)

**胼** pián

**剽** piāo

## 漂 piāo/piǎo/piào

## 缥 piāo/piǎo
(縹)

## 飘 piāo
(飄)

## 瓢 piáo

## 僄 piào

## 票 piào

## 瞥 piē

## 贫 pín
(貧)

## 嫔 pín
(嬪)

**颦** pín
(顰)

**频** pín
(頻)

**品** pǐn

**牝** pìn

**瓶** píng

**平** píng

**萍** píng

**坡** pō

**颇** pō
(頗)

**鄱** pó

**皤** pó

**迫** pò

**破** pò

**粕** pò

**魄** pò

**狛** pò

**剖** pōu

**裒** póu
(褒裦)

**仆** pū
(僕)

**扑** pū
(撲)

## 铺 pū/pù
(鋪)

## 菩 pú

## 蒲 pú

## 莆 pú

## 匍 pú

## 普 pǔ
(暜)

## 朴 pǔ/pō/pò

## 浦 pǔ

## 溥 pǔ

## 谱 pǔ
(譜)

# Q

## 七 qī

## 妻 qī

## 戚 qī

## 栖 qī
(棲)

## 期 qī

## 欺 qī

## 踦 qī/yǐ

## 齐 qí
(齊)

## 祁 qí

## 岐 qí

## 其 qí

## 畦 qí

## 跂 qí/qǐ

## 崎 qí

## 骐 qí (騏)

## 棋 qí

## 祺 qí

## 旗 qí

# 蕲 qí
(蘄)

# 麒 qí

# 骑 qí
(騎)

# 琦 qí

# 祈 qí

# 耆 qí

# 陭 qí/yì

# 颀 qí
(頎)

# 脐 qí
(臍)

# 埼 qí

乞 qǐ

杞 qǐ

岂 qǐ
(豈)

芑 qǐ

企 qǐ

启 qǐ
(啓)

绮 qǐ
(綺)

起 qǐ

气 qì
(氣)

## 汔 qì

## 弃 qì (棄)

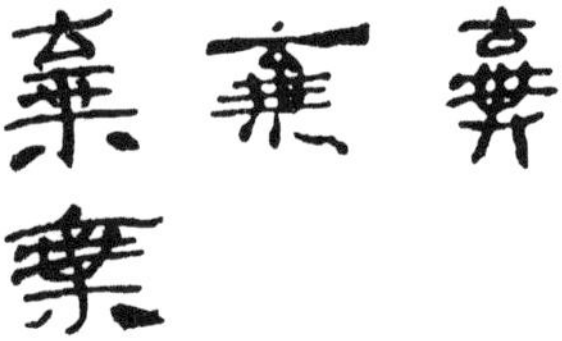

## 汽 qì

## 泣 qì

## 契 qì

## 砌 qì/qiè

## 葺 qì

## 器 qì (噐)

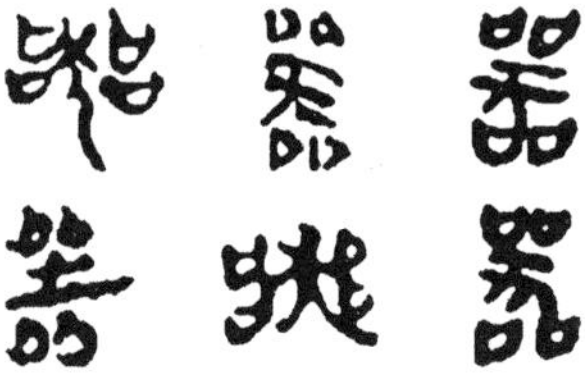

## 洽 qià

## 恰 qià

## 千 qiān

## 芊 qiān

## 迁 qiān
(遷)

## 佥 qiān
(僉)

## 铅 qiān
(鉛)

## 牵 qiān
(牽)

## 谦 qiān
(謙)

## 搴 qiān

**钤** qián
(鈐)

**前** qián

**虔** qián

**黔** qián

**钱** qián
(錢)

**潜** qián
(潛)

**浅** qiǎn
(淺)

**遣** qiǎn

**谴** qiǎn
**(譴)**

**欠** qiàn

**纤** qiàn/xiān
**(纖)**

**茜** qiàn

**倩** qiàn

**慊** qiàn/qiè

**羌** qiāng

**枪** qiāng
**(槍)**

**腔** qiāng

**锵** qiāng
**(鏘)**

**强** qiáng/qiǎng/jiàng
(彊)

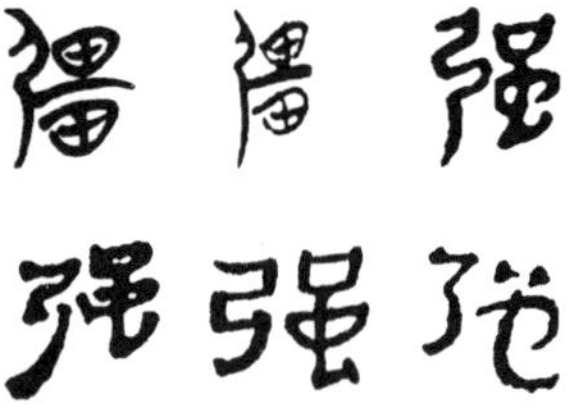

**墙** qiáng
(墻)

**蔷** qiáng
(薔)

**悄** qiāo/qiǎo

**跷** qiāo
(蹺)

**敲** qiāo

**缲** qiāo
(繰)

**乔** qiáo
(喬)

**峤** qiáo/jiào
**(嶠)**

**侨** qiáo
**(僑)**

**樵** qiáo

**桥** qiáo
**(橋)**

**翘** qiáo/qiào
**(翹)**

**巧** qiǎo

**峭** qiào

**窍** qiào
**(竅)**

**鞘** qiào

## 切 qiē/qiè

## 伽 qié

## 茄 qié

## 且 qiě

## 妾 qiè

## 窃 qiè (竊)

## 惬 qiè (愜)

## 挈 qiè

## 钦 qīn (欽)

## 侵 qīn

## 亲 qīn
## （親）

## 衾 qīn

## 芹 qín

## 芩 qín

## 禽 qín

## 秦 qín

## 勤 qín

## 溱 qín

## 鬵 qín

## 瘽 qín

## 寝 qǐn
(寢)

## 青 qīng

## 清 qīng

## 倾 qīng
(傾)

## 轻 qīng
(輕)

## 卿 qīng

## 黥 qíng

## 顷 qǐng
(頃)

## 请 qǐng
(請)

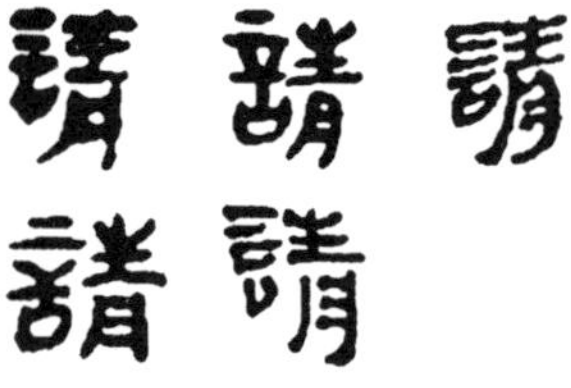

磬 qǐng

庆 qìng
(慶)

穷 qióng
(窮)

穹 qióng

琼 qióng
(瓊)

蛩 qióng

睘 qióng

瞏 qióng

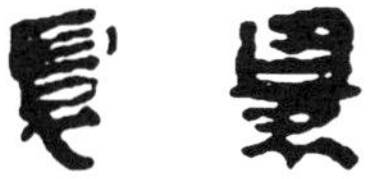

丘 qiū

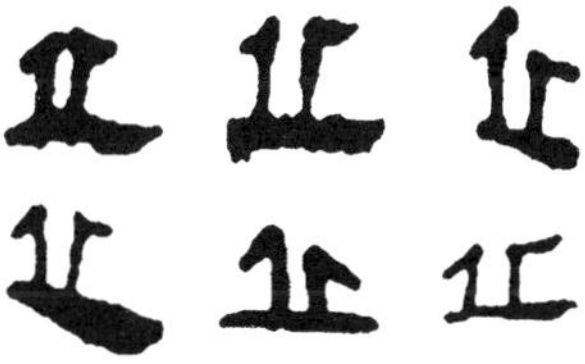

萩 qiū

## 秋 qiū
(龝)

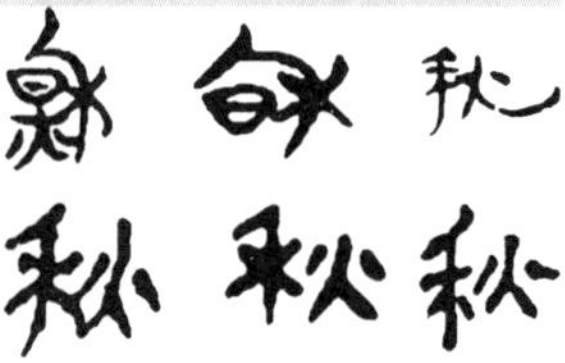

## 湫 qiū
(䵸)

## 囚 qiú

## 求 qiú

## 酋 qiú

## 球 qiú

## 赇 qiú
(賕)

## 遒 qiú

## 裘 qiú

## 糗 qiǔ

## 区 qū
(區)

## 诎 qū
(詘)

## 曲 qū/qǔ
(麯)

## 驱 qū
(驅駈)

## 屈 qū

## 胠 qū

## 趋 qū
(趨)

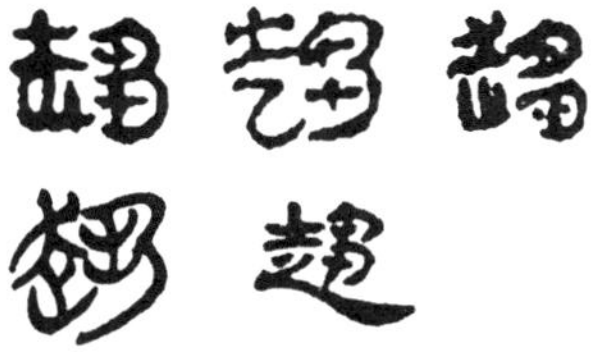

## 麹 qū
(麴)

## 躯 qū
(軀)

## 朐 qú

## 鸲 qú
(鴝)

## 瞿 qú

## 蘧 qú

## 籧 qú

## 衢 qú

## 渠 qú

## 取 qǔ

## 娶 qǔ

## 去 qù
(厺)

## 趣 qù

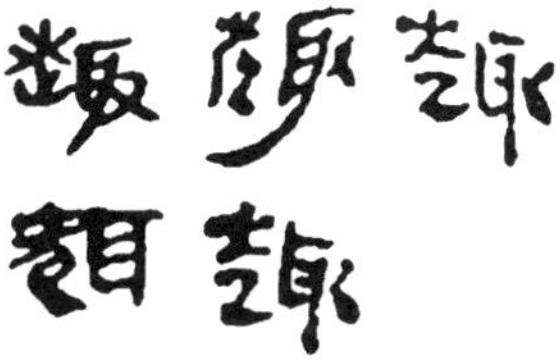

## 悛 quān

## 筌 quán

## 蠸 quán

## 权 quán
(權)

## 全 quán

## 诠 quán
(詮)

## 荃 quán

## 泉 quán

## 拳 quán

## 犬 quǎn

## 劝 quàn
(勸)

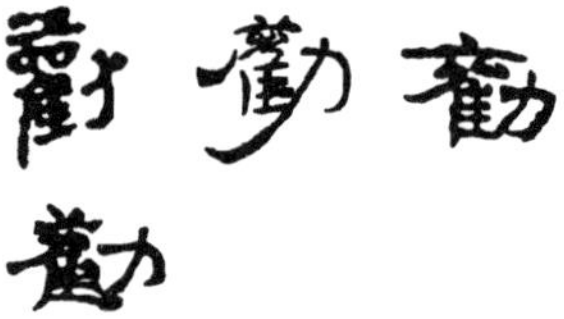

## 券 quàn

## 缺 quē

## 却 què
(卻郄)

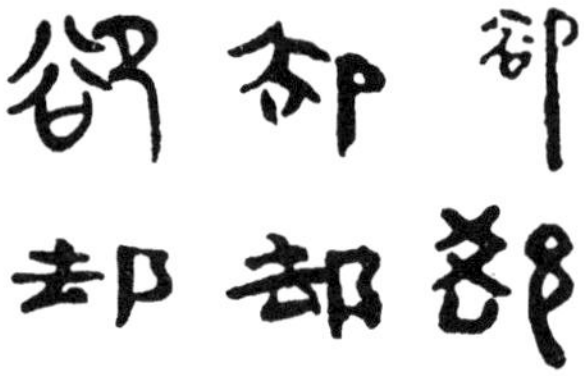

## 雀 què

**确** què

(確塙)

**阙** què

(闕)

**趞** què

**囷** qūn

**逡** qūn

**裙** qún

(帬裠)

**群** qún

(羣)

# R

## 然 rán

## 冉 rǎn (冄)

## 染 rǎn

## 攘 ráng/rǎng/ràng

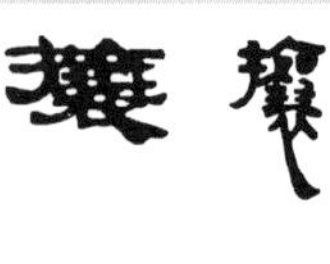

## 穰 ráng

## 壤 rǎng

## 让 ràng (讓)

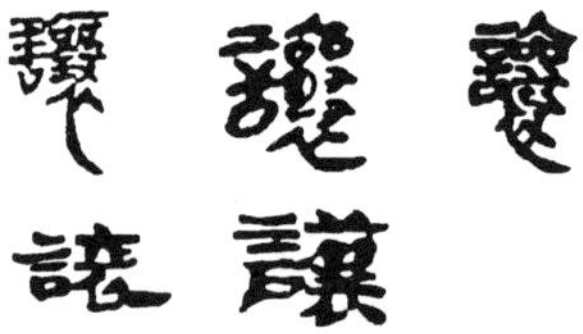

## 荛 ráo (蕘)

## 饶 ráo
(饒)

## 桡 ráo
(橈)

## 绕 rào
(繞)

## 惹 rě

## 若 rě/ruò

## 热 rè
(熱)

## 人 rén

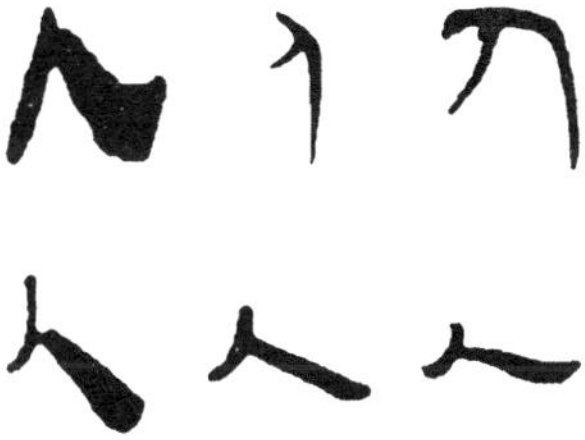

## 壬 rén

## 仁 rén

## 忍 rěn

## 稔 rěn

## 刃 rèn

## 仞 rèn

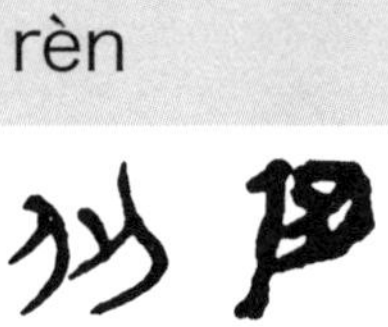

## 纫 rèn
(紉)

## 韧 rèn
(韌)

## 任 rèn

## 妊 rèn

## 纴 rèn
(紝絍)

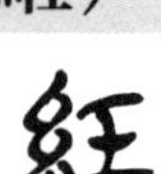

## 衽 rèn

## 仍 réng

## 日 rì

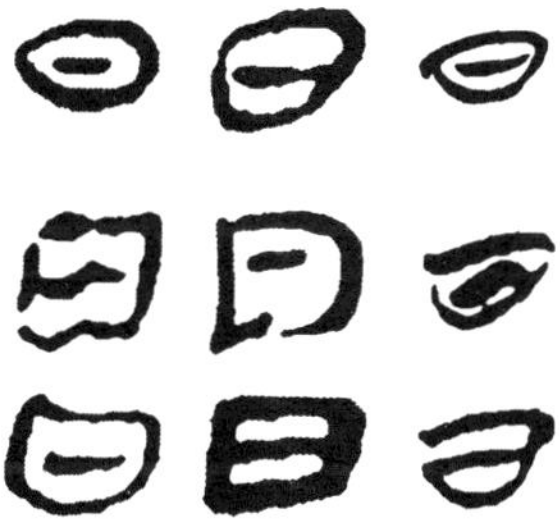

## 戎 róng

## 茸 róng

## 荣 róng
(榮)

## 容 róng

## 蓉 róng

## 溶 róng

## 镕 róng
（鎔）

## 融 róng

## 柔 róu

## 鞣 róu

## 肉 ròu

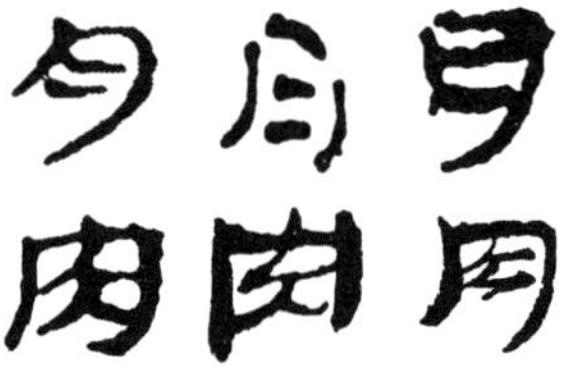

## 如 rú

## 茹 rú

## 儒 rú

## 濡 rú

## 襦 rú

## 乳 rǔ

## 辱 rǔ

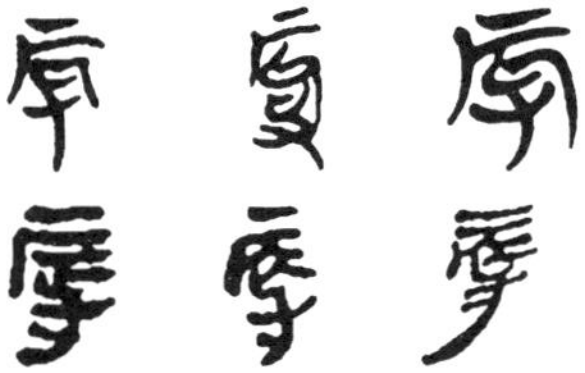

## 汝 rǔ

## 入 rù

## 洳 rù

## 蓐 rù

## 阮 ruǎn

## 芮 ruì

## 锐 ruì (鋭)

## 瑞 ruì

## 闰 rùn (閏)

## 润 rùn (潤)

## 弱 ruò

## 箬 ruò

# S

## 洒 sǎ
(灑)

## 卅 sà

## 飒 sà
(颯)

## 腮 sāi

## 塞 sāi/sài/sè

## 赛 sài
(賽)

## 三 sān

## 散 sǎn/sàn
(散)

## 丧 sāng/sàng
(喪)

## 桑 sāng
(桒)

## 慅 sāo

## 骚 sāo
(騷)

## 搔 sāo/sào

## 扫 sǎo/sào
(掃埽)

## 色 sè/shǎi

**啬** sè
(嗇)

**瑟** sè

**穑** sè
(穡)

**轖** sè

**森** sēn

**僧** sēng

**杀** shā
(殺)

**沙** shā/shà

**莎** shā

**翣** shà

**山** shān

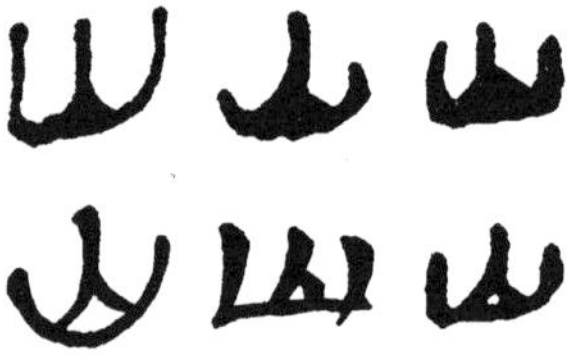

**脠** shān

**芟** shān

**删** shān
（刪）

**珊** shān

**栅** shān/zhà
（柵）

**扇** shān/shàn

**闪** shǎn
（閃）

**陕** shǎn
（陝）

**汕** shàn

**善** shàn

**缮** shàn
(繕)

**擅** shàn

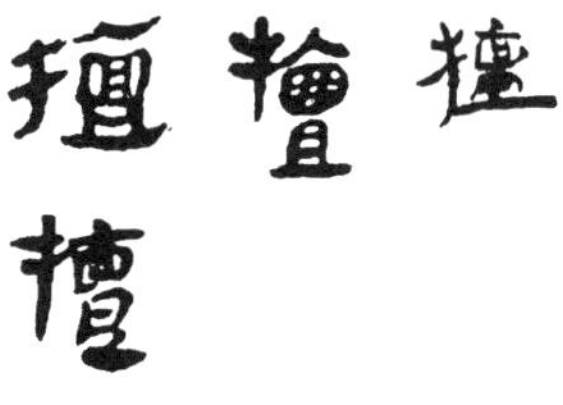

**膳** shàn
(饍)

**赡** shàn
(贍)

**伤** shāng
(傷)

**殇** shāng
(殤)

## 商 shāng

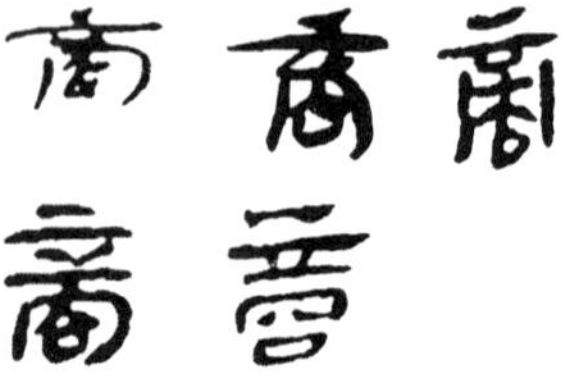

## 觞 shāng (觴)

## 赏 shǎng (賞)

## 尚 shàng

## 上 shàng

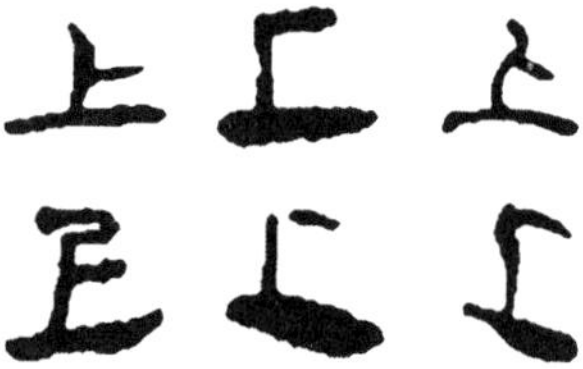

## 梢 shāo/shào

## 稍 shāo/shào

## 蛸 shāo

## 烧 shāo (燒)

## 芍 sháo

## 杓 sháo

## 韶 sháo

## 勺 sháo

## 少 shǎo

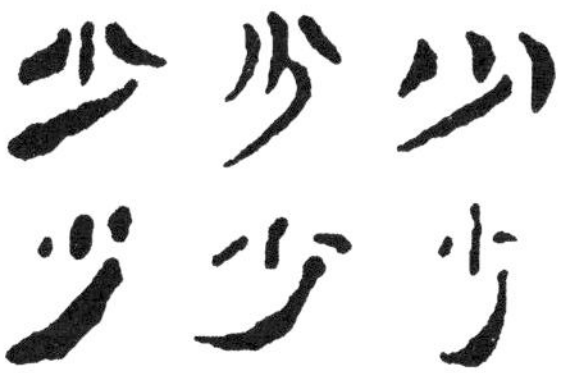

## 邵 shào

## 袑 shào

## 奢 shē

## 蛇 shé (虵)

## 舌 shé

**舍** shě
(舍)

**设** shè
(設)

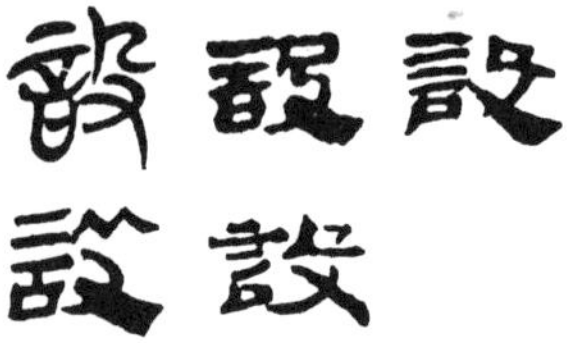

**社** shè

**涉** shè

**射** shè
(䠶)

**赦** shè

**摄** shè
(攝)

**慑** shè
(懾)

## 申 shēn

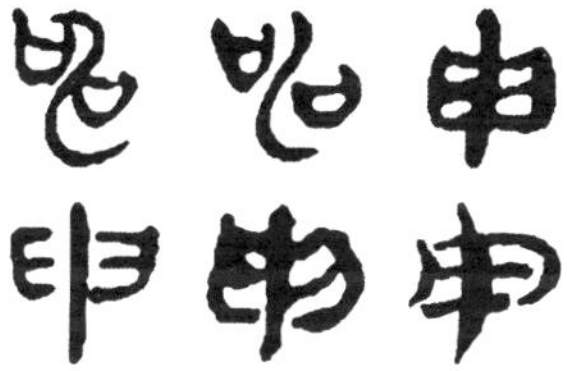

## 伸 shēn

## 绅 shēn (紳)

## 呻 shēn

## 深 shēn

## 身 shēn

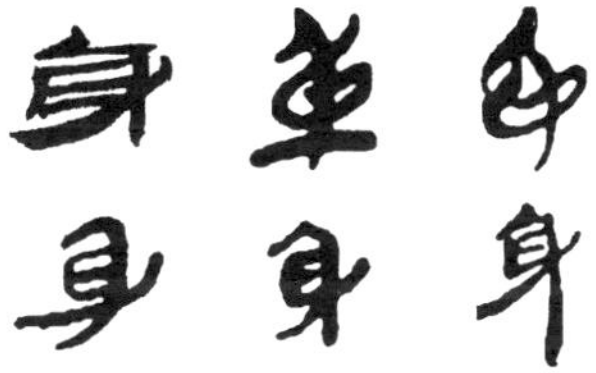

## 什 shén

## 神 shén

## 沈 shěn

## 审 shěn
(審)

## 肾 shèn
(腎)

## 甚 shèn

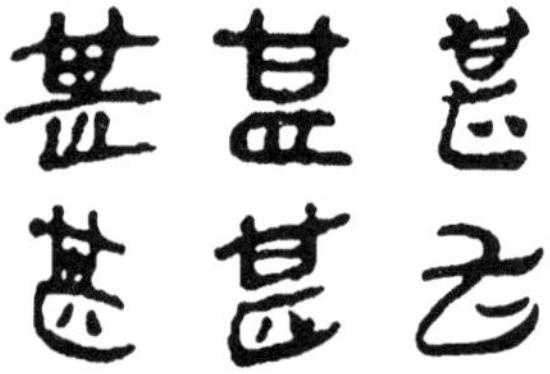

## 椹 shèn/zhēn

## 蜃 shèn

## 慎 shèn

## 甡 shēng

## 升 shēng
(昇)

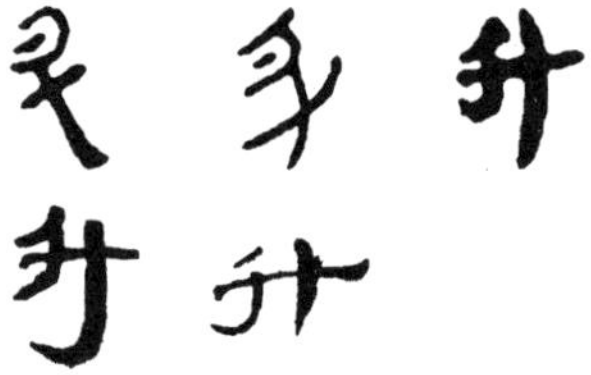

## 生 shēng

## 声 shēng (聲)

## 甥 shēng

## 绳 shéng (繩)

## 省 shěng/xǐng

## 眚 shěng

## 胜 shèng (勝)

## 圣 shèng (聖)

**酾** shī/shāi
(釃)

**尸** shī

**失** shī

**师** shī
(師)

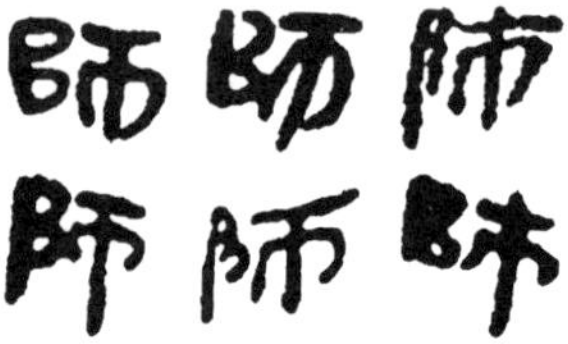

**虱** shī
(蝨)

**诗** shī
(詩)

**施** shī

**湿** shī
(濕)

**蓍** shī

## 湜 shí

## 拾 shí

## 十 shí

## 石 shí

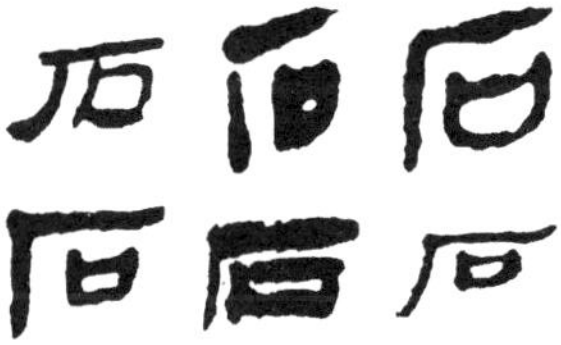

## 实 shí (實)

## 时 shí (時)

## 识 shí/zhì (識)

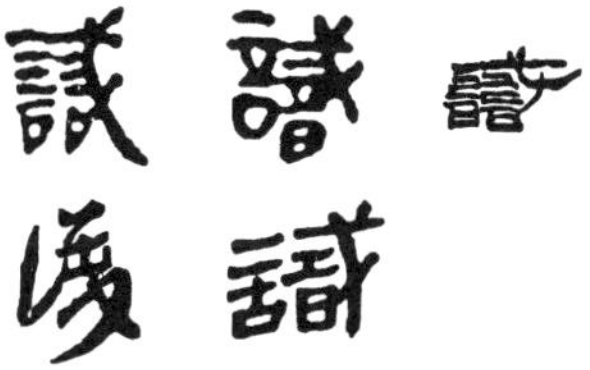

## 食 shí

## 蚀 shí
(蝕)

## 莳 shí
(蒔)

## 矢 shǐ

## 始 shǐ

## 史 shǐ

## 豕 shǐ

## 使 shǐ

## 士 shì

## 仕 shì

## 示 shì

## 氏 shì

## 世 shì

## 市 shì

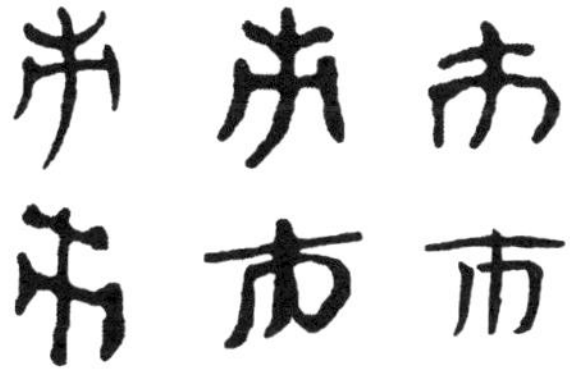

## 式 shì

## 侍 shì

## 事 shì

## 恃 shì

## 饰 shì (飾)

## 试 shì
(試)

## 视 shì
(視)

## 贳 shì
(貰)

## 逝 shì

## 是 shì
(是)

## 适 shì
(適)

## 室 shì

## 笹 shì

## 释 shì (釋)

## 嗜 shì

## 筮 shì

## 奭 shì

## 收 shōu

## 手 shǒu

## 守 shǒu

## 首 shǒu

## 寿 shòu
(壽壽)

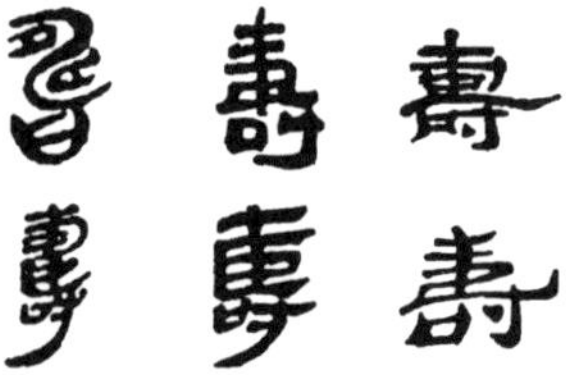

## 受 shòu

## 授 shòu

## 绶 shòu
(綬)

## 狩 shòu

## 兽 shòu
(獸)

## 瘦 shòu

## 殳 shū

## 抒 shū

## 书 shū
(書)

## 枢 shū
(樞)

## 叔 shū

## 殊 shū

## 倏 shū

## 菽 shū

## 梳 shū

## 疏 shū
(疎)

**输 shū**
**(輸)**

**蔬 shū**

**塾 shú**

**赎 shú**
**(贖)**

**秫 shú**

**孰 shú**

**曙 shǔ**

**暑 shǔ**

**署 shǔ**

**黍 shǔ**

## 属 shǔ/zhǔ (屬)

## 蜀 shǔ

## 鼠 shǔ

## 数 shǔ/shù/shuò (數)

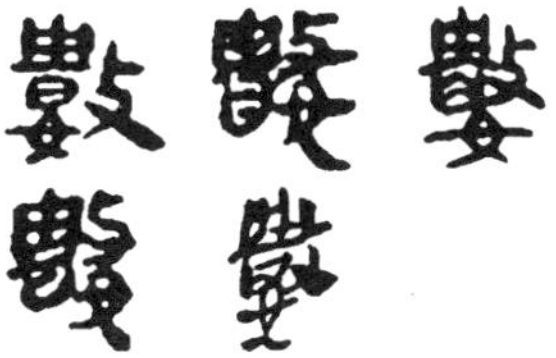

## 术 shù/zhú (術)

## 戍 shù

## 束 shù

## 述 shù

**树** shù
(樹)

**钬** shù
(鉥)

**竖** shù
(豎)

**侸** shù

**恕** shù

**漱** shù

**庶** shù

**尌** shù

**澍** shù

**隃** shù/yú

**謶** shù

## 刷 shuā

## 衰 shuāi

## 帅 shuài (帥)

## 双 shuāng (雙)

## 霜 shuāng

## 爽 shuǎng

## 谁 shuí (誰)

## 水 shuǐ

## 祱 shuì

**税** shuì

**睡** shuì

**说** shuì/shuō
(說)

**顺** shùn
(順)

**舜** shùn

**瞬** shùn

**铄** shuò
(鑠)

**朔** shuò

**硕** shuò
(碩)

## 槊 shuò

## 司 sī

## 丝（絲） sī

## 虒 sī

## 私 sī

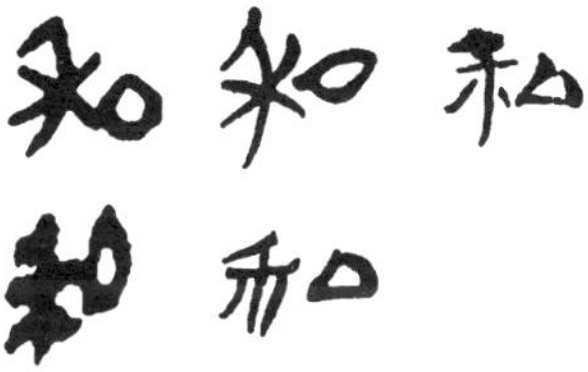

## 思 sī

## 斯 sī

## 死 sǐ

## 巳 sì

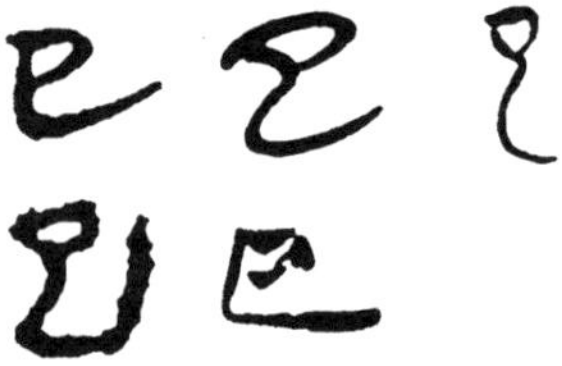

## 四 sì
(亖)

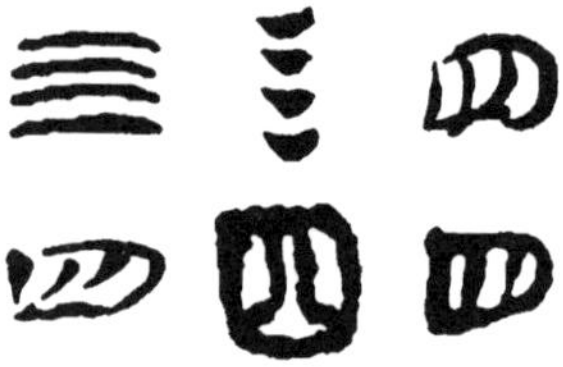

## 寺 sì

## 似 sì
(佀)

## 汜 sì

## 兕 sì

## 伺 sì

## 饲 sì
(飼飤)

## 笥 sì

## 祀 sì

## 驷 sì
(駟)

## 俟 sì

## 肆 sì

## 嗣 sì

## 松 sōng

## 嵩 sōng

## 竦 sǒng

## 耸 sǒng
(聳)

## 讼 sòng
(訟)

## 诵 sòng
(誦)

## 宋 sòng

## 送 sòng

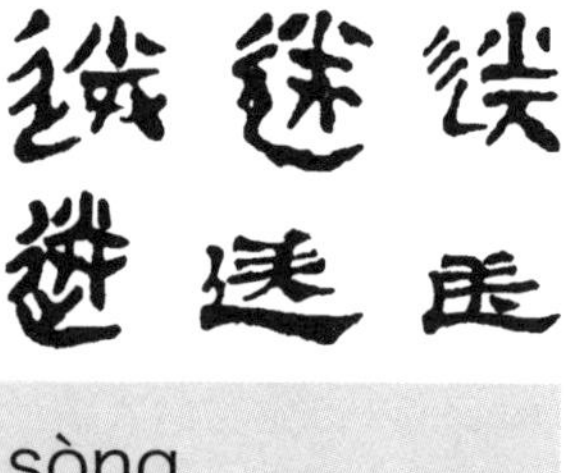

## 颂 sòng
(頌)

## 搜 sōu
(蒐)

## 叟 sǒu
(叜)

## 擞 sǒu
(藪)

## 苏 sū
(蘇)

## 俗 sú

## 夙 sù

## 肃 sù
(肅)

## 素 sù

## 速 sù

## 涑 sù

## 宿 sù

## 粟 sù

## 酸 suān

## 算 suàn

## 虽 suī
(雖)

## 睢 suī

## 绥 suí
(綏)

## 隋 suí

## 随 suí
(隨)

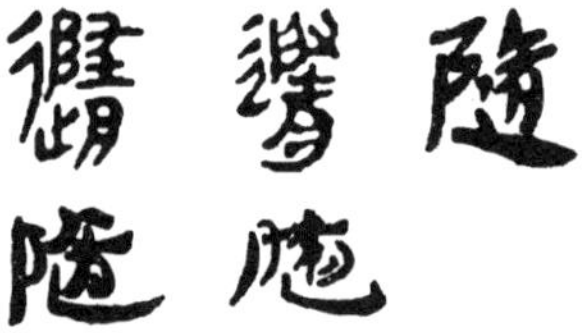

## 遂 suí/suì

## 髓 suǐ

## 岁 suì
(歲)

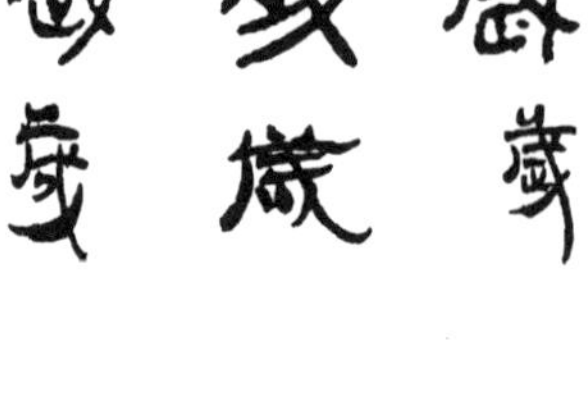

## 谇 suì
(誶)

## 祟 suì

## 燧 suì

## 隧 suì

## 穗 suì
(繐)



## 孙 sūn
(孫)

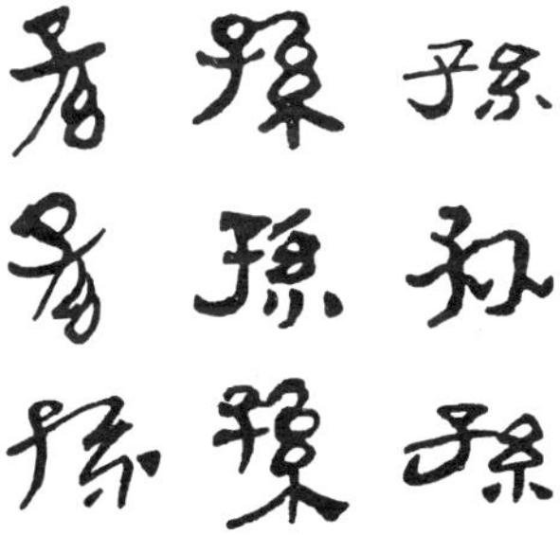

## 损 sǔn
(損)

## 笋 sǔn
(筍)

## 隼 sǔn

## 榫 sǔn

## 缩 suō (縮)

## 娑 suō

## 所 suǒ

## 索 suǒ

## 琐 suǒ (瑣)

## 锁 suǒ (鎖)

# T

**他** tā

**它** tā

**踏** tā/tà

**铊** tā/tuó
(鉈)

**塔** tǎ

**獭** tǎ
(獺)

**拓** tà/tuò

**蹋** tà

## 遝 tà

## 苔 tāi/tái

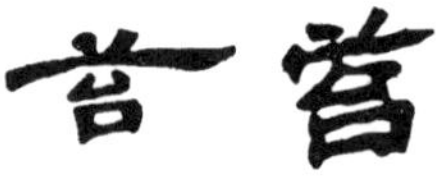

## 台 tái
(臺)

## 抬 tái

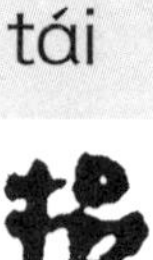

## 枱 tái

## 太 tài

## 态 tài
(態)

## 泰 tài

## 贪 tān
(貪)

**瘫** tān

**滩** tān
(灘)

**昙** tán
(曇)

**郯** tán

**谈** tán
(談)

**惔** tán

**谭** tán
(譚)

**坦** tǎn

**袒** tǎn

**叹** tàn
(嘆)

## 炭 tàn

## 探 tàn

## 汤 tāng (湯)

## 唐 táng

## 堂 táng

## 棠 táng

## 糖 táng

## 螳 táng

## 傥 tăng (儻)

**絛** tāo

**涛** tāo
(濤)

**滔** tāo

**慆** tāo

**韬** tāo
(韜)

**匋** táo/yáo

**逃** táo

**桃** táo

**陶** táo

**萄** táo

## 讨 tǎo
(討)

## 特 tè

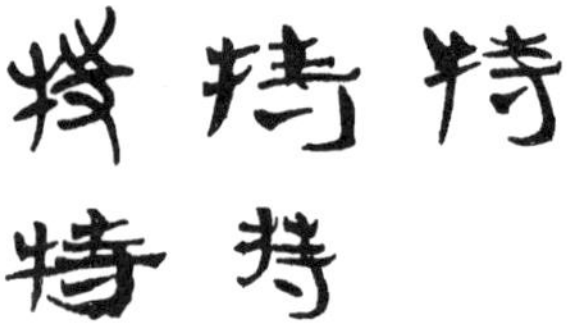

## 腾 téng
(騰)

## 滕 téng

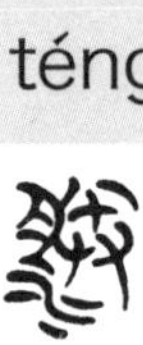

## 縢 téng

## 体 tī/tǐ
(體)

## 剔 tī

## 梯 tī

## 荑 tí/yí

## 缇 tí
（緹）

## 题 tí
（題）

## 醍 tí

## 倜 tì

## 涕 tì

## 悌 tì

## 惕 tì

## 替 tì

## 趯 tì

## 天 tiān

## 田 tián

## 畋 tián

## 填 tián

## 阗 tián (闐)

## 恬 tián

## 甜 tián

## 腆 tiǎn

## 殄 tiǎn

瑱 tiàn/zhèn

佻 tiāo

挑 tiāo/tiǎo

艻 tiáo

苕 tiáo

迢 tiáo

条 tiáo
（條）

蜩 tiáo

窕 tiǎo

眺 tiào
（覜）

跳 tiào

## 贴 tiē
(貼)

## 铁 tiě
(鐵)

## 汀 tīng

## 听 tīng
(聽)

## 桯 tīng/yíng

## 庭 tíng

## 廷 tíng

## 莛 tíng

## 亭 tíng

## 停 tíng

## 梃 tǐng/tìng

## 通 tōng/tòng

## 樋 tōng

## 同 tóng/tòng

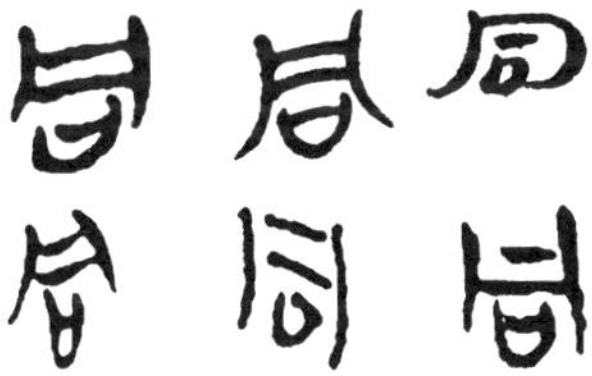

## 铜 tóng
(銅)

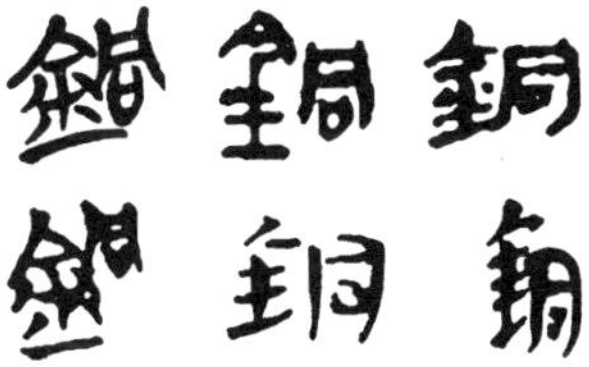

## 桐 tóng

## 彤 tóng

## 童 tóng

## 僮 tóng

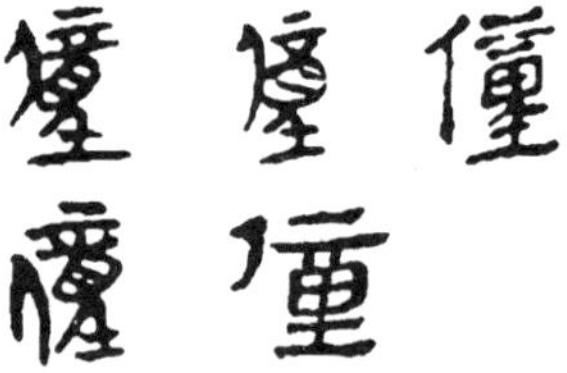

## 橦 tóng

## 曈 tóng

## 统 tǒng (統)

## 桶 tǒng

## 筒 tǒng

## 痛 tòng

## 偷 tōu

## 头 tóu
(頭)

## 投 tóu

## 透 tòu

## 秃 tū

## 突 tū

## 图 tú
(圖)

## 荼 tú

## 徒 tú

**途** tú

**涂** tú
(塗)

**屠** tú

**瘏** tú

**酴** tú

**土** tǔ

**吐** tǔ

**兔** tù

**湍** tuān

**团** tuán
(團)

## 剸 tuán/zhuān

## 彖 tuàn

## 推 tuī

## 退 tuì

## 吞 tūn

## 啍 tūn/zhūn

## 屯 tún

## 豚 tún

## 乇 tuō

## 脱 tuō

## 讬 tuō
(託)

## 驮 tuó
(馱馱)

## 佗 tuó

## 陀 tuó

## 驼 tuó
(駝)

## 橐 tuó
(橐)

## 妥 tuǒ

## 唾 tuò

# W

**洼** wā
(窪)

**蛙** wā
(鼃)

**瓦** wǎ/wà

**外** wài

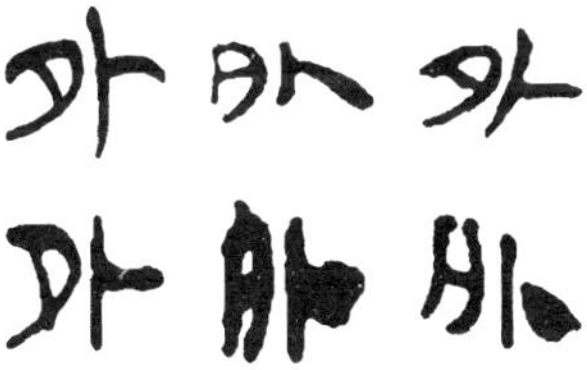

**弯** wān
(彎)

**丸** wán

**玩** wán

## 完 wán

## 顽 wán (頑)

## 挽 wǎn (輓)

## 菀 wǎn

## 晚 wǎn

## 惋 wǎn

## 宛 wǎn

## 绾 wǎn (綰)

## 万 wàn
(萬)

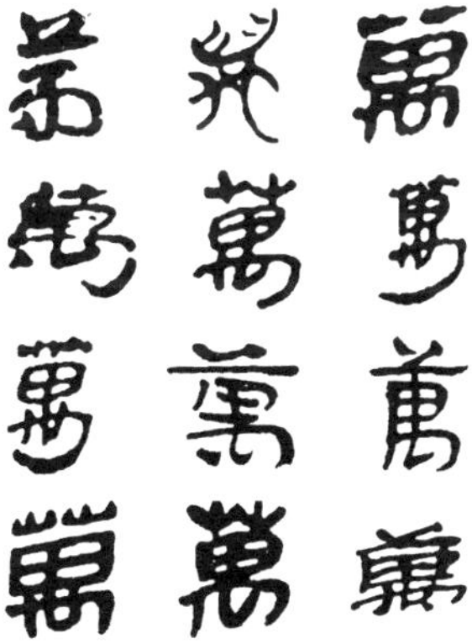

## 汪 wāng

## 王 wáng/wàng

## 亡 wáng
(亾)

## 罔 wǎng

## 枉 wǎng

## 往 wǎng
(徃)

## 妄 wàng

## 忘 wàng

## 望 wàng (朢)

## 危 wēi

## 威 wēi

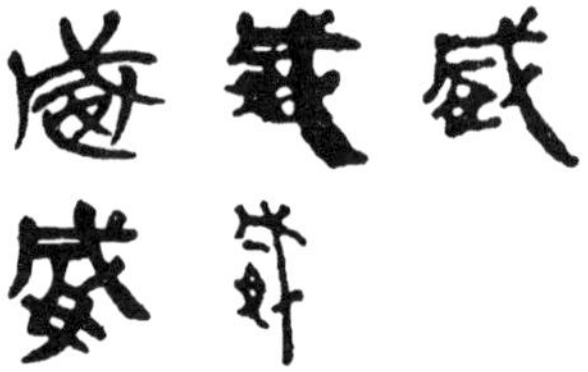

## 巍 wēi

## 微 wēi

## 逶 wēi

## 隈 wēi

## 惟 wéi

## 嵬 wéi

## 维 wéi
(維)

## 韦 wéi
(韋)

## 为 wéi/wèi
(爲)

## 圩 wéi/xū

## 硙 wéi (磑)

## 唯 wéi

## 帷 wéi

## 违 wéi (違)

## 围 wéi (圍)

## 猥 wěi

## 萎 wěi

**隗** wěi

**痿** wěi

**伟** wěi
(偉)

**伪** wěi
(僞)

**苇** wěi
(葦)

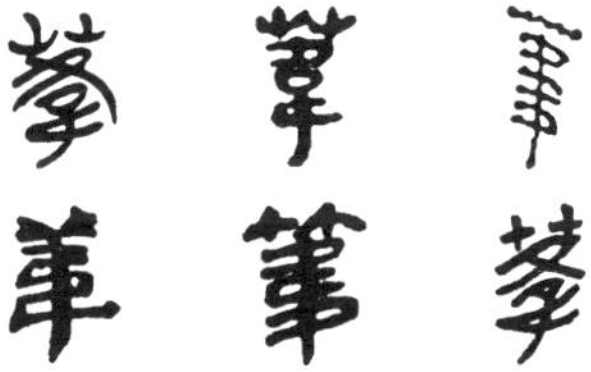

**尾** wěi

**纬** wěi
(緯)

## 委 wěi

## 鲔 wěi (鮪)

## 卫 wèi (衛)

## 未 wèi

## 位 wèi

## 畏 wèi

## 味 wèi

## 胃 wèi

## 谓 wèi
(謂)

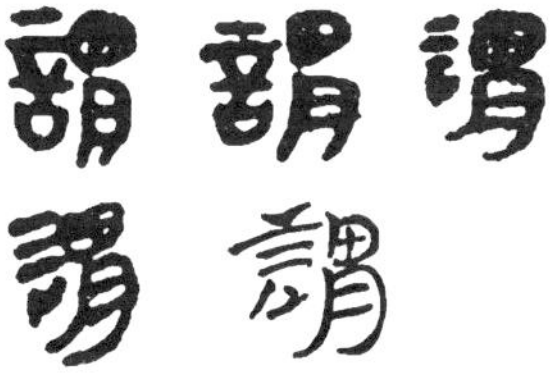

## 渭 wèi

## 尉 wèi

## 蔚 wèi/yù

## 慰 wèi

## 魏 wèi

## 温 wēn

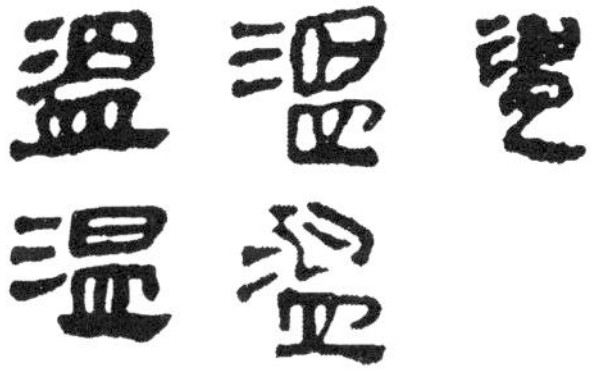

## 文 wén

**闻** wén
(聞)

**蚊** wén
(螡蟁)

**刎** wěn

**吻** wěn

**紊** wěn

**稳** wěn
(穩)

**问** wèn
(問)

**汶** wèn

## 揾 wèn

## 翁 wēng

## 瓮 wèng

## 倭 wō

## 蕹 wō

## 蜗 wō (蝸)

## 我 wǒ

## 沃 wò

## 卧 wò (臥)

**握** wò

**渥** wò

**斡** wò

**乌** wū/wù
(烏)

**污** wū
(汙)

**巫** wū

**洿** wū

**屋** wū

**诬** wū
(誣)

## 无 wú
(無)

## 毋 wú

## 吾 wú

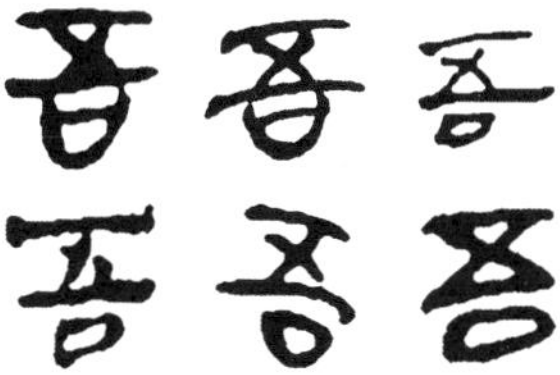

## 吴 wú
(吳)

## 芜 wú
(蕪)

## 梧 wú

## 五 wǔ

## 午 wǔ

## 伍 wǔ

## 庑 wǔ （廡）

## 怃 wǔ （憮）

## 武 wǔ

## 侮 wǔ

## 舞 wǔ

## 勿 wù

## 戊 wù

## 务 wù
(務)

## 芴 wù

## 物 wù

## 误 wù
(誤)

## 悟 wù

## 晤 wù

## 婺 wù

## 骛 wù
(騖)

## 坞 wù
(塢)

## 雾 wù
(霧)

## 鋈 wù

# X

## 夕 xī

## 兮 xī

## 西 xī

## 吸 xī

## 汐 xī

## 希 xī

## 稀 xī

## 昔 xī

## 析 xī

## 皙 xī

## 牺 xī (犧)

## 郗 xī

## 豨 xī

## 悉 xī

## 惜 xī

## 翕 xī

## 犀 xī

## 锡 xī (錫)

## 奚 xī

## 溪 xī

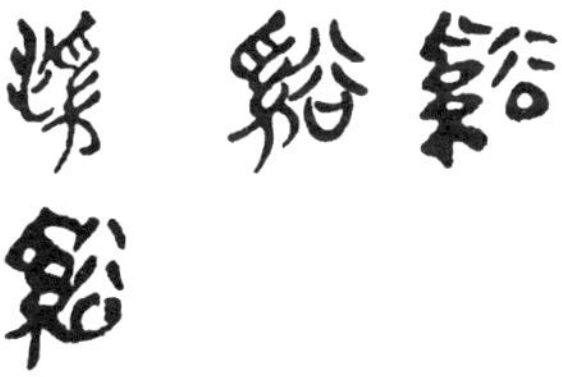

## 熙 xī

## 膝 xī

## 熹 xī

## 歙 xī/shè

## 窸 xī

## 醯 xī

## 鼷 xī

## 息 xī

## 诶 xī
(誒)

## 习 xí
(習)

## 席 xí

## 袭 xí
(襲)

## 檄 xí

## 洗 xǐ/xiǎn

## 枲 xǐ

## 玺 xǐ
(璽)

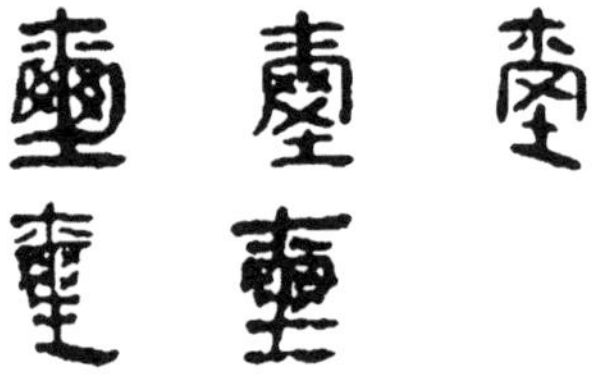

**徙** xǐ

**喜** xǐ

**葸** xǐ

**憙** xǐ

**禧** xǐ

**卌** xì

**戏** xì
（戲）

**细** xì
（細）

**舄** xì

**隙** xì

**蒵** xì

**虩** xì

**虾** xiā

**柙** xiá

**黠** xiá

**匣** xiá

**侠** xiá
（俠）

**狎** xiá

**遐** xiá

**瑕** xiá

**暇** xiá

**霞** xiá

**狭** xiá
(狹)

**下** xià

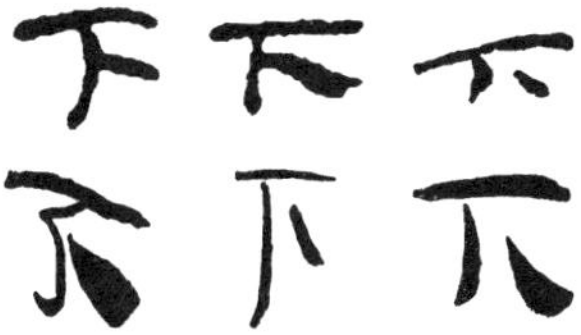

**夏** xià
(㚅)

**仙** xiān
(僊)

**先** xiān

## 祆 xiān

## 骞 xiān (騫)

## 铦 xiān/tiǎn (銛)

## 鲜 xiān/xiǎn (鮮)

## 嗛 xián/qiān

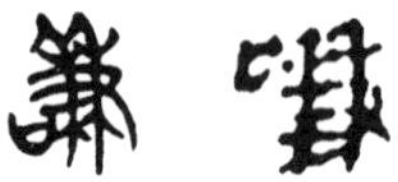

## 嫌 xián

## 衔 xián (銜)

## 闲 xián (閑)

## 贤 xián (賢)

## 弦 xián

## 咸 xián

## 显 xiǎn
(顯)

## 藓 xiǎn
(蘚)

## 险 xiǎn
(險)

## 苋 xiàn
(莧)

## 县 xiàn
(縣)

**现** xiàn
(現)

**限** xiàn

**线** xiàn
(綫)

**宪** xiàn
(憲)

**陷** xiàn

**臽** xiàn

**羡** xiàn
(羨)

**献** xiàn
(獻)

**乡** xiāng
(鄉)

## 香 xiāng

## 芗 xiāng
(薌)

## 相 xiāng/xiàng

## 缃 xiāng
(緗)

## 襄 xiāng

## 湘 xiāng

## 翔 xiáng

## 详 xiáng
(詳)

## 庠 xiáng

## 祥 xiáng

## 享 xiǎng

## 响 xiǎng
(響)

## 饷 xiǎng
(饗)

## 想 xiǎng

## 巷 xiàng/hàng

## 向 xiàng

## 项 xiàng
(項)

## 象 xiàng

## 像 xiàng

枭 xiāo
(梟)

逍 xiāo

虓 xiāo

削 xiāo/xuē

消 xiāo

宵 xiāo

绡 xiāo
(綃)

萧 xiāo
(蕭)

销 xiāo
(銷)

**箫** xiāo
(簫)

**潇** xiāo
(瀟)

**霄** xiāo

**嚣** xiāo
(囂)

**小** xiǎo

**肖** xiào

**孝** xiào

**效** xiào

**啸** xiào
(嘯)

**歇** xiē

## 协 xié
(協)

## 邪 xié

## 偕 xié

## 斜 xié

## 絜 xié/xiè

## 谐 xié
(諧)

## 胁 xié
(脅)

## 携 xié
(攜)

## 挟 xié
(挾)

## 写 xiě
(寫)

## 血 xiě/xuè

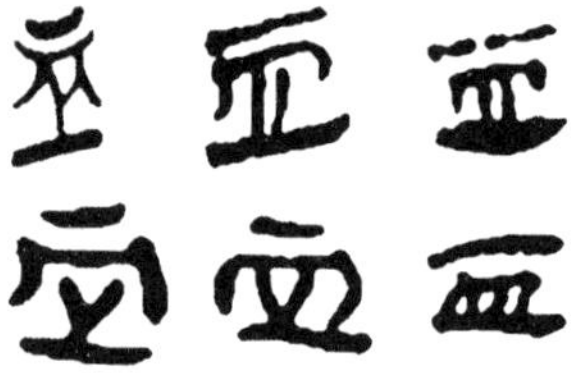

## 泄 xiè

## 绁 xiè
(紲)

## 屑 xiè

## 械 xiè

## 亵 xiè
(褻)

## 渫 xiè

## 谢 xiè
(謝)

## 邂 xiè

## 懈 xiè

## 蟹 xiè

## 心 xīn

## 辛 xīn

## 忻 xīn

## 欣 xīn (訢)

## 新 xīn

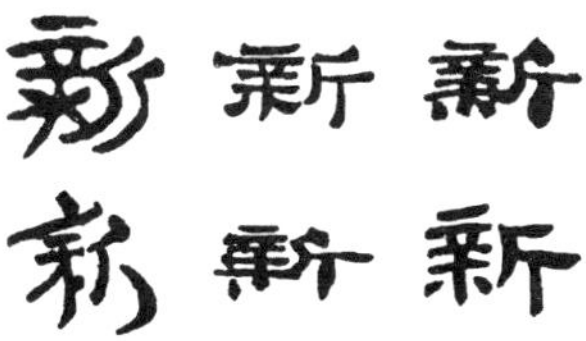

## 薪 xīn

## 信 xìn

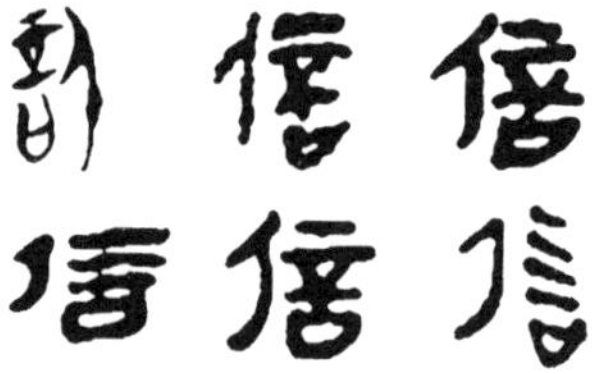

## 囟 xìn

## 骍 xīng (騂)

## 兴 xīng/xìng (興)

## 星 xīng

## 腥 xīng

**形** xíng

**刑** xíng

**型** xíng

**陉** xíng/jìng
(陘)

**荇** xíng

**醒** xǐng

**杏** xìng

**幸** xìng

**性** xìng

**姓** xìng

## 凶 xiōng
（兇）

## 兄 xiōng

## 匈 xiōng

## 汹 xiōng
（洶）

## 胸 xiōng
（胷）

## 雄 xióng

## 熊 xióng

## 敻 xiòng/xuàn

## 休 xiū

## 修 xiū

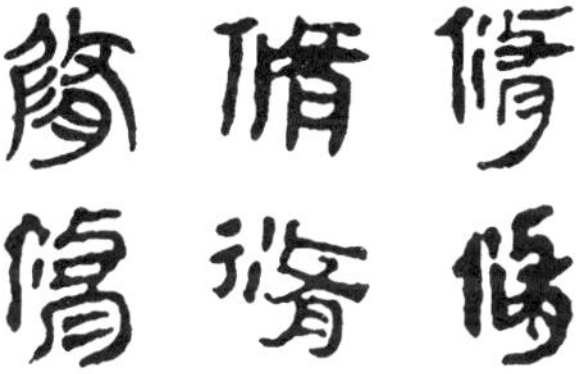

## 羞 xiū

## 滫 xiǔ
(滫)

## 朽 xiǔ

## 秀 xiù

## 岫 xiù

## 袖 xiù
(褎)

## 绣 xiù
(綉繡)

## 戌 xū

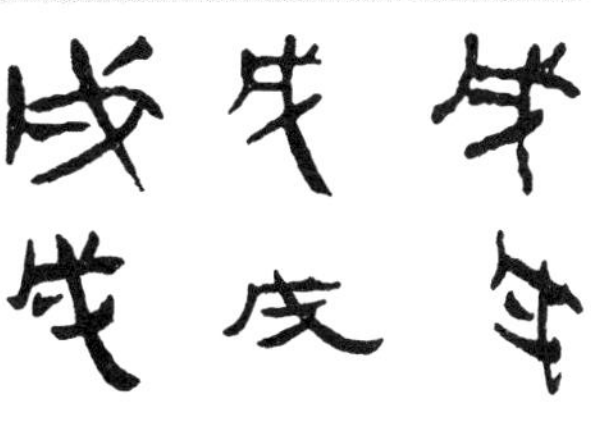

## 吁 xū/yū

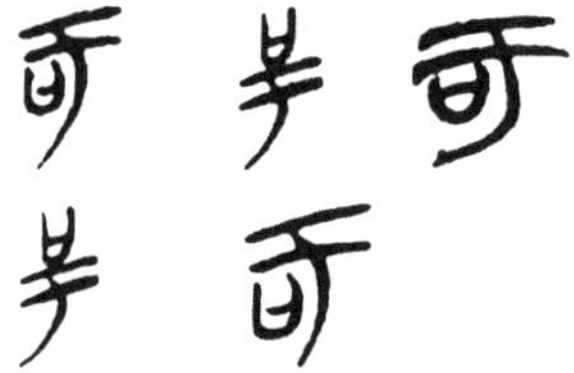

## 盱 xū

## 须 xū (須)

## 胥 xū

## 虚 xū

## 墟 xū

## 需 xū

## 徐 xú

## 许 xǔ (許)

**呴** xǔ

**诩** xǔ
（詡）

**糈** xǔ

**旭** xù

**序** xù

**洫** xù

**恤** xù

**叙** xù
（敍）

**绪** xù
（緒）

**昫** xù

**续** xù
（續）

**絮** xù

**蓄** xù

**煦** xù

**轩** xuān
(軒)

**宣** xuān

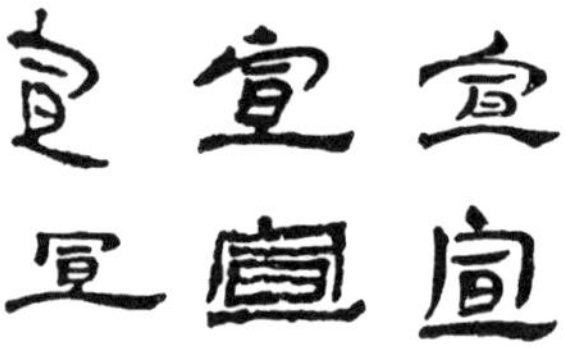

**萱** xuān

**儇** xuān

**獧** xuān

**翾** xuān

**玄** xuán

**旋** xuán/xuàn

## 选 xuǎn
（選）

## 泫 xuàn

## 绚 xuàn
（絢）

## 薛 xuē

## 穴 xué

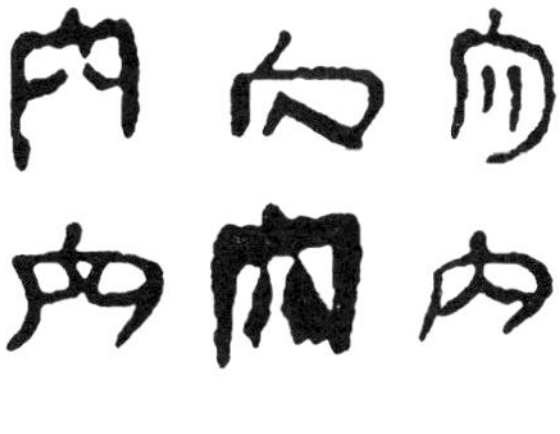

## 学 xué
（學）

## 雪 xuě

## 谑 xuè
（謔）

## 勋 xūn
（勛勳）

**埙** xūn
(塤)

**熏** xūn/xùn

**薰** xūn

**旬** xún

**洵** xún

**恂** xún

**询** xún
(詢)

**巡** xún

**循** xún

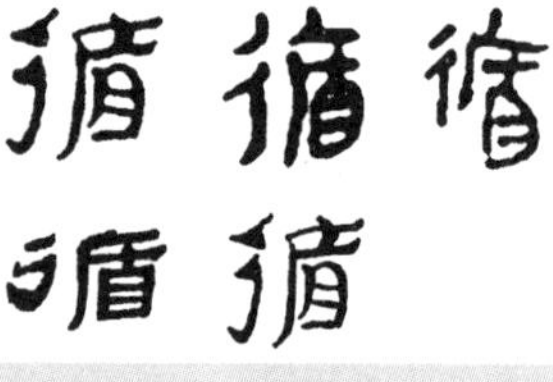

**驯** xùn
(馴)

**训** xùn
（訓）

**讯** xùn
（訊）

**迅** xùn

**逊** xùn
（遜）

**蕈** xùn

# Y

**压** yā/yà
(壓)

**呀** yā

**鸭** yā
(鴨)

**崖** yá

**涯** yá

**牙** yá

**衙** yá

**疋** yǎ

**雅** yǎ

## 亚 yà
(亞)

## 咽 yān/yàn

## 烟 yān
(煙)

## 阉 yān
(閹)

## 湮 yān

## 焉 yān

## 燕 yān/yàn

## 颜 yán
(顏)

## 虤 yán

**阎** yán
(閻)

**延** yán

**严** yán
(嚴)

**言** yán

**岩** yán
(巖)

**炎** yán

**衍** yán/yǎn

**沿** yán

**盐** yán
(鹽)

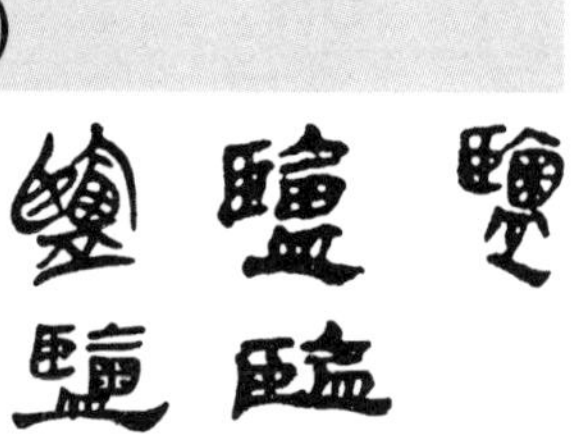

**奄** yǎn

**噞** yǎn

**演** yǎn

**黤** yǎn

**黶** yǎn
(黡)

**弇** yǎn

**匽** yǎn/yàn

**剡** yǎn

**掩** yǎn

**眼** yǎn

**偃** yǎn

俨 yǎn
(儼)

厌 yàn
(厭)

砚 yàn
(硯)

彦 yàn
(彥)

晏 yàn

宴 yàn

验 yàn
(驗)

谚 yàn
(諺)

雁 yàn

**猒** yàn

**焰** yàn

**央** yāng

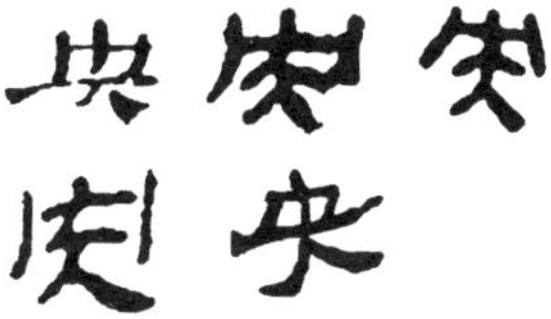

**殃** yāng

**泱** yāng

**鞅** yāng

**扬** yáng
(揚)

**旸** yáng
(暘)

**諹** yáng

**杨** yáng
(楊)

## 羊 yáng

## 徉 yáng

## 洋 yáng

## 阳 yáng
(陽)

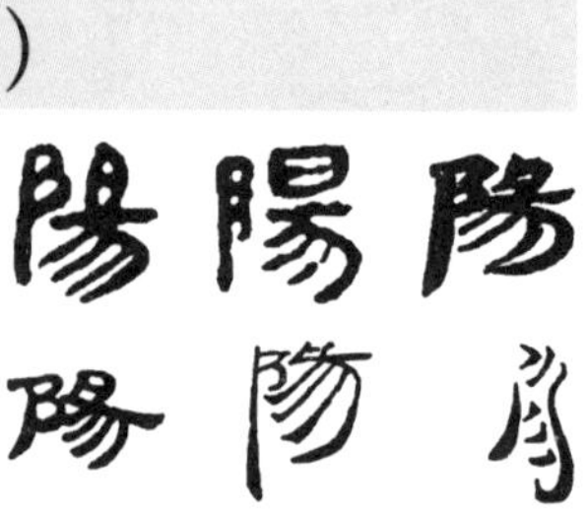

## 仰 yǎng

## 怏 yǎng

## 养 yǎng
(養)

## 样 yàng
(樣)

## 恙 yàng

## 漾 yàng

## 夭 yāo

## 要 yāo

## 尧 yáo (堯)

## 肴 yáo

## 姚 yáo

## 轺 yáo (軺)

## 窑 yáo (窯)

## 摇 yáo

## 遥 yáo

## 瑶 yáo

## 繇 yáo

## 咬 yǎo

## 舀 yǎo

## 窅 yǎo

## 窈 yǎo

## 药 yào (藥)

## 耶 yē/yé

## 噎 yē

**也** yě

**冶** yě

**野** yě
(壄)

**叶** yè
(葉)

**页** yè
(頁)

**曳** yè

**业** yè
(業)

**邺** yè
(鄴)

## 夜 yè

## 䓁 yè

## 晔 yè
(曄)

## 掖 yè

## 液 yè

## 谒 yè
(謁)

## 腋 yè

## 靥 yè
(靨)

## 一 yī

## 伊 yī

## 依 yī

## 衣 yī

## 医 yī/yì (醫)

## 揖 yī

## 壹 yī

## 猗 yī

## 黟 yī

## 噫 yī

## 嶷 yí

## 移 yí

## 遗 yí (遺)

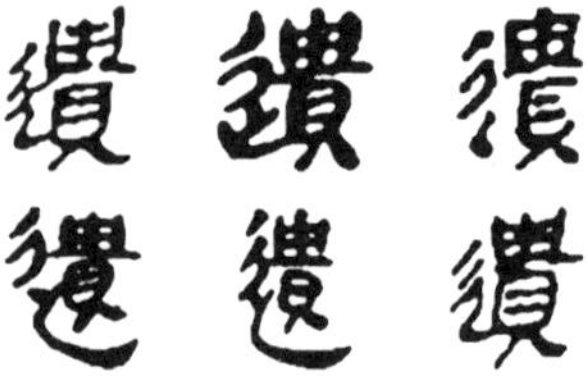

## 颐 yí (頤)

## 疑 yí

## 贻 yí (貽)

## 饴 yí (飴)

## 沂 yí

## 夷 yí

## 仪 yí (儀)

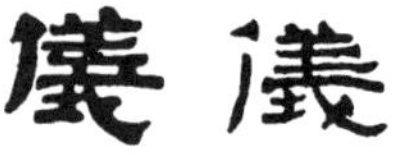

## 怡 yí

## 宜 yí (宜)

## 移 yí

## 倚 yǐ

## 已 yǐ

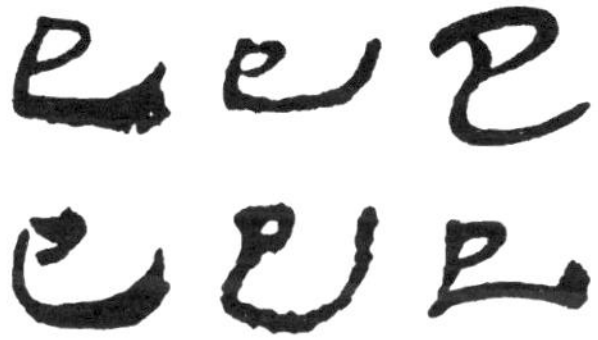

## 乙 yǐ

## 蚁 yǐ (蟻)

## 以 yǐ

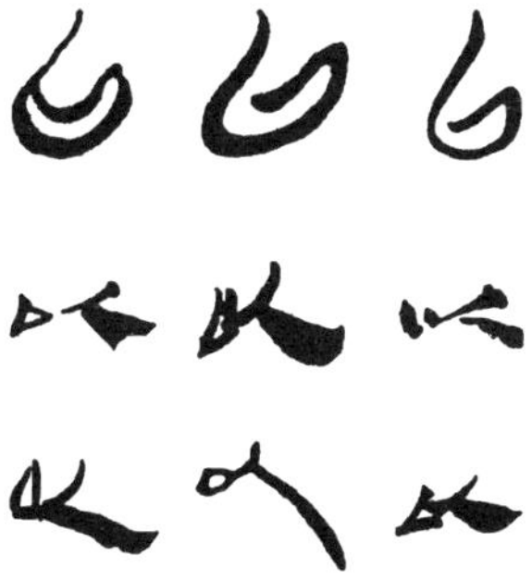

## 矣 yǐ

## 椅 yǐ

## 亦 yì

## 弋 yì

## 亿 yì (億)

## 艺 yì (藝)

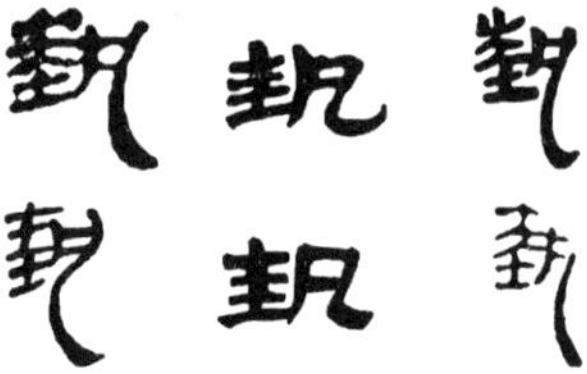

## 忆 yì (憶)

## 义 yì
(義)

## 议 yì
(議)

## 异 yì
(異)

## 抑 yì

## 耴 yì

## 邑 yì

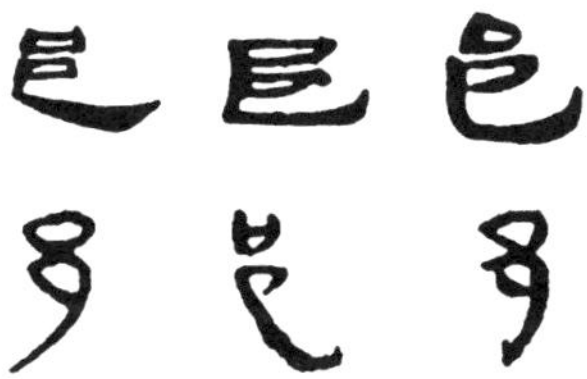

## 佚 yì

## 驿 yì
(驛)

## 怿 yì
(懌)

## 役 yì

## 译 yì
(譯)

## 易 yì

## 诣 yì
(詣)

## 轶 yì
(軼)

## 奕 yì

## 疫 yì

## 益 yì

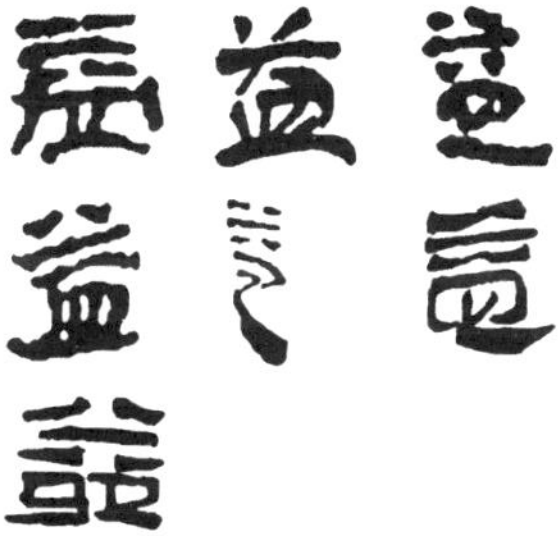

## 谊 yì (誼)

## 殴 yì

## 逸 yì

## 翊 yì

## 肄 yì

## 裛 yì

## 裔 yì

## 意 yì

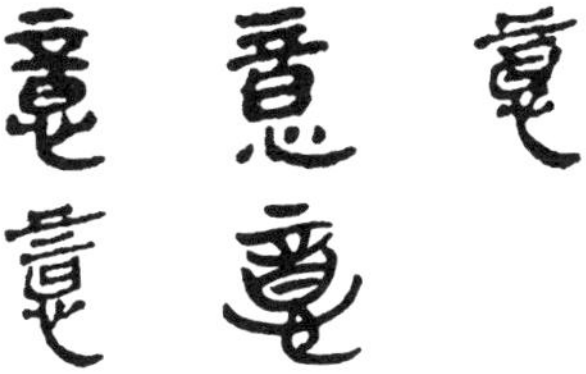

**缢** yì
(縊)

**蜴** yì

**乂** yì

**毅** yì

**劓** yì

**翳** yì

**臆** yì

**翼** yì

**因** yīn

**茵** yīn

**洇** yīn

**姻** yīn

**细** yīn
(絪)

**阴** yīn
(陰)

**音** yīn

**殷** yīn

**堙** yīn

**禋** yīn

**吟** yín

**垠** yín

## 银 yín
(銀)

## 淫 yín

## 寅 yín

## 鄞 yín

## 夤 yín

## 尹 yǐn

## 引 yǐn

## 饮 yǐn
(飲)

## 酓 yǐn

## 隐 yǐn
（隱）

## 印 yìn

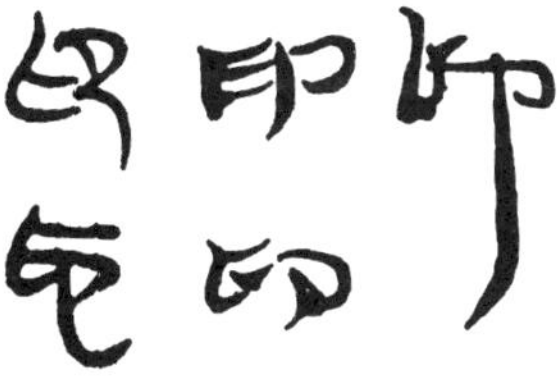

## 胤 yìn

## 应 yīng
（應）

## 英 yīng

## 莺 yīng
（鶯）

## 婴 yīng
（嬰）

## 瑛 yīng

**缨** yīng
(纓)

**膺** yīng

**嬴** yíng

**赢** yíng
(贏)

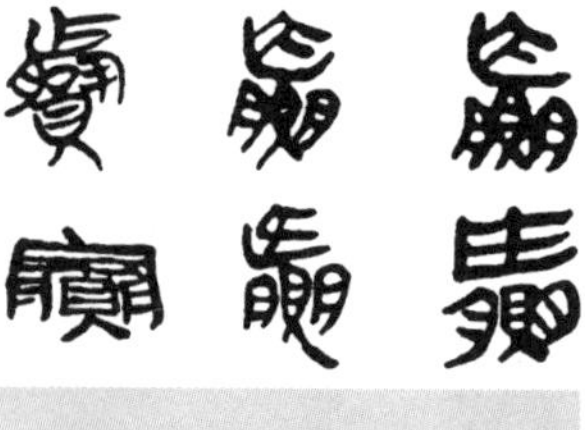

**迎** yíng

**莹** yíng
(瑩)

**荧** yíng
(熒)

**营** yíng
(營)

**萦** yíng
(縈)

盈 yíng

楹 yíng

郢 yǐng

颖 yǐng
(穎)

瘿 yǐng
(癭)

映 yìng

硬 yìng

佣 yōng/yòng
(傭)

痈 yōng
(癰)

拥 yōng
(擁)

## 庸 yōng

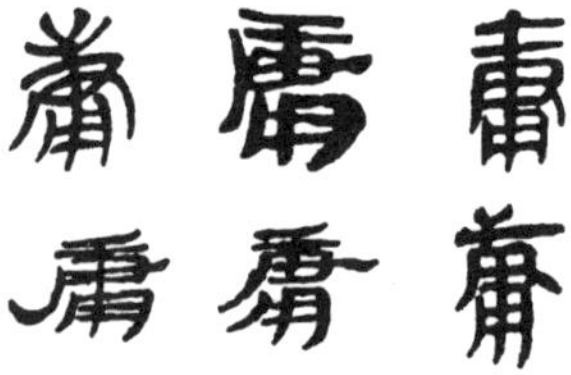

## 雍 yōng

## 饔 yōng

## 颙 yóng/yú (顒)

## 永 yǒng

## 咏 yǒng

## 泳 yǒng

## 勇 yǒng

## 甬 yǒng

## 涌 yǒng

**恿** yǒng

**蛹** yǒng

**踊** yǒng
(踴)

**用** yòng

**优** yōu
(優)

**攸** yōu

**忧** yōu
(憂)

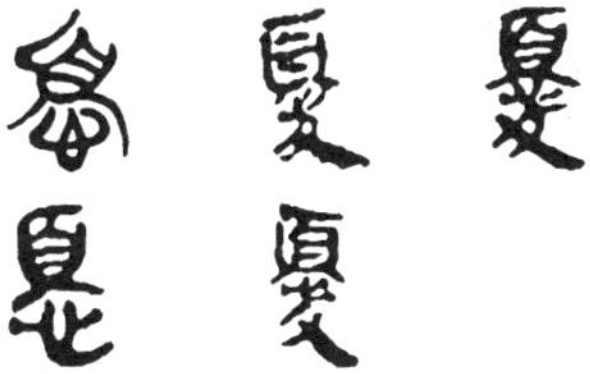

**呦** yōu

**幽** yōu

**悠** yōu

**麀** yōu

**尤** yóu

**由** yóu

**油** yóu

**柚** yóu/yòu

**邮** yóu
(郵)

**犹** yóu
(猶)

**楢** yóu

**猷** yóu

**游** yóu
(遊)

**友** yǒu

**莠** yǒu

**牖** yǒu

**黝** yǒu

**有** yǒu

**酉** yǒu

**又** yòu

**幼** yòu

## 右 yòu

## 佑 yòu

## 侑 yòu

## 囿 yòu

## 宥 yòu

## 祐 yòu

## 诱 yòu (誘)

## 酭 yòu

## 纡 yū (紆)

## 瘀 yū

## 迂 yū

## 杅 yú

## 竽 yú

## 余 yú (餘)

## 隅 yú

## 愚 yú

## 盂 yú

## 臾 yú

## 雩 yú

## 鱼 yú
(魚)

## 渔 yú
(漁)

## 禺 yú

## 于 yú
(於)

## 谀 yú
(諛)

## 娱 yú

## 俞 yú

**谕** yú
(諭)

**逾** yú
(踰)

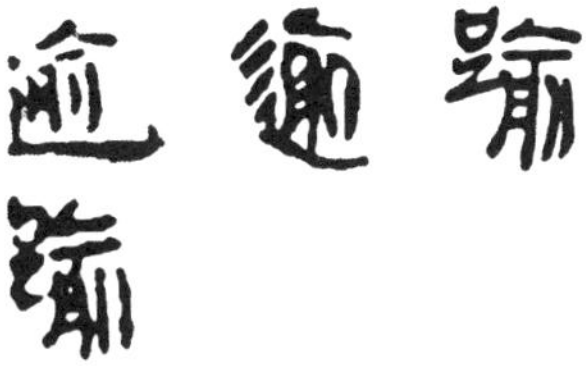

**榆** yú

**渝** yú

**羭** yú

**揄** yú

**萮** yú

**腴** yú

**舆** yú
(輿)

**雨** yǔ

## 伛 yǔ
(傴)

## 予 yǔ

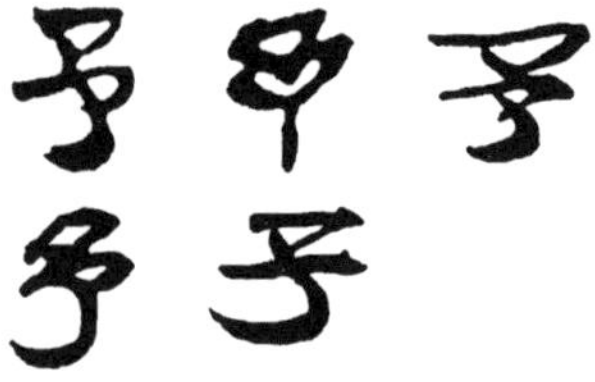

## 与 yǔ
(與)

## 宇 yǔ

## 羽 yǔ

## 禹 yǔ

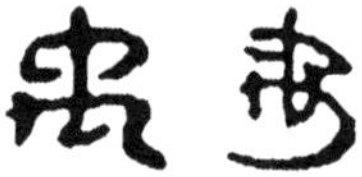

## 语 yǔ
(語)

## 圄 yǔ

## 庾 yǔ

## 芋 yù

## 棫 yù

## 聿 yù

## 玉 yù

## 驭 yù (馭)

## 妪 yù (嫗)

## 郁 yù (鬱)

## 育 yù

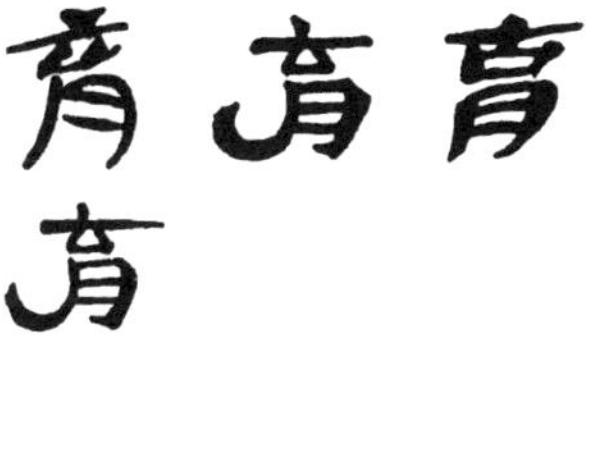

## 狱 yù (獄)

## 浴 yù

## 预 yù (預)

## 欲 yù

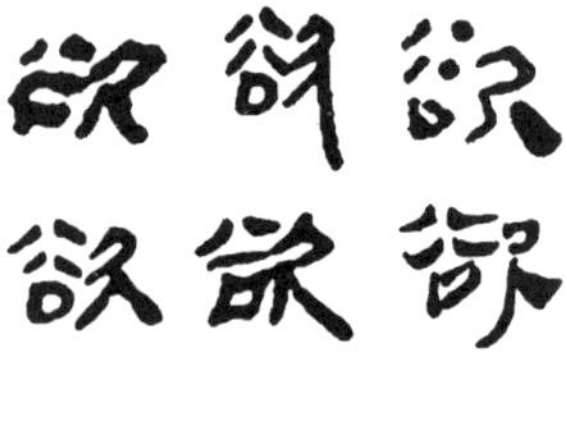

## 淢 yù

## 遇 yù

## 御 yù

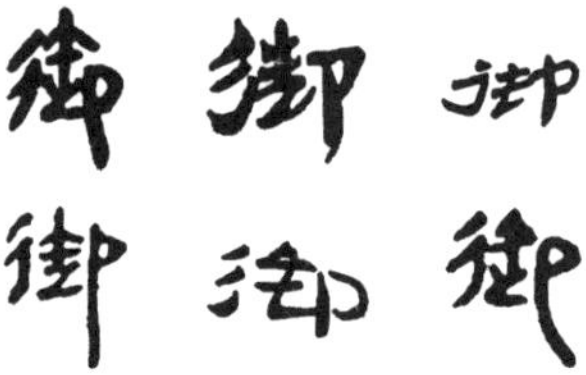

## 寓 yù

## 裕 yù

**矞** yù

**遹** yù

**誉** yù
(譽)

**豫** yù

**域** yù

**潏** yù/shù

**鸢** yuān
(鳶)

**鸳** yuān
(鴛)

**悁** yuān/juàn

**冤** yuān

**渊** yuān
(淵)

## 元 yuán

## 芫 yuán

## 杬 yuán

## 爰 yuán

## 袁 yuán

## 援 yuán

## 媛 yuán/yuàn

## 缘 yuán/yuàn (緣)

## 原 yuán

**圆** yuán
(圓)

**员** yuán
(員)

**园** yuán
(園)

**猿** yuán
(猨)

**垣** yuán

**源** yuán

**辕** yuán
(轅)

**远** yuǎn
(遠)

**盶** yuǎn

## 苑 yuàn

## 怨 yuàn

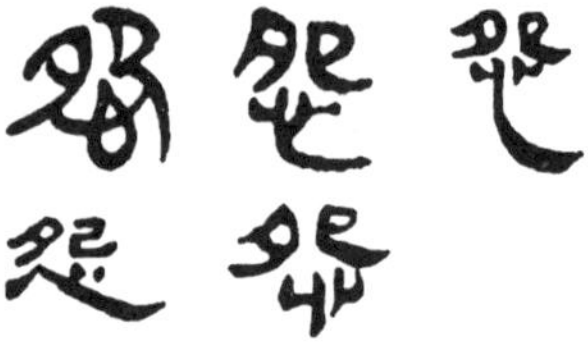

## 院 yuàn

## 掾 yuàn

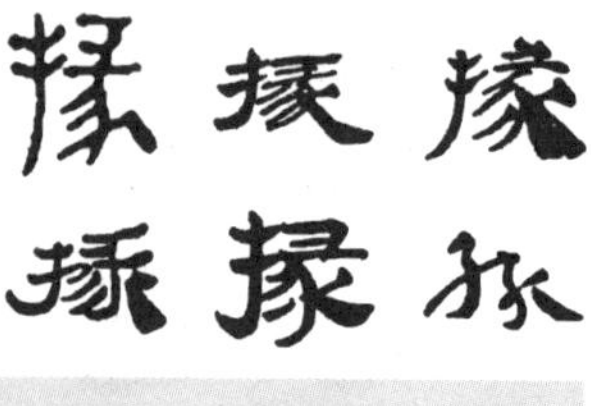

## 瑗 yuàn

## 愿 yuàn
(願)

## 曰 yuē

## 约 yuē
(約)

## 岳 yuè
(嶽)

## 月 yuè

## 刖 yuè

## 礿 yuè

## 钺 yuè
(鉞)

## 阅 yuè
(閱)

## 悦 yuè

## 跃 yuè
(躍)

## 越 yuè

**籥** yuè

**晕** yūn/yùn
(暈)

**云** yún
(雲)

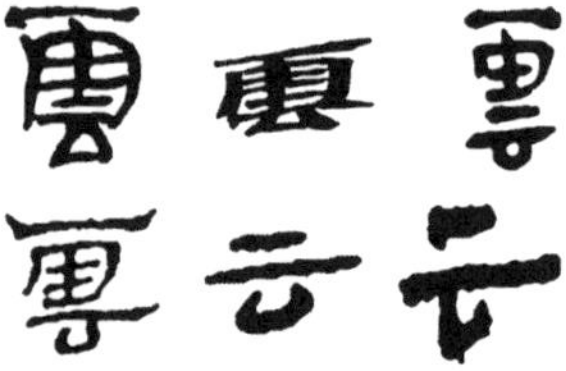

**芸** yún/yùn

**匀** yún

**郧** yún
(鄖)

**陨** yǔn
(隕)

**允** yǔn

**孕** yùn

**运** yùn
(運)

**愠** yùn

**蕴** yùn
(藴)

# Z

## 杂 zá
(雜)

## 灾 zāi

## 哉 zāi

## 栽 zāi

## 载 zǎi/zài
(載)

## 宰 zǎi

## 再 zài

## 在 zài

## 簪 zān

## 暂 zàn (暫)

## 赞 zàn (贊)

## 臧 zāng

## 驵 zǎng (駔)

## 葬 zàng

## 遭 zāo

## 糟 zāo

## 凿 záo (鑿)

## 藻 zǎo

## 早 zǎo

## 枣 zǎo (棗)

## 澡 zǎo

## 蚤 zǎo

## 灶 zào (竈)

## 造 zào

## 枲 zào

## 燥 zào

## 躁 zào

## 譟 zào

## 则 zé (則)

## 责 zé (責)

## 择 zé (擇)

## 迮 zé

## 泽 zé
(澤)

## 昃 zè

## 仄 zè

## 贼 zéi
(賊)

## 谮 zèn
(譖)

## 增 zēng

## 矰 zēng

## 缯 zēng
(繒)

## 赠 zèng
(贈)

## 甑 zèng

## 柤 zhā

## 札 zhá

## 闸 zhá
(閘)

## 扎 zhá

## 乍 zhà

## 诈 zhà
(詐)

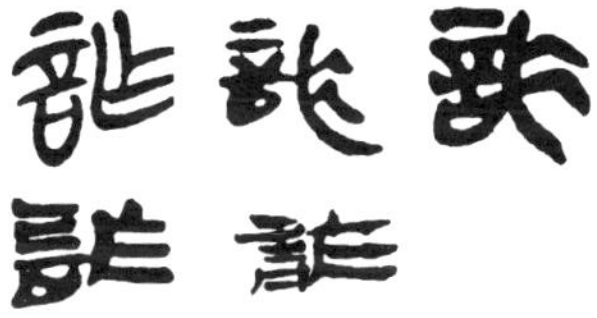

## 捚 zhāi

## 斋 zhāi
(齋)

## 宅 zhái

**债** zhài
(債)

**占** zhān/zhàn

**沾** zhān

**粘** zhān

**旃** zhān

**詹** zhān

**瞻** zhān

**斩** zhǎn
(斬)

**展** zhǎn

**湛** zhàn

## 栈 zhàn
(棧)

## 战 zhàn
(戰)

## 张 zhāng
(張)

## 章 zhāng

## 璋 zhāng

## 鄣 zhāng

## 彰 zhāng

## 掌 zhǎng

**丈** zhàng

**杖** zhàng

**障** zhàng

**招** zhāo

**昭** zhāo

**啁** zhāo/zhōu

**爪** zhǎo/zhuǎ

**沼** zhǎo

**召** zhào

**兆** zhào

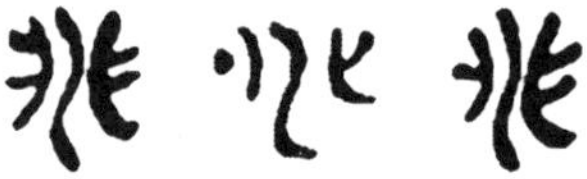

**诏** zhào
(詔)

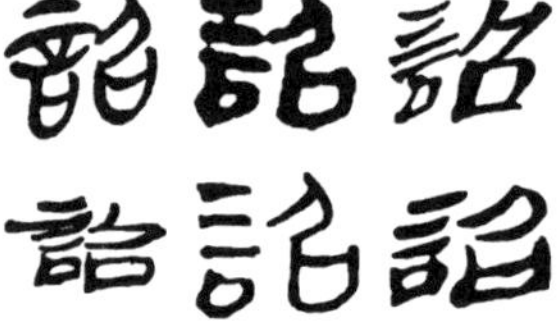

**赵** zhào
(趙)

**照** zhào

**肇** zhào

**遮** zhē

**哲** zhé

**折** zhé

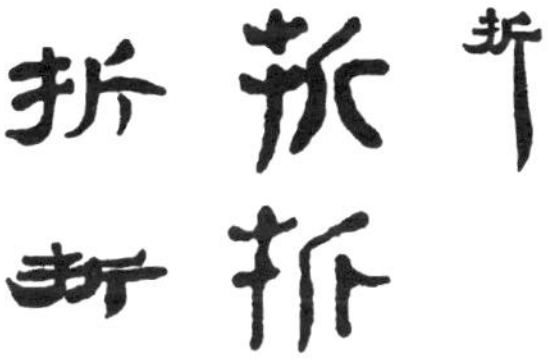

**辄** zhé
(輒)

**蛰** zhé
(蟄)

**詟** zhé
(讋)

**谪** zhé
(讁)

**磔** zhé

**辙** zhé
(轍)

**者** zhě

**赭** zhě

**柘** zhè

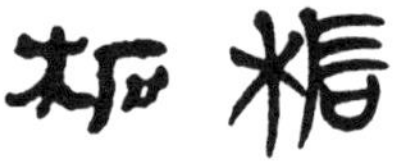

**贞** zhēn
(貞)

**针** zhēn
(針鍼)

**珍** zhēn

## 真 zhēn

## 砧 zhēn

## 蓁 zhēn

## 榛 zhēn

## 臻 zhēn

## 斟 zhēn

## 甄 zhēn

## 箴 zhēn

## 眕 zhěn

## 诊 zhěn (診)

## 轸 zhěn (軫)

**枕** zhěn

**振** zhèn

**朕** zhèn

**赈** zhèn
(賑)

**震** zhèn

**镇** zhèn
(鎮)

**争** zhēng
(爭)

**脀** zhēng

**征** zhēng
(徵)

**钲** zhēng
(鉦)

**烝** zhēng

**铮** zhēng/zhèng
(錚)

**整** zhěng

**正** zhèng

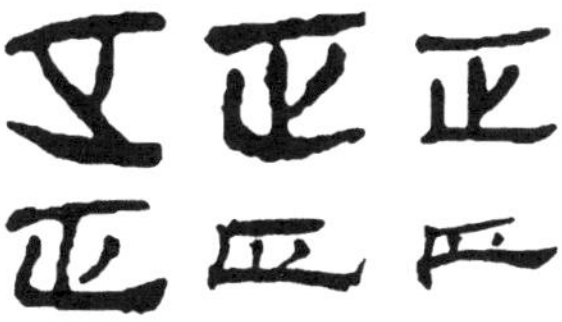

**证** zhèng
(證)

**郑** zhèng
(鄭)

**诤** zhèng
(諍)

**政** zhèng

## 挣 zhèng (掙)

## 之 zhī

## 汁 zhī

## 支 zhī

## 枝 zhī

## 肢 zhī

## 卮 zhī

## 芝 zhī

## 知 zhī

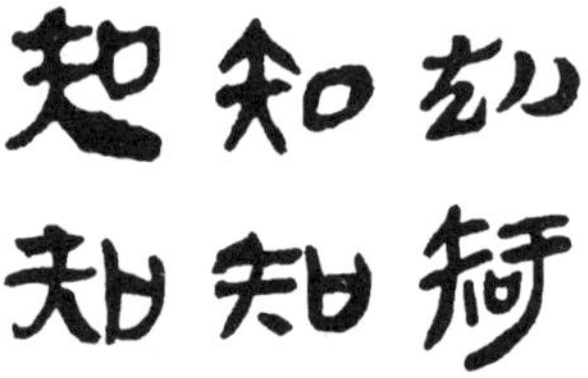

## 只 zhī/zhǐ

## 织 zhī (織)

## 禔 zhī

## 戠 zhī

## 脂 zhī

## 执 zhí (執)

## 职 zhí (職)

## 侄 zhí (姪)

## 絷 zhí

## 直 zhí

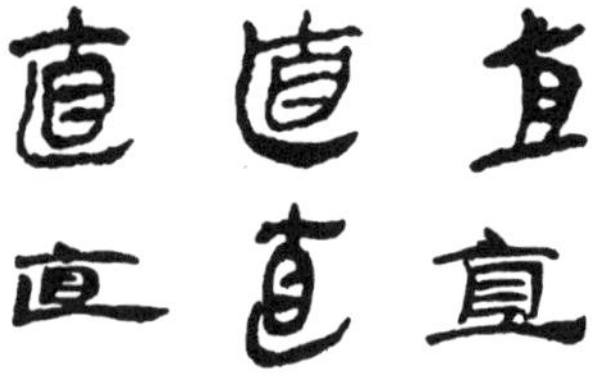

## 值 zhí/zhì

## 埴 zhí

## 植 zhí

## 殖 zhí

## 止 zhǐ

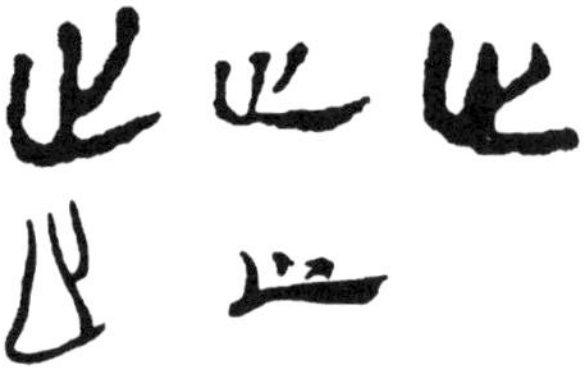

## 旨 zhǐ

## 纸 zhǐ (紙)

## 祉 zhǐ

## 指 zhǐ

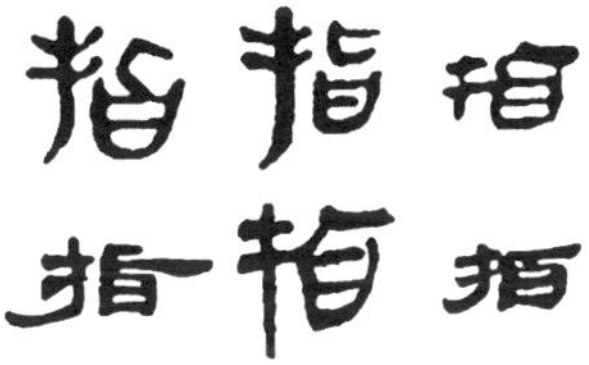

## 枳 zhǐ

## 至 zhì

## 志 zhì

## 豸 zhì

## 忮 zhì

## 迣 zhì/chì

## 制 zhì (製)

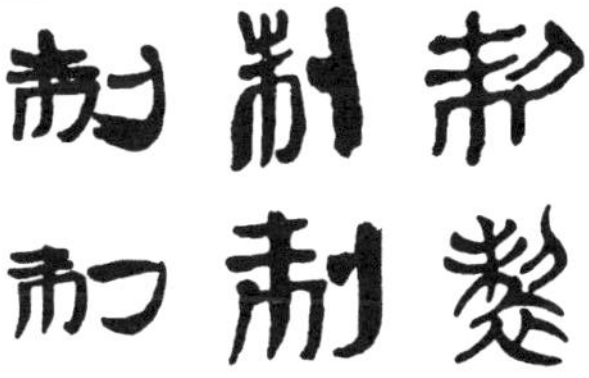

## 质 zhì (質)

## 炙 zhì

## 治 zhì

## 陟 zhì

## 挚 zhì
(摯)

## 桎 zhì

## 致 zhì

## 秩 zhì

## 鸷 zhì/zhé
(鷙)

## 痔 zhì

## 窒 zhì

## 智 zhì

## 彘 zhì

## 置 zhì

## 踬 zhì (躓)

## 郅 zhì

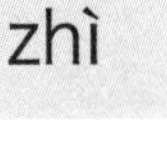

## 寘 zhì

## 觯 zhì (觶)

## 中 zhōng/zhòng

## 终 zhōng (終)

## 钟 zhōng
(鍾)

## 忠 zhōng

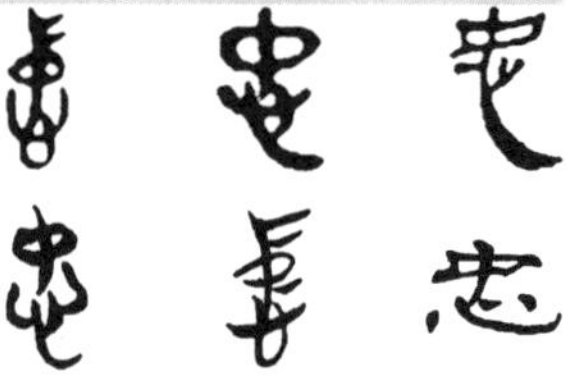

## 衷 zhōng

## 肿 zhǒng
(腫)

## 种 zhǒng/zhòng
(種)

## 冢 zhǒng

## 踵 zhǒng/zhòng

## 仲 zhòng

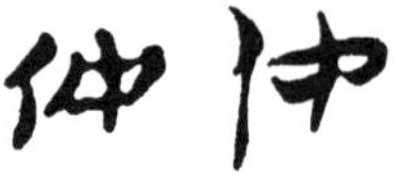

**众** zhòng
(衆)

**舟** zhōu

**周** zhōu

**州** zhōu

**粥** zhōu

**轴** zhóu/zhòu
(軸)

**肘** zhǒu

**帚** zhǒu

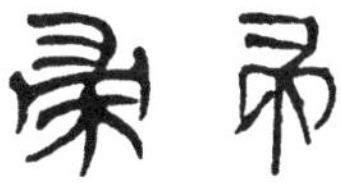

**纣** zhòu
(紂)

**胄** zhòu

**昼** zhòu
(晝)

**酎** zhòu

**甃** zhòu

**骤** zhòu
(驟)

**朱** zhū

**邾** zhū

**诛** zhū
(誅)

**茱** zhū

**洙** zhū

**珠** zhū

**株** zhū

**诸** zhū
（諸）

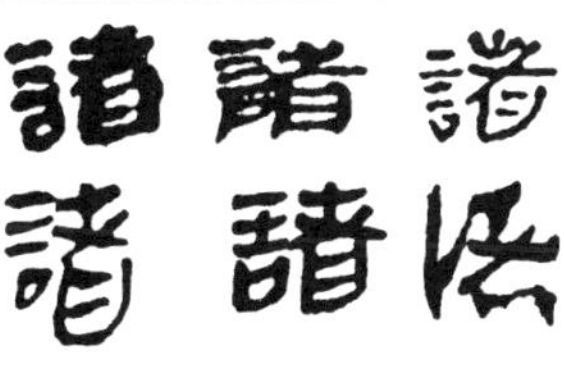

**铢** zhū
（銖）

**猪** zhū

**竹** zhú

**逐** zhú

**烛** zhú
（燭）

## 主 zhǔ

## 煮 zhǔ (煑)

## 助 zhù

## 杼 zhù

## 贮 zhù

## 住 zhù

## 注 zhù

## 柱 zhù

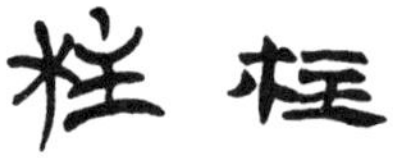

## 祝 zhù

## 铸 zhù (鑄)

筑 zhù
(築)

箸 zhù

著 zhù

专 zhuān
(專)

砖 zhuān
(磚)

颛 zhuān
(顓)

转 zhuǎn/zhuàn
(轉)

撰 zhuàn

妆 zhuāng
(妝)

**庄** zhuāng
(莊)

**装** zhuāng
(裝)

**壮** zhuàng
(壯)

**状** zhuàng
(狀)

**撞** zhuàng

**隹** zhuī

**锥** zhuī
(錐)

**追** zhuī

**坠** zhuì
(墜)

## 腏 zhuì

## 惴 zhuì

## 赘 zhuì
(贅)

## 肫 zhūn/chún

## 谆 zhūn
(諄)

## 准 zhǔn

## 埻 zhǔn

## 拙 zhuō

## 卓 zhuō

## 捉 zhuō

## 倬 zhuō

## 棁 zhuō

## 斫 zhuó

## 浊 zhuó
(濁)

## 酌 zhuó

## 啄 zhuó

## 琢 zhuó

## 汋 zhuó/yuè

## 擢 zhuó

## 濯 zhuó

## 咨 zī

**兹** zī

**赀** zī
(貲)

**孳** zī

**粢** zī

**滋** zī

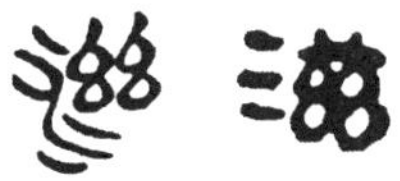

**资** zī/zì
(資)

**訾** zī/zǐ

**辎** zī
(輜)

**菑** zī

**缁** zī
(緇)

## 髭 zī

## 姿 zī

## 梓 zǐ

## 茈 zǐ

## 子 zǐ

## 耔 zǐ

## 紫 zǐ

## 姊 zǐ (姉)

## 滓 zǐ

## 胾 zì

自 zì

字 zì

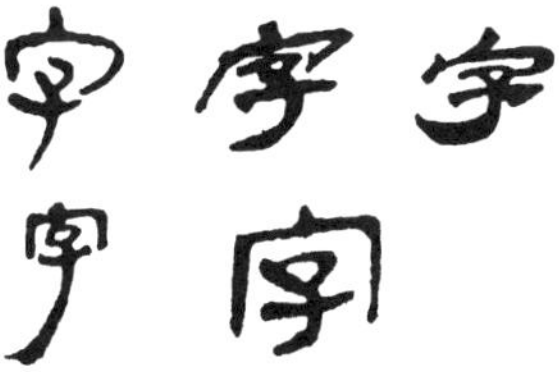

恣 zì

眦 zì
(眥)

渍 zì
(漬)

宗 zōng

综 zōng
(綜)

鬃 zōng

**总** zǒng
(總)

**纵** zòng
(縱)

**驺** zōu
(騶)

**诹** zōu
(諏)

**陬** zōu

**菆** zōu

**走** zǒu

**奏** zòu

## 租 zū

## 菹 zū/jù

## 足 zú

## 卒 zú

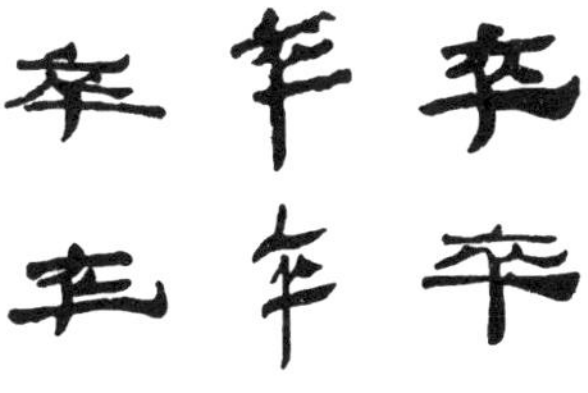

## 崒 zú/cuì

## 族 zú/zòu

## 诅 zǔ (詛)

## 阻 zǔ

## 组 zǔ (組)

## 俎 zǔ

**祖** zŭ

**钻** zuān/zuàn
(鑽)

**缵** zuăn
(纘)

**脧** zuī/juān

**最** zuì
(冣)

**罪** zuì

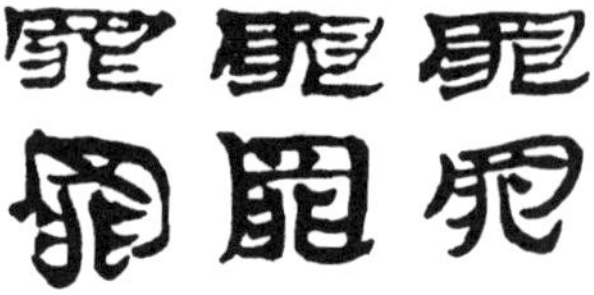

**醉** zuì

**尊** zūn

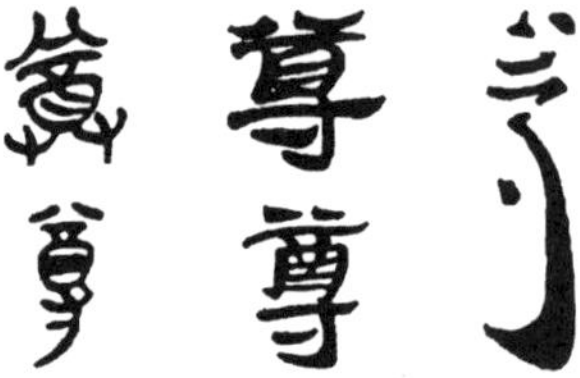

**鳟** zūn
(鱒)

**遵** zūn

**作** zuō/zuò

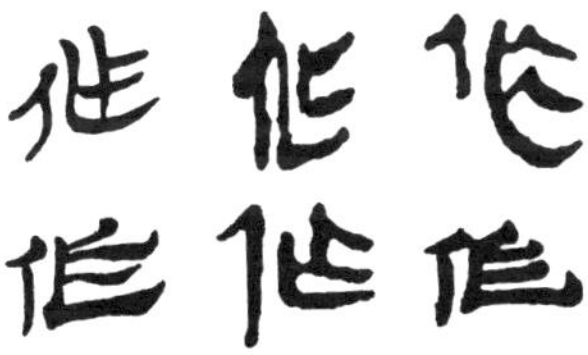

**昨** zuó

**莋** zuó

**左** zuǒ

**佐** zuǒ

**坐** zuò

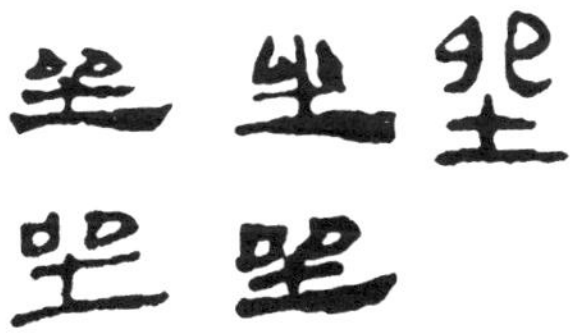

**阼** zuò

**酢** zuò

**柞** zuò